岩 波 文 庫

33-135-1

女 工 哀 史

細井和喜蔵著

岩 波 書 店

まえがき

『女工哀史』に関して、著者の次に一番縁故のふかい者として、要求されるまま一言書く。

著者細井和喜蔵《ほそいわきぞう》君は、三十数年まえの或る晴れた日に、突然ぼくをおとずれ、原稿計画のための何十枚もの目録を見せて、ぼくの意見をたずねた。ぼくは一日もはやく実行するように勧めたが、それは三、四年後にようやく成った。

それをよむなり、すぐ改造社長山本実彦《やまもとさねひこ》氏へ持ち込み、買い切りの条件で発表の快諾を得、大正十四年七月に出版された。

その条件が示すとおり、この無名の一労働者の体験記録兼調査書は、出版者にとって一つの冒険だった。ところが、ほとんどすべての関係者の予想に反して、それは異常な売れ行きを示し、何回となく版をかさねた。

そのことは、何よりこの本が適時の書だったことを語るだろうが、同時に永い年月に堪《た》える文献であることは、終戦後複刻されて重版されたばかりか、昨年来いくつもの出版社から複刻の交渉を(著者に代るぼくが)受けていることによって証明される。

しかし、初版が出てからわずか一カ月、すでに著者はこの世にいなかった。それは、『女工哀史』の女主人公たちと同じく資本主義のギセイたる著者の哀史を物語るが、死ぬまえ、「哀史が出たから、もう死んでもいい」とぼくにいった。

それほど、これは彼の血肉を打ち込んだ著書であり、その後(この本の売れ行きがモトになって)『工場』等一、二の遺稿も出版されたが、彼のライフワークとして、代表作としてのこるものは、結局この本だということが示されている。

ついでに記せば、重版と共に、山本氏の好意で印税相当分が常に細井和喜蔵遺志会(彼の遺友たちによって組織された会)へわたされ、その積立金は、紡績や製糸産業の労働者の解放運動のためいろいろ役立った。更に運動ギセイ者たちの共同安息所用に、青山墓地に「解放運動、無名戦士之墓」を建て、ときどきに遺霊や遺族をなぐさめて来たが、終戦後国民救援会の懇望に応じて同会へゆずりわたし、以来、毎年三月十八日(パリコンミューンの記念日)に、盛んな墓前祭や遺族慰労会が催されつづけている。

こうして、細井君は死んだのちも、運動のためはたらきつづけているのである。故語に従って死せる細井が生ける資本主義を走らせつつあるということも、いえなくはあるまい。

ぼく個人としては、更に憶《おも》い出《で》その他書きたいことがあるが、それらは一切はぶき、以上、今ぼくでなくては書けない来歴や意義だけを記したつもりである。最後に、故人に対してこころからの哀惜と敬意をささげたい。

昭和二十九年一月

藤森成吉

自序

婿養子《むこようし》に来ていた父が私の生れぬ先に帰ってしまい、母は七歳のおり水死を遂げ、たった一人の祖母がまた十三歳のとき亡くなったので私は尋常《じんじょう》五年限り小学校を止《よ》さなければならなかった。そして十三の春、機家《はたや》の小僧になって自活生活に入ったのを振り出しに、大正十二年まで約十五年間、紡績工場の下級な職工をしていた自分を中心として、虐《しいた》げられ蔑《さげ》しまれながらも日々「愛の衣」を織りなして人類をあたたかく育《はぐ》くんでいる日本三百万の女工の生活記録である。地味な書き物だが、およそ衣服を纏《まと》っているものなれば何びともこれを一読する義務がある。そして自からの体を破壊に陥し入れる犠牲を甘受しつつ、社会の礎《いしずえ》となって黙々と愛の生産にいそしんでいる「人類の母」――彼女たち女工に感謝しなければならない。

私がこの記録を書こうと思ったのは余程後年になってからのことであって、初めの程は唯だ漫然と職工生活を通って来たに過ぎない。言葉をかえて言えば社会制度や工場組織や人生に対して何の批評眼ももたぬ、ほとんど思想のない、一個の平凡な奴隷として多勢の仲間と一緒に働いていたのであった。鉄工部のボール盤で左の小指を一本めちゃくちゃにしてしまったとき、三文の手当金も貰わぬのみかあべこべにぼんやりしているからだとて叱り飛ばされたことを、当然と肯定して何の恨みにも思わなかった。

その圧制な工場制度に対して少しの疑問をも懐《いだ》かずに、眼をつぶって通って来た狭隘《きょうあい》な見聞と、浅薄な体験によって綴ったものがすなわちこの記録である。私は大工場生活にはいった初めから、これを書くために根《ね》ほり端《は》ほり材料を蒐《あつ》めて紡績工場を研究したのでは決してない。しかるに、それですらなおこの通りな始末だから、事実はもっともっと深刻を極めたものと思惟されるのである。

関西で実行運動にたびたび失敗した私は黒表がついて容易にその地で就職が出来ぬまま、関東方面の事情を見聞しながらこの記録でもまとめて、暫《しばら》く実行的な運動から遠ざかって時機の到来を待とうと思い立った。そして大正九年の二月に上京して一先ず亀戸《かめいど》の工場へはいり、猫を冠《かぶ》って当分のあいだは何ごともなくいたのであったが労働のかたわら筆を執るということは、時間がないのでなかなかむずかしくて出来なかった。ところがたまたまその工場に争議が起って止むを得ず手を出したあげく、美事に労働者側の勝利を贏《か》ち得たにもかかわらず後になって幹部の党派争いからして無理解な仲間たちに散々排斥されたり、また永年の工場生活から来た痼疾のために到頭そこをも罷《や》めてしまった。そこで、生活に追われ追われながら石に噛《かじ》りついてもこれを纏《まと》めようと決心し、いよいよ大正十二年の七月に起稿して飢餓に怯《おび》えつつ妻の生活に寄生して前半を書いた。そこへ、あの大震災がやって来たのである。

妻が工場を締め出されてしまって、たちまち生活の道は塞《ふさ》がれた。と、どんなに気張っても石に噛りついても書けないことが判った。そこで避難列車の屋根に乗り込んで兵庫県能勢《のせ》の山中へ落ち延びて小《ささ》やかな工場へはいり、一日に十二時間労働したかたわら後半を書き、再び翌十三年一月帰京してやっと全部まとめ上げたのは四月であった。それから同年の秋になって『改造』に一部分が掲載されたやつと残りの原稿を合せて、今一度十三年の十一月に手入れしたのである。

このように、わずかな、これを書くあいだに三回も住所が変っていてほとんど劃時代的な震災をなかに挟《はさ》んでいるから、元々自由なエッセイのような積りで取りかかった本書は文章の統一も研究方法の秩序もとれていない。そしてまた、現在の状態よりか多少の変移を見るであろう、しかし大部分は後で訂正を加えずに置いた。

私が紡績工場へはいらぬ以前の女工虐待的事実は、紡績通の二老人の口伝《くでん》によるものである。それから女工寄宿舎のことについては、寄宿舎で生活して来た愚妻の談話を用いた。

なかに収録した諸統計を得るためには、大阪に在る二友人と一先輩に便宜を与えてもらった。

高い防火壁に囲まれて外部から窺うことの出来ない暗黒の工場の棉塵の中から、この畸形児的な本が世の中に生れ出るために産婆役をつとめてもらった山本実彦氏と、船頭の役目を相つとめてもらった藤森成吉《ふじもりせいきち》氏に、全女工を代表して感謝の意を捧《ささ》げる。また小唄の譜をとってもらった信時潔《のぶときき よし》氏の労をも厚く御礼申しておく。

本書は勿論《もちろん》、間違いのないよう万全の策を期した。しかし何分にも筆者は浅学の輩《やから》ゆえ多少の誤謬《ごびゅう》があるであろうが、そこは読者諸賢の御寛恕《ごかんじょ》を仰ぐ次第である。

紡績女工および織布女工に次いで多数を占め、制度の桎梏《しっこく》を受けながら重要な生産を営《いと》なんでいるものは製糸女工であるが、「女工哀史」という表題のもとに少しもそのことを書かなかったのは遺憾だ。製糸女工の事情は、後に機会が与えられたら研究に出かけて、概要をなりとも報告したいと思っている。

工場のことを語ったものとして、これは必ずしも短いものではないようだ。けれども、本書はこれから先わたしが機会あるごとに語ろうとする広汎なる存在——工場と人との関係の、ほんの序文にしか過ぎないのである。私は『女工哀史』を余りに圧縮して書いた。いま私は、工場を小説の形式によって芸術的に表現したものを、世の中へ送り出そうと意図している。

大正十四年五月十二日

亀戸において　筆　者

目　次

女工哀史

第一　その梗概

一

人間が生きて行く上において「衣食住」が必要なことは言《い》うを俟《ま》たぬ。わけても「食」は絶対的必要であって、もし自然の偉力がこれを剥奪したならば明日から人類は地上に影をひそめるであろう。しかして次に必要なものは「衣」と「住」である。

いにしえ我らの先祖は裸体でおった。それは未だ織物が発見されないまえの狩猟時代に、獲《と》った獣《けもの》の肉を食《は》みその皮を剥《は》いで身につけた頃、またはそれより以前、木の実を食したり木の葉や木の皮を取って体を包んだ時代のあったことを考えれば明らかである。

昔の人間は食物さえあれば衣服も住居も要《い》らなかった。よし要るとしてもそれはきわめて簡単でことが足りた。しかし今日まで進化した人類から「衣と住」を切り離して考えることはできない。今や人間にとって着ることと住むことは、食うことと同じようにほとんど絶対的必需条件とはなったのである。

衣食住は大自然の運動と人間自身の労働によって得られる。しかし人間は自然が創《つく》ったのであるから自然はそれを養うため食物を与えるのが当然の義務だ。だから自然は飽《あ》くまでもその責めを完《まっと》うして尽きせぬ原料を我ら人類に与えている。

私は自然物に人間の労働を加えなければ衣食住の完成品とならないような不完全な未製品を与える自然を間違っていると思うが、よく考えてみれば人間は自然に叛《そむ》いている。叛逆者なのであった。

ああ！　楽々として何の苦もなくあたたかい自然のふところにいつまでも眠っていられるものを、我らは何の要あってか遂に叛いてしまった。そのために人類は、永遠に労働を課せられた。唯だ生きるがために——。

ここで人類生活に絶対的必要なものは衣食住を造り出す労働だと言いかえることができる。おおほんに、労働なくして人間は一日も生きて行くことが出来ない。食う、着る、住むの労働が……。

我らは芸術がなくても死にはせぬ。政治という程なものがないからとてたいした差支えはなかろう。しかしながら、食うに米なく住むに家なく、着る着物が一枚もなかったら牢獄へ行くことも出来ないではないか！　ここにおいてしみじみと労働の貴さを感じる。

私はこの衣食住の労働を「父」と「母」という相異った二つの性格で表わすことに興味をもつ。農民は人類の父である。米や麦や、その他あらゆる原料を作って人間を養って行く。そうして「紡織工」はその父が作った原料を糸にひき布に織って子供に着せる。すなわち「母性的いとなみ」であり、愛の労働である。実に農民が人類の父であるのに対して、紡織工は人類の母であらねばならぬ。そして家を建てたり、道路をつけたりするようなその他の諸々《もろもろ》な労働は、一切この「父と母」なる二つの大きないとなみの分れに過ぎないであろう。

道学者は「職業に貴賤なし」と言ったが、私に言わすればとんでもないことで職業には大いに貴賤がある。政治家だとか学者だとかいっている連中は実に賤業である。そうして肥料《こえ》くみや溝掃除こそ彼らに増して貴い職業ではないか？　国家ならびに社会組織がいかにあろうと、戦争が悪いなら戦争の道具を作る者が貴い職業だとは言えない。また大勢の人間にたいして必要はないブルジョアの享楽品ばかり製造する者を誰が貴いとほめるだろう。今日《こんにち》は猫《ねこ》も杓子《しゃくし》も唯だ働きさえすれば労働者労働者で威張《いば》れる世の中だが、木綿《もめん》の着物を織る女工と、無産者にはかいまみることさえ出来ないような大ブルジョアの部屋にでも飾られるところの彫物《ほりもの》する彫刻師とは、そこに雲泥の相違があらねばならんはずだ。

かくのごとく我ら紡織工は人類が生存して行くのに、なくてはならぬ物資を造って供給している。そして人間が自然から段々と離れて行く態《てい》を文明というならばその文明促進に貢献するところ甚《はなは》だ多かった。しかし、今後の責はなお重いのである。海の彼方《かなた》には衣服の分配に与《あず》からぬ同胞がまだまだ沢山いる。世界の人口大約十五億と見てそのうち完全に衣服を纏《まと》っているものが僅《わず》かに五億人、七億五千万人は半裸の有様でほんの一部分に衣服をつけているに過ぎず、残りの二億五千万人は全部裸体であるという事実から見て、なかなかその前途は多端である。これら未開地の同胞に我らは糸を紡《つむ》ぎ、布を織って着物をきせなければならない。

全人類に等しく着物をきせる。この高遠な理想を目標として我ら紡織工は進んでいるのだ。おお！　愛の生産よ。我ら兄妹の職業は奉仕の念に燃えている。

紡織業は実質的だ。人道的ないとなみである。重要な産業だ。故に紡織工の労働は最も労働らしい堅実な労働だ。正義である。

二

紺碧《こんぺき》の浪《なみ》うち寄せる東の島国、日本は古《いにしえ》から「絹」の国であった。島をかこむ山脈の切れ戸から遥けき海を渡って来た春が訪《おと》ずれて、暖い風が地上をなめる頃になると広漠たる桑園は一声に笑い始め、緑の大葉が枝をたわめる。すると水晶の虫、蚕《かいこ》はそれを食《は》んでビイドロの糸を出す。こうして美しい絹が乙女《おとめ》の手で糸にひかれ、機《はた》に織られて愛の衣に縫われるのであった。

　しかし限りない人口の増殖と外《とつ》ぐにとの交際は必然的に「綿」を要求した。そしていつしか印度《インド》よりその種子が渡来してここかしこに播《ま》かれたのである。と同時に弓弦で棉を打ち、糸車でこれを紡ぐところの簡単な紡績法が教えられて漸次日本の中心衣料は絹から綿へと移って行った。だがその頃の綿業は無論きわめて小規模な半農的手工業であって、現代のいわゆる労働婦人――女工はなかったのである。

　武士道とやらは頽敗して侍はいつしかその魂を打ち忘れ、絹の長袖を纏《まと》い、人斬《き》る正宗はこがねしろがねちりばめた装飾品と代って、爛熟した封建制度は自から崩解作用を始めた。しかし彼らは未だ太平の夢から醒《さ》めやらない。その折り――徳川の中葉早くも海の彼方《かなた》では産業革命の烽火《のろし》は打ち挙げられた。すなわち西暦千七百六十九年にはリチャード・アークライトが輪具精紡機《リング・スピンニング・マシン》を完成し、翌千七百七十年にはゼームス・ハーグレーブスが走錘精紡機《ミュール・スピンニング・マシン》の発明をなし、続いて千七百八十六年にはエドマンド・カートライトがジョン・ケイのフライ・シャットルを応用した力織機《パワールーム》を見事に完成して、旧来の産業組織を根底から揺がし始めた。

英国ではこの頃から近世的工業労働者としての紡織男女工が発生した。しかし日本はそれから余程くだっている。

ここで私は日本における紡織業の歴史をざっと述べねばならぬ。

我が西洋式紡織業の嚆矢《こうし》は嘉永、安政の幕末時代で、薩摩《さつま》の藩主島津《しまづ》斉彬《なりあきら》が一代に卓越した識見と英断とによって英国オールダム市のプラット・ブラザース会社から紡機三千錘を輸入し、これをその藩なる今日の鹿児島市を去ること一里余にある磯の浜の石室という地に工場を卜《ぼく》して据付けたのに濫觴《らんしょう》を発している。世は太平で戦争はない。藩の家中《かちゅう》はいずれもごろごろとして唯だ君主の扶持《ふち》を食《は》んでいる。そこで斉彬はこの家中の子女を我が紡績所の女工とし、若侍は男工に使った。

この時分は女工も実に幸福であっただろう？　明治八年初版の『東京新詞』という本に左のごとき詩が出ている。

女　工　場

紡耶績耶裁耶縫、幾家紅娘梳二翠髪一、繍レ花鍼線春日長
和レ鶯投梭声不レ没、瞥見女師上リレ場采、素姿燦然タリ霞外ノ月

これは滝の川に設けた政府の試験工場をうたったものでないかと思われる。あるいはまた、正確な記録はないけれど大日本紡深川工場のあった附近に、その頃既に政府の工

場が建設されておったのかも分らぬ。

薩州時代に「紡績女工」という名称が用いられたかどうか私にはちょっと判明しないが、そのように呼ばれたとしても今日ほど軽蔑的な意味は含まれていなかった。女工という熟語のもつリズムが今日とは全然違う。「女工様々大明神」だったに相違ない。なにしろ百姓や町人はなりたくも女工になれなかったのである。藩に属する武家のみ、その娘が女工になり、息子が紡績所の男工となるの特権があった訳だ。男工は丁髷《ちょんまげ》に結び、達着袴《たっつけばかま》を穿《は》いて作業した。その武士も足軽くらいではなかなか紡績所へ入るのは困難であった。従って自らも今日のごとく卑下することなく、周囲の人々もこれを軽蔑どころか非常に尊敬をさえ払ったものである。自働機械というような珍らしいものを皆目観《かいもくみ》たことのない日本人には、ただその機械の側についていて棉を供給してやったり、糸を継《つ》いだりするだけで独りでに美しい糸の紡《つむ》げるスピンニング・マシンは夢のごとく不思議なものであった。機械をばあたかも神のごとく訝《いぶか》り惧《おそ》れた。そしてその神秘的な機械の守《も》りする人を神官のように思って到底凡人ではないとまであがめ奉る。今日では「紡績職工が人間なれば……」と歌われる紡績工も、お役人さま然《ぜん》としておった。

この当時、紡績工場について面白い挿話がある。無駄話のようだけれども序《つい》でに紹介しよう、今日ではどこの工場へ行ってもその門に「縦覧謝絶」という札が掲げてあって容易になかを知るよしもないが当時は天保銭《てんぽうせん》一枚だすと工場を縦覧させてくれたそうだ。それから初めは電燈がなく、石油洋燈《ランプ》をともして明りをとった。すると工場の梁《はり》やランプの笠に鵜《う》の毛のような棉埃《わたぼこり》が積って火災の憂いがあるので、長い竹の先に団扇《うちわ》をつけて煽《あお》り落したものである。こんな時代もあったのかと思うと、僅々七、八十年の間に世界的地位を得た日本の紡績工業の素晴らしい発達に、驚かずにはいられない。

しかしてその時に綿布力織機二台をも併せて輸入したという説があるがそれはどうも確実でない。しかしともあれ、薩南の一角は我が工業の揺籃《ようらん》であったことはたしかだ。一説には、鹿島万兵衛（万平）なる者の紡績所創設がこれより先で、島津斉彬はそれに刺戟されたものだとも言うが詳細な記録はない。

近世工業労働者としての女工および男工は、実にこの時にあたって九州薩摩で誕生したのである。しかしながらずっと降って明治の中葉に至るまでは、ひたすら女工の成長時代にあって彼は何も判らずに親の懐《ふところ》に眠っていた。近世工業労働者としての惨めな生活上の特色はまだ現われなかったのである。

維新の革命以来、とみに文明は発達して国民生活の向上に伴い、色々な欧米製品の需要が激増して行った。わけても綿製品はその著しいものであって、一カ年の輸入額一千十一万円に上り、我が輸入総額の六、七割に当った。綿糸だけでも一カ年の輸入高四百七十二万円という多額になって本邦輸出入の均衡はほとんど綿製品輸入額の多寡による状態を示した。ここで政府は綿製品の輸入防遏《ぼうあつ》を計るため紡績業奨励の必要に迫られて勧業局長松方正義氏が英国より齎らした紡績機械を大阪、岡山、奈良、愛知、宮城、栃木、広島等棉の産地へ二千錘ずつ配布して極力斯業《しぎょう》の発達に力《つと》めたがあいにく不成功に終った。これを「二千錘紡機」と称するのである。

なお東京滝の川、泉州堺等に政府の工場が建設されたのであるが、いずれも完成を見なかった。

降って明治十三年五月、山辺丈夫《やまべたけお》なる者が英国から帰朝し、渋沢栄一《しぶさわえいいち》、藤田伝三郎《ふじたでんざぶろう》、松元重太郎ら実業家を発起人に挙げて大阪三軒家《さんげんや》村に資本金二十五万円をもって大阪紡績株式会社を創設した。工場は十六年七月にようやく竣工《しゅんこう》して一万錘のミュール精紡機がその前紡機《ぜんぼうき》と共に運転を開始した。今なお西大阪の一角に聳《そび》ゆる赤煉瓦三層楼の工場がそれである。

英国の紡績工場および有名な紡機製作所プラット会社で研習を経た技師がすべてを担当したのでこれは見事に成功した。するとこれを模倣するものが相次いで起り、幾多の会社が出来て工場は方々に建てられた。これが近世的工場工業労働者としての「紡績工」発生である。

次ぎに「織布工」であるが、これは同じく松元重太郎、山辺丈夫氏らが謀《はか》って明治三十一年大阪西区松島町に大阪織布株式会社を創立してプラット式力織機三百台を輸入、据付け、運転した。続いて大阪四貫島《しかんじま》に金巾《かなきん》製織会社が出来る。そうして急激に織布術が全国的にひろまり、大紡績会社は競《きそ》って織布を兼営するようになった。これが近世的工場工業労働者としての「織布工」発生であった。しからばその紡織業および従業労働者が現在頂点に達した資本主義治下において、いかなる状態に置かれているか？　その趨勢はどうか？　手短かにこれを述べてみよう。

三

「人類のため」の産業の盛衰を述べるのにあたって機械の沢山あることや原料を余計食うことを尺度とするのは真理でないが、しばらく世説に従っておく。

世界の紡織工業界における我が日本の地位はどんなものであるかというに、万国紡織聯合会の調査によると、左のごとく日本の紡績錘数は世界第八位を占めている。（大正十年現在）

国別	錘数	職工数
英国	五九、七一二、三〇三	六三〇、〇〇〇

北米	二〇、七七九、五五四	三〇〇、〇〇〇
南米	一五、八〇四、九三三	四〇〇、〇〇〇
仏国	九、六二五、〇〇〇	一九六、六五〇
独逸	八、六九三、二二一	三七五、〇〇〇
印度	六、八七〇、八〇四	三三二、一七九
伊太利	四、六〇〇、〇〇〇	二〇〇、〇〇〇
日本	四、五三二、〇三六	一四〇、六〇八

また力織機の据付け台数は、

英国	七九九、〇〇〇
北米	四四〇、五二七
南米	二六六、九四二
独逸	一九〇、二二〇
仏国	一八〇、五六〇
伊太利	一四〇、〇〇〇
印度	一二三、七八三
日本	六〇、八九三

しかしながらこの運転時間と一錘当り棉花消費量においては日本がまさに世界第一位

であって、一カ年間世界棉花消費量七百三十五万七千二百十二俵の内、九十七万一千六百五十四俵までを我が日本で消費し世界における棉花消費総量の第二位を占めているのである。故に、右の事情を綜合して考えると日本の紡織業は世界第六位ということになる。

次ぎに日本における紡織業の趨勢とその労働者数はどんなものであるかを見ると、我が紡織業はあたかも経済界に超越したるかのごとく、年々歳々少しの停滞をも見ずに極めて順調な発達を遂げている。というよりもむしろ躍進している。今大正元年から十年までの紡績聯合会所属工場錘数を示せば左の通りだ。

年次	錘数	資本金
元年	二、一七六、七四八	一億円台
二年	二、四一四、四九九	
三年	二、六五七、一七四	
四年	二、八〇七、五一四	
五年	二、八七五、九〇四	
六年	三、〇六〇、四七八	

七　年	三、二二七、六七八	二億円台
八　年	三、四八八、二六二	三億円台
九　年	三、八一三、六八〇	四億円台
十　年	四、一六一、一二六	

右は綿糸紡績にして紡績聯合会へ加入せる工場のみを挙げたものであるが、なおこのほか同会へ加入せざる綿糸工場、絹糸紡績、麻糸紡績、毛糸紡績等を加えると数字は更に太って来る。

絹、麻、毛の諸紡績については綿糸と兼営が多き故完全な統計を得難いが大体において左のごとき標準である。

絹糸紡績

年次	錘数	払込資本金
大正四年	一一二、〇二七	一〇〇〇、〇〇〇
同　九年	一三八、二九八	一一、九五二、二一二
同　十年	一六二、二六四	一四、四三四、七六七

麻糸紡績

大正四年	二九、三八二	六、二二四、三〇〇

同　九年	七四、四五五	四〇、四五五、〇〇〇
同　十年	六四、六九七	二二、八二六、〇〇〇

毛　糸　紡　績

大正十一年	三六五、四六五	九四、一九〇、〇〇〇

毛糸紡績については農商務省工場統計表に全然これがない。で、止むを得ず大正十二年度『紡織要覧』によって調べたものを挙げた。ただしこれは羊毛工業会加入工場ではあるが、同会の統計と多少相違しているかも知れぬ。しかしてこの会社および工場数、これに従事する職工数はいか程なりやというに官省の諸統計で見ると左の通りだ。

	工場数	男工	女工	小計
綿	一五六	三七、九一一	一二五、九二二	一六三、八三三
絹	三八	五、〇六八	一二、九四三	一八、六二三
毛	三二	三、四七五	約一〇、〇〇〇	一三、四七五
麻	一四	三、六九九	七、六五九	一一、三五八
合計	二四〇			二〇七、二八八

すなわち僅々二百四十カ工場で三十万人に足らぬ労働者だということである。しかし

ながらこれを民間の調査で見ると職工二百人以上を使役する紡績工場が二百二十三会社四百八十カ工場もあるほか、十五人以上百五十人以内職工を使用する織物工場が一千工場以上もある。故にこれから推定を下せば日本の紡織工総数二百万を下ることはないであろう。そうしてそのうち八割までが女工なのである。また『毎日年鑑』によって他の労働者数と比較してみても工場労働者としては第一位にあり、一般労働者から見ても第四位ちょう《〔という〕》多数を占めている。

種別	男工	女工	計
農業労働者	—	—	三、一一七、五八二
漁業労働者	—	—	一、三三五、五五五
交通労働者	—	—	九三三、六七七
繊維工業労働者	一五一、五九四	六六七、二〇一	八一八、七九五
林業労働者	—	—	七一五、七〇九
鉱山労働者	—	—	三二八、八〇〇
機械工業労働者	二三四、二二七	一四、一一七	二四八、四〇四
官業労働者	—	—	一八四、五五一
化学工業労働者	一一六、七八六	四七、三八四	一六四、一七〇

飲食工業労働者	八五、七七三	一七、二二八	一〇三、〇〇一
雑工業労働者	九五、一五二	二九、三三六	一三四、四八八

第二　工場組織と従業員の階級

四

この書きものの範囲をあらかじめ決定するため、工場およびその労働者を分類して種類を明らかにせねばならぬ。

〔イ〕　産　業　別

専門家以外の人は大抵一概に「紡績工場」といってしまいそこに働く労働者を「紡績工」または「紡織工」というがこんな漠然たる話しはない。

そもそも紡績というだけでは単に糸を紡《つむ》ぐことSpinningしか意味しない。しかしながら普通「紡績」と称《とな》えられているなかには「製織」すなわちWeavingという何ぼ常識的に考えても全然ちがった技術が含まれている。しかるに日本ではこの二つを混同してしまって唯だ「紡績」という。だがこれは間違いであって「紡織」というのが当り前である。英語のTextileであらねばならぬ。そこで工場の種類が大体左の三通りに別れる。

一、純紡績工場
二、織布工場
三、紡績、織布兼営工場(紡織工場)
それから同じく産業別の分け方に、今一つ原料の種類によってすることがある。
一、綿糸紡織
二、絹糸紡織
三、毛糸紡織
四、麻糸紡織
これが先ず大体の分け方であるがこのほか「石棉紡績」とか「海草の紡績」とかいった特殊なものがある。しかしこれらは未だ微々たるものであってほとんど数うるに足らぬ。

〔ロ〕大　小　別

工場の大きい小さいによって同じ紡織工場といっても大変その趣きが異る。技術的組織が違うのである。例えば小さな或る工場では次項の「技術別」において分類した一分科の職業を一人で兼務する場合が尠《すくな》くない。また織布になると実に複雑であって、織布専門の工場が紡績工場で出来た絈糸《かせいと》を買いこれに糊《のり》をつけて織る場合と大工場で紡、織兼営する場合とはそこに甚《はなは》だしい技術上の差違があり、用いる機械、器具等も一様でない。従って同じ織工であっても大工場と小工場とは技術上の共通点がとぼしい。まことに五月蠅《うるさ》いものだ。それで同じ「織布工」でも大工場に永年おった者が小さな個人工場の経験工ではなく、小工場におったものはまた大工場へ行っても仕事は出来ない。これは工業が漸次分業的に発達すればするほど甚だしくなる現象であって、人間の技倆は機械の働きのごとく、世の進歩と逆比例に段々極限されて行かねばならぬ。

［八］技術別

紡織工業が近世資本主義的大工業の極致であることは、左の技術別分類によって余りに多くの分業から成っているので知れる。

工場の職工を大体において「運転工」と「保全工」の二種に分ける。運転工は各自その受持機械について原料の世話をやき、直接生産に携《たずさ》わるものであって保全工は主として機械の修繕、すなわち保全をなして間接に生産を助けるよう業務分掌《ぶんしょう》の原則が置かれている。しかしながらこの両者が確然とした色で分けきれないのは事実である。

紡織工場は最も機械文明の粋《すい》を蒐《あつ》めたもので、その仕事は徹頭徹尾機械がなすのであるから主に労働者の名称は機械の名称の下へ「工」がつく。で、「何々工」といって機械と仕事と併せた表を作る。

ここでちょっと断っておきたいのは、元々筆者は主として織布の経験工である。紡、織兼営の工場に永らくいたのではあるが、紡績の方はしばらく「綛場《かせば》」と「ミュール精紡」と「試験方」をやった位で余り全般にわたって精通していない。で、ここに挙げたより以上の分業が実際においては行われているのだと思っていただきたい。

混棉部《ミキシング》｛開俵機・フィーダー・オプナー｝混棉工（男）｝
打棉部《スカッチャー》｛荒打・中打・仕上｝打棉工（男）｝保全工

梳棉工《カード》｛梳棉・精梳棉｝梳棉工（男）｛運転工・保全工｝

練条部《ドローイング》｛スラッピング・インター・ロービング｝練条工（女）｝保全工（男）

- 粗紡部《フライヤー》
  - 初紡
  - 間紡
  - 後紡
  - ……組紡工（女）
- 精紡部
  - ミュール——（男、女）
  - リング（女）
    - 台持工
    - 丸場工
  - ……運転工、保全工（男）

この精紡で紡《つむ》ぎ揚《あが》った管糸《くだいと》はその用途によって左の四通りに分れる。

- 精紡
  - 管糸のままで織布へ送るもの、またはチーズのまま市場へ出すもの
  - 単糸のままで綛に掛け梱《こり》にして市場へ出すもの
  - 撚糸《よりいと》にしてから綛に掛けるもの
  - 様々な加工糸にするもの

しかして精紡より後の工程と職工の職業別は左の通りである。先ず単糸の場合から、

- 綛場《リール》……綛掛工（女）
- 丸場
  - ……丸仕（男）
  - バンドリング……綛締工（男）

荷　造……………………………仲　仕

撚糸の場合には精紡と綛場の中へ左の工程が挟《はさ》まる。

合　糸……………………………捲　糸　工｝運　転　工（女）
撚　糸……………………………撚　糸　工｝保　全　工（男）

撚糸になってから後段の工程は単糸の場合と同じである。それから加工糸、例えば瓦斯《ガス》糸《いと》などにする時はなおこのうえ「瓦斯焼」の工程が加ってそれだけまた職工の種類を増すことになる。

次ぎに織布部における職工の技術別をのべよう。

管糸《コップ》場……………………コップ差工（女）
ワインダー…………………………糸　捲　工（女）
整経部《ワーピング》（女）｛台　持　工……………｝保　全　工（男）
　　　　　　　　　　　　　ボビン掛換工…………
糊付部《サイザー》（男）｛糊　捹　工……………
　　　　　　　　　　　　糊付助手………………
　　　　　　　　　　　　糊　付　工……………

引通し ｛わけ方／通し方｝引通し工（女）

織布部《ウィービング》 ｛経掛工（男）／織工（女）／注油工（男）／機械工（男）｝｛運転工／保全工｝

仕上部《フィニッシャー》 ｛受入工／シャーリング／カレンダー／ホールジング／スタンピング｝男女混同

荷造……………………仲仕

以上が本工場で直接または間接生産に携っている純生産工のみであるが、これを輔佐しまたは工場という大きな一建築物全体を運転かつ保全するためには更らに夥《おびただ》しき附属工がなくてはならぬ。その大体を列挙しよう。

- 原動部
  - コロッパス
  - 火夫
  - 機関手
  - 電工
  - シャフト廻リ
- 修繕部
  - 仕上師
    - 手仕上
    - 機械仕上
  - 火造師
    - ヨコザ
    - 先手
  - 鉄管工
  - 旋盤師
  - 鋳物師
  - 溶接工
  - 錻《ぶ》力《りき》屋《や》
    - 営繕係
    - チン・ローラー専門
- 大工
  - 建築
  - 小物

営繕部
- ペンキ屋
- 煉瓦工
- 石工
- 左官
- 手伝人夫

紡績部の附属部として左のごときものがある。

ローラー場
- ローラー修繕工（男）
- ローラー磨工（女）
- ベルト工等

試験室
- ゲレン方（男）
- 助手（女）もしくは男女混合

選棉部……選棉工（女）
注油方……（男）
バンド掛……（男）
バンド編工……（女）
運搬方……（男）

掃除夫または掃除婦…………………………………

次に織布部の附属としてはまた左のごとき各部がある。ただし筬《おさ》と綜絖《そうこう》を自家で製造せずに他からこれを購入する場合は「筬編《おさあみ》工」と「綜絖製造工」が省《はぶ》ける。

筬　場 { 綜絖掃除工（女）／筬直し工（不定）／{ 筬　編　工／綜絖製造工 }（男） }

噴　霧　工……………………………………（男）

運　搬　工……………………………………（男）

杼《ひ》直し専門大工…………………………………

仕　上　場 { 洗　濯　工／カガリつけ }（女）

掃除夫または掃除婦…………………………………

これで工場の労働者はおおよそ述べつくしたと思うが、紡績工場にはほとんどどこへ行っても寄宿舎があるから、その方で働いている者も労働者として挙げておく。

寄宿舎
- 炊事夫
- 夜具繕い人
- 掃除人（男または女）

右のように一概に「紡織工場」というも内容五十以上七十のおのおの変った職業から成っているのである。故にその工場組織がどんなに複雑であり、資本主義的近代工業の極致なるかを窺い知るに難《かた》くないのである。

それから従業労働者の性、年齢等から観《み》て分ければ成年男工、成年女工、幼年男工、幼年女工、老年男工、老年女工と分れることは言うまでもない。しかして紡、織両工場の主要部における男女工の百分率は男工三十%女工七十%位になっており、更にこれを各部別に示せば次表の通りである。ただし各会社工場によって必ずしも一様でないから一、二工場の例を引いて大体の標準を示したに過ぎない。

部名	成年男工	成年女工	幼年男工	幼年女工	老年男工	老年女工
混棉	七〇%	二〇%	……	……	五%	五%
打棉	八〇	……	……	……	二〇	……
梳棉	一〇〇	……	……	……	……	……
練条	五	八〇	……	……	……	一五

五

粗紡	精紡	選棉	合糸	撚糸	紹場	丸場	ワインダー	整経	糊場	引通	織布	仕上
一〇	一〇	……	一〇	五	五	九五	五	五	一〇〇	三	一〇	二〇
八〇	二〇	……	六〇	六〇	七〇	……	一〇	八〇	……	七	九〇	三〇
……	一〇	……	……	……	……	……	……	……	……	……	……	五
……	六〇	……	二〇	二〇	二〇	……	八〇	一〇	……	九〇	……	五
……	……	二〇	……	一〇	……	五	五	……	……	……	……	二〇
一〇	……	八〇	一〇	五	五	……	……	五	……	……	……	二〇

資本主義的諸制度の大きな組織に虐《しいた》げられている労働者が、無産階級芸術においてその作品中に現われた場合よく彼らは「社長」とか「工場」とかいう言葉を使う。社長が職工にでも談話し、一女工にもまた容易に社長と語らう機会がある。しかし私にはおかしいような気持ちがする。

それが理想主義的、象徴派的に、あるいは表現派のような非常に奇抜な作品ならば別段うたがうところはないが、飽くまでも写実を旨《むね》とした自然主義的作風および受材をなしたものにおいてこれを見るのであるから甚《はなは》だ唐突な感がある。作者らは最も爛熟した資本主義制度の桎梏《しっこく》を知りもしないで工場を描いているのだ。僕の処《ところ》へ白粉《おしろい》工場へ通っていて一廉《ひとかど》天下の労働者を気取って来る人がある。また、十人かそこいらの小工場に働いていていかにも資本主義制度に苦しんでいるかのごとく訴える人がある。そして工場とはかかるものだと僕に説明して聴かせてくれて自分一人がプロレタリアの苦悩を背負って立った積りでいる。共に僕は可笑《おか》しかった。

今日いうところの紡績工場は、一女工に社長の名前が憶《おぼ》えられたり、それを憶える必要があったりする程ちいさなものではない。ましてや社長と一職工が談話を交換するなんてことは夢にもないことである。従って十年くらい勤続している一女工に向って「社長は誰だ？」と訊《き》いたって答え得るものは百人に一人もないことを、私はここに保証する。否、女工どころか男工にだって社長や重役の名なんか必要はありやしない。私だって二年もいた大阪の工場の、会社の社長の名前なぞついぞや知らずにしまった。

それから「工場《こうば》」とか「こうじょう」とか言うが職工は一般にそう呼ばない。すなわち「会社」と言うのである。

「あたし工場《こうば》へ行くの。」と言うのは余程近代的な呼び方であって多くは、「うち会社へ行《い》くん。」と言った風に大阪ならとなえる。また、東京でも大概会社で通っている。

大会社にはいずれも営業所があって、各地に散在する数多《あまた》の工場を統轄している。すなわち鐘《かね》ケ淵《ふち》紡績は「営業部」というものが神戸市東尻池に、本店工場が東京府南葛飾郡隅田村にあって大阪城東、住《すみ》ノ道《どう》、中島《なかのしま》、淀川、淡路洲本、高砂、九州三池、久留米、熊本、中津、博多、京都高野、上開、上京、下京、山科、岡山門田大通り、花畑、備前、西大寺、群馬県新町、和歌山県中の島、彦根、甲府、丹波福知山等全国各地に三十ちかくもの支店工場をもっているのである。

このように東洋紡績は大阪北区堂島浜通りに、大日本紡績は同じく大阪東区備後町に、富士瓦斯紡績は東京日本橋区箱崎町に、それぞれその営業所を置いて内地を始め新領土、あるいは海外租借地へまで持って行って工場を建設しているのだ。だから社長や重役は全然工場とは懸け離れた営業所へおる故、工場を見廻るなどといったようなことは滅多にない。

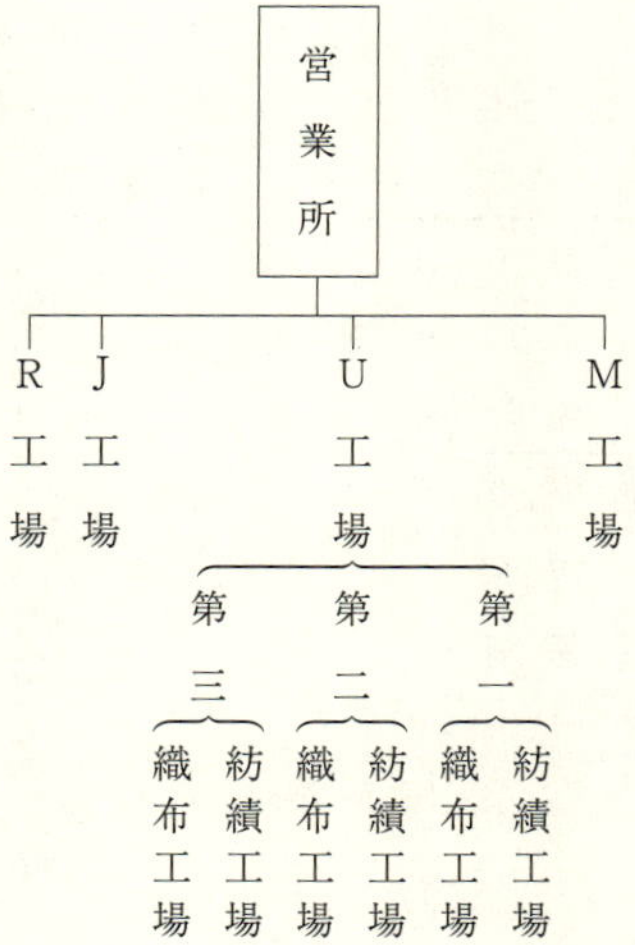

これは東洋紡績の例だ。同社では諸々な記録に一々「何々工場」と書く手数を省くため、H、A、T、O、N、C、D、E、Y、G、R、J、U、F、K、M等のアルハベットにMillの略字Mを添えて言い表わす。ただしこれは日本読みの頭文字ではない。例えば四貫島工場ならS・Mでなければならんが実は同工場がU・Mなのである。

次ぎに工場の組織であるが、これは前の「労働者の分類」で併説したからくわしい処は抜きにして大体の配列だけを表示する。

左は工場事務所の組織一例である。

- 工務課
  - 紡績係 ┐
  - 織布係 ┘ 各分担区域を二ないし三分し一区一人にて
  - 原動係（附属部兼任または二人位にて分担）
- 庶務課 ┐
- 用度課 ┘ この二課は分っておらぬ処もある
- 計算課
- 会計課
- 人事課
  - 採用係
  - 通勤係
  - 社宅係
  - 寄宿係
    - 部屋係
    - 売店係
    - 賄係
  - 募集係
- 守衛係

医務課〔内科（内科的諸科兼務）
　　　　外科（外科的諸科兼務）
営繕課
調査課

右のほか若干名の教師、女工訓育係が附属しており、日々大仕掛けに資本主義擁護の教育を彼女たちに施している。

六

紡績会社では従業社員ならびに職工の階級が実に甚だしく、あたかも軍隊のようだ。社員の配置は工場と営業所にまたがっており、社長ならびに最高幹部の重役以下、一等社員から八等社員まで位に階段をつけている会社が多い。或る会社では社員のことを「手代《てだい》」と言っている。

工場における従業員の縦横のひろがりを述べてみよう。驚くばかり数段の階級が存在している。ただし事務的従業員は工場労働者と関係がうすいから省いて、実際男工および女工が階級のために支配される人間だけを示す。

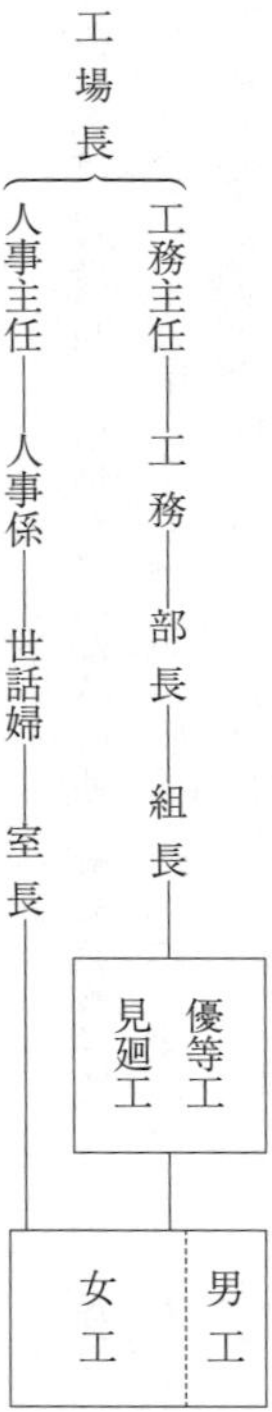

これが単なる名称上だけの階級であるが、鐘紡《かねぼう》式工場では部長のことを「担任者」と呼び一等から四等までに分れているのだ。それから工務もまた、三、四等に分れ、組長のことを「主席」といっている。

それから東洋紡式の工場では部長のことを「助役」と称えこれまた一等助役から四等助役までに分れる。それから組長が「組長補」と「組長」と「主席組長」の三段になっているのである。なお見廻工も「段取見廻」「下見廻」第二、三級に分れ、優等工のことを「一等男工」と言い、平男工のことを「二等男工」と呼ぶ。またときには男工が一、二、三等にも分れる場合がある。それから組長のことを「主任」と呼んでいる。

東京の工場では一風かわった呼び方をしている処がある。左は東京モスリンの例である。

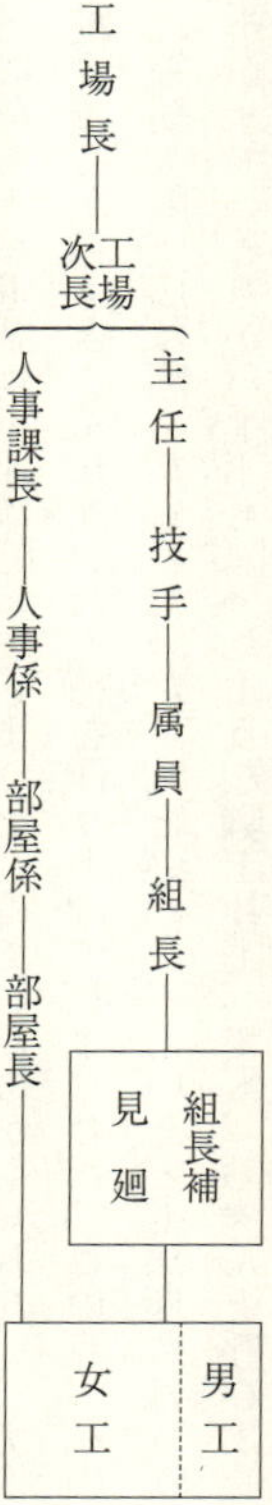

右の表以外、組長、見廻にはおのおの「補」があって、その上に本組長なり本見廻がいるのである。

関西で「主任」とは組長のことであるが、関東では「工務係」のことを主任と言っている。

東洋紡では従業員の待遇を荒らまし三つに分けている。すなわち「社員」「雇員」「職工」がそれで前の表によると上から工務係までが社員、部長と書いてある分、すなわち「助役」が雇員、組長以下が職工である。しかしてそれを「雇員待遇」だとか「社員待遇」だとか言うのである。

直接生産に関与せぬ係りは、その主脳者を除いた他はおおかたこの雇員に属している。東京の或る工場では職工を「工員」と呼んでいる。

由来紡績工場では従業員の待遇などどうあろうと構わぬくせして、生意気にも表面の体裁をつくり職工を「工手」と言い代えて「女工手」「男工手」など七面倒な呼び方をしてみたり、または女工を逆に「工女」男工も逆に「工男」てなおかしい呼び方をして一廉《ひとかど》の人格尊重ぶりを示し、世間をごまかして通ったものである。わけても「女工員」「男工員」などはその甚だしいものといわねばならぬ。

社員と職工の階級的差別は実に甚《ひど》い。一例をここに挙げるならば工場には数番の電話が取ってあってそのいずれもが何時《いつ》も公用で塞《ふさ》がっている訳ではない。社員連はこれによって弁当の注文も出来るし、待合へかけることも自由だ。しかしながら職工はどんな急用の場合でも断じてその使用を許されることがない。試みに君はどこの工場でも呼び出して「女工誰々もしくば男工の何々がいますか?」と訊《き》いてみ給え、立ちどころに高慢ちきな工場の交換手は「職工は呼べませんです。」とひと口にはねつけてしまうだろう——。

彼らは職工の分在《ぶんざい》で、その油に汚れた黒い手で受話器など握られようものなら、不浄のためにたちまち電話は不通に陥ってしまうと心得ているのかも知れない。労働を卑しみ嫌厭する心が自ずとこんな変った人種を作り上げてしまうのだ。この点、私の知った分では鐘紡大阪支店は感心なものだった。たとい一女工といえども馬鹿にはしない。電話のかかっている処から半丁《はんちょう》も隔《へだ》ったような職工社宅へでも、ちゃんと呼び出しに行ってくれる。

いずれの工場へ行っても、女工は十年おっても二十年おっても依然として女工以上の待遇へ昇れないが、事務所の給仕は初めから雇員の待遇を受ける。東京モスリンなどは女給仕が傭員待遇で毎半期の賞与を五十円から百円までくらい貰うのに対して、女工は十円か二十円しか貰えない。かくのごとき矛盾がまたと世にあろうか？「働く者貧乏、貧すりゃドンする」という諺《ことわざ》は実にうがっている。余りに甚し過ぎる待遇差別だ。

第三　女工募集の裏表

七

紡績職工の傭入《やといい》れは「志願工」と「募集工」の二つに分れるが女工は八十％まで募集工であり男工は逆様《さかさま》に八十％まで志願工である。で男工は全部志願してはいり、女工は応募するものと見て差支えない。

男工の志願には直接つてをもたずに工場の門へやって来るのと、なかに働いている者の手蔓《てづる》を求めてやって来るのと二通りあって、前者を俗に「ふりうり」と言う。

東西古今を通じて男工の募集ということを先ずやった会社がない。それにひきかえ女工は募集しなかったという例がない。もっていかに男子の職業が尠《すくな》いか、機械が職業を奪ったかが判明する次第だ。

紡績工場の女工募集難はすでに十数年来からの事実である。大正六年以降綿糸紡績では大日本紡績聯合会所属の工場が生産制限のため操業短縮といって錘数二割以下の運転休止を敢行したにもかかわらず、その際各社とも三十人とまとまった集団的解雇をしなかった。これは年中やっている募集さえ手びかえすれば自然と人員が減る故、解雇するには当らないのである。これに反して操短解除または増錘等のため急に女工の増員を要する場合は一人当りの募集費用が頓《とみ》に膨大を示すのである。故に女工募集は紡織工場における機械運転と同様主要なる事項の一つである。もし紡績会社にして女工募集を禁止されたならば、一カ月出ずして機械は停止してしまうだろう。

由来労働者募集の取締りは府県会をもってこれを定め各府県別に、なお一貫した縦の法制がないところから警察官の常識で取締られておったかの観がある。しかし、当局もようやくその不備を自覚して今般内務省令として全国的統一を図るため、社会局で原案を作って参与会の審議を経た。（大正十三年二月二十四日）

参考のために新聞紙より転載する。

労働者募集取締令案（原案）

第一条　本令に於て募集主と称するは募集したる労働者の傭主《やといぬし》たるべき者を謂《い》ひ募集従事者と称するは自ら雇傭するが為労働者の募集に従事する者又は募集主の委託を受け労働者の募集に従事する者を謂ふ

第二条　本令は左の各号の一に該当する場合を除くの外職工、鉱夫、土工其の他人夫の募集に之《これ》を適用す

一、応募の為住居を変更するの必要なきとき
二、単に広告に依り募集し就業場に於てのみ募集の取扱を為《な》すとき
三、職業紹介法に依る職業紹介所に依り募集を為すとき
四、移民保護法に依り募集を為すとき
第三条　募集主は募集開始前左記事項を記載したる就業案内及《および》雇傭契約書案各二通を応募者の就業所所在地所轄警察官署を経由し地方長官(東京府に在りては警視総監以下之に倣《なら》ふ)に届出づべし
一、(略)
二、応募者の就業場の名称及所在地
三、短期の事業に在りては其《そ》の事業の開始及終了時期
四、応募者の就業すべき業務の種類
五、賃金に関する事項
六、往復旅費、宿舎又は食事の費用其他労働者の負担に関する事項
七、雇傭期間及雇傭期間内に於ける解雇に関する事項
八、就業時間、休憩時間、休日及夜間作業に関する事項
九、負傷疾病の場合に於ける扶助救済に関する事項
前項の規定に依り届出でたる就業案内又は雇傭契約書案を変更したるときは遅滞なく之を届出づべし
第四条　募集従事者たらむとする者は其の住所地所轄警察署を経由し地方長官の許可を受くべし
(中略)
七、募集区域
前項の募集従事期間は三年内とす

募集従事者の許可申請は募集主より之を為すことを得《う》

第五条　地方長官前条の規定に依り許可を為したるときは募集従事者証を交付すべし

第六条、第七条、第八条（略）

第九条　募集従事者募集に着手せむとするときは第三条の規定に依り届出でたる就業案内及雇傭契約書案を添付し左記事項を募集地所轄警察官署に届出づべし

一、当該警察官署管内に於ける募集従事期間

二、当該警察官署管内に於て募集せんとする労働者の男女別予定人員

三、募集従事中の居住所、別に事務所を設けたるときは其の事務所所在地

四、応募者の集合所あるときは其の所在地

前項各号の事項就業案内及雇傭契約書案に変更ありたるときは遅滞なく之を届出づべし

（下略）

第十条　募集従事者は応募せむとする者に対し第三条の規定に依り届出でたる就業案内及雇傭契約書案を交付し其の主旨を懇示すべし

第十一条　募集従事者は応募者名簿を備へ募集に応じたる者あるときは遅滞なく之に記入すべし（中略）

第十二条　募集従事者は左に掲ぐる行為を為すことを得ず

一、募集従事者証を他人に貸与し又は募集従事者の許可なき者に募集を委託すること

二、労働者の募集に関し事実を隠蔽し誇大虚偽の言を弄し其の他不正の手段を用ふること

三、応募を強ふること

四、応募したる婦女を酒席に侍せしめ其の他風俗を紊《みだ》るの虞《おそれ》ある行為を為すこと

五、応募したる婦女を芸妓娼妓酌婦に勧誘紹介又は周旋すること
六、応募者に対し遊興を勧誘し又は其の案内を為すこと
七、応募者の外出、通信、面接を妨げ其の他応募者の自由を拘束し又は苛酷なる取扱を為すこと
八、応募者に対し其の所持品の保管を求め又は保管したる所持品の返還を拒むこと
九、応募者より手数料報酬等何等の名義を以てするも金銭其の他財物を受くること

第十三条　募集従事者は未成年者に対しては其の法定代理人、法定代理人不在のときには親族其の他本人を保護する者、妻に対しては其の夫の同意あるに非《あら》ざれば之を募集することを得ず但し已むを得ざる事由に依り其の同意を得ること能《あた》はざる場合に応募者の住所地市区町村長に於て差支なしと認めたるときは此の限りに在らず

第十四条　(略)

第十五条　募集従事者応募者を伴ひ第九条に規定する集合所を出発せむとするときは其の前日迄に左記事項を記載し集合所所在地所轄警察官署に届出づべし
一、募集主の住所氏名法人に在りては其の名称及主たる事務所所在地
二、応募者の就業場の名称及其の所在地
三、応募者の集合所所在地
四、集合所出発の日時
五、乗車又は乗船の場所及其の日時
六、応募者の住所氏名及生年月日

第十六条　左の各号の一に該当する場合に於て応募者の請求ありたるときは応募者就業場に到着前に於ては募集従業者、到着後に於ては

募集主は応募者の帰郷の為必要なる措置を採《と》るべし

一、応募者健康に障害を生じたるが為就業することと能はざるに至りたるとき

二、就業案内又は雇傭契約書に記載したる事項事実に相違したるとき

三、募集従事者募集主又は就業場の監督者応募者に対し虐待又は侮辱を加へたるとき

第十七条（略）

第十八条　募集従事者に於て第十二条又は第十三条の規定に違反する所為ありたるときは許可を為したる地方長官は其の許可を取消し又は許可を為したる地方長官若は募集地所轄地方長官は募集の停止を命ずることを得

第十九条　左の各号の一に該当する時は拘留又は科料に処す

一、募集主にして第三条に規定する就業案内又は雇傭契約書案に虚偽の事実を記載したる者

二、許可を受けず又は募集従事者証記載事項の範囲外に亘《わた》り労働者の募集に従事したる者

三、第三条第二項第四条第四項第五条第二項第六条乃至《ないし》第八条第九条第一項若は第二項又は第十条乃至第十六条の規定に違反したる者

四、第十七条の規定に依る当該官吏の命令に従はざる者

五、第十八条の規定に依る募集の停止中募集に従事したる者

第二十条　工場法第十八条に規定する工場管理人又は鉱業法施行細則第五十四条に規定する鉱業代理人は其の工場又は鉱業に使用する労働者の募集に関しては本令の適用に付募集主

と看做《みな》す
第二十一条　募集主営業に関し成年者と同一の能力を有せざる未成年者なる場合又は法人なる場合に於ては本令の罰則は其の法定代理人又は法人の代表者に之を適用す
第二十二条　募集主は其の代理人戸主、家族、同居者、雇人其の他の従業者にして本令に違反する所為を為したるときは自己の指揮を出でざるの故を以て其の処罰を免るゝことを得ず
第二十三条　応募者の就業場所在地又は募集従事者の住所が本令施行区域外に在る場合に於ては第三条の規定に依る届出又は第四条の規定に依る許可申請は主たる募集地所轄地方長官に之を為すべし第九条第三項の規定に依る検印に付亦《つきまた》同じ
第二十四条　本令に定むるもの丶外《ほか》必要なる事項は地方長官之を定む

しかしながらこの、唯だ通り一遍の規則だけで従来の悪弊が一掃されるかどうかはすこぶる疑問である。

八

女工募集の第一期　私は近世工業労働者としての女工が発生してから今日までにおける女工募集方法の変遷を、おおまか三期ほどに分けて考えるのが便利だと思う。この時代を仮に名づけるなれば「無募集時代」と言えるだろう。無募集時代とは無論

字義通り全然募集の要がなかったのでないが、今日に較べ極めて容易に女工が得られた頃なのである。年代でいうと先ず始めて日本に組織的な工場が出来た明治十年あたりから二十七、八年日清戦役の頃までである。

この時分、女工の募集は易々として少しの骨も折れなかった。何しろ今日二百有余会社三百数カ工場《こうじょう》の工場《こうば》があるのに較べて、当時は工場の数、実に片手を折るにも足りないところへもって来て農村にも漁村にも人口は余り返っている。わけても男子のごとくどんな労働にでも構わず服役なし得ないところの女子が仕事の割りに多かった。加うるに扶持《ふち》で遊食しておった侍《さむらい》が維新の改革と共に解放されてなすこともなく方々に転《ころが》っている時だったから、工場にとってはこの上もない好都合だった。

農村が富んでいるように思ったのは大の見当違い、その実大名や地頭から搾《しぼ》られるだけ搾り取られていたのだからなかなか楽でない。農産物の少し位はもっているとしてもそれを売って金と交換することは今日ほど容易でなかったから、農村にも貧乏がかなり多かった。そこへ恰度《ちょうど》、給金は右から左へ支払う工場から「働き手」を求めに行くのだから、家にいても仕様のない娘たちを一つ返事で喜んで稼《かせ》ぎに出したことは少しも無理なく想像される。大工業主義の工場が非衛生であることも、その仕事が骨身を削《けず》るほど劇しいことも知らないのだから、彼女たちは嬉々として旅へ出た。また親たちも安心して出すのであった。今日でこそ娘を紡績へやると言えば身顫《みぶる》いするほど怖ろしがり、そうしてまた醜業婦にでもするかのように卑しむが、当時「会社へやる」と言えばちょっと出世のようにさえ聞えたのである。まして初期のうち工場の所在地はいずれも大都会だったから都会へ出ることそれだけでも行かれぬ娘や、事情あってやられぬ娘や親たちにはいい加減羨望の的《まと》であったのだ。であるから募集人はほとんど術策が要らないで済んだ。また今日一種の「誘拐《ゆうかい》業者」もしくば「女衒《ぜげん》」のように言われている彼らもかえって尊敬をさえ払われた。女工一人当りの募集費が数十円ないし百十数円もかかるという今日と、けだし雲泥の相違ではないか――。

この頃「前貸金」の制度は存在しなかったし、従って「年期制度」もほんの名目だけ位で、主に退社は本人の自由意思、もしくば親許《おやもと》からの請求で容易になされるのであった。「強制送金制度」もなかった。書信の没収などといった横暴もなかった。

ああ！ 初期の女工はいかばかり幸福に働き得たことか――。

九

第二期 かくのごとくして難なく所要の女工が各地から寄せ集められ、工場はいよいよ運転を始めた。そうして日本における近代産業の礎《いしずえ》を築《きず》いて行った。しばらくはそれでよかった。しかし自然はいつまでもその状態を許さなかった。年を追うて、漸次女工募集は困難になって来る。

一、工場の数が増加して女工が多く要るようになる。

二、一度応募した者が帰国して工場の情況をうったえる。

右の二大原因が必然的に「募集難」を招来するに至った。ここで女工募集の自由競争が始まって来るのは当然だ。そうして追々と女工の束縛が必要となって来る。

身の行く末をさとして旅立たせた娘は、どうなったのか出たっきりてんでグッともスッとも言って寄越《よこ》さなかった。で、心配して親の方から出した手紙にも碌々《ろくろく》返事が来ない。工場では女工が国許《くにもと》と交通することをなるべくさけるようになった。というのはもし工場の実状をつぶさに報告しられるならば、次ぎの応募者はそれを聞いて見合わせる虞《おそ》れがあるからであった。それゆえ彼女たちは心に明け暮れ故郷のことばかり思っていても、自ずと音信が絶えて表面遠ざかって行かねばならなかった。またその中には色魔男工の誘惑に引《ひ》っ懸《かか》って多少の勘定も捲きあげられてしまう者もあったし、不知不識《しらずしらず》の間に都会のいろいろな悪風に染まって、送金の約束は忘れるともなくはたせなくなった。

女工が国許へ出す手紙は、その内容に工場の不利なことが認《した》ためてはないか一々点検してもし少しでも虐待に近い事実を訴えるようなものでもあれば、直ちにこれを没収するほど警戒を密にしたが、それでもなお工場の内情がもれ知れ出した。賢い女は高い塀を乗り越えて逃亡を企てた。そうして生命カラガラ着のみ着のままで帰国して工場の圧制を泣いて訴えるのだった。またなかには病気や傷を負うて会社からつき戻される女もあった。工場へ行ったがため、やった故に、村にはかつてなかった怖るべき病い――肺結核を持って村娘は戻った。娘はどうしたのか知らんと案じているところへ、さながら幽霊のように蒼白《あおじろ》くかつ痩《や》せ衰《おとろ》えてヒョッコリ立ち帰って来る。彼女が出発する時には顔色も赧《あか》らかな健康そうな娘だったが、僅か三年の間に見る影もなく変り果てた。それでもまだ、ともかく生命を携えて再び帰郷する日のあったのはいいが、なかには全く一個の小包郵便となって戻るのさえあった。機械に喰われて片輪になって帰るのもあった。ここで娘を紡績へやるのはちょっと見合せるようになるのは当然だ。これが第二期を生んだのである。

第二期は第一期の終末、すなわち日清戦役の済んだ頃から、日露戦役の三十七、八年くらいまでを指す。

第二期の特徴としては「強制的送金制度」と「年期制度」の文字通りな実行、それからこの後期頃から「身代金制度」と「教育制度」さえ生れたのである。そうして各会社に「募集人」が置かれ、女工募集事務がようやく重要な地位を占め出したのもこの時代である。

この頃を私は女工募集の「自由競争時代」と名づける。それからこの時に今一つ最もよくない習慣が生れた。それは女工の「争奪」であって、自由競争が増々《ますます》劇甚をきわめた結果、必然にこんな悪弊がかもされるようになったのだ。しかしてこの時代の悪習慣は、少しも改められることなく第三期の今日まで存続している。

この身代金を貸し、年期をきらせる制度によって当分のうちは従業女工をみたしていたが、日を追うて増加する錘数はまたしても女工の払底を招致せずにはおかなかった。そこで彼らは「教育制度」という一策を案じ出した。若い娘を使うのだから色々女子に必要な「教えごと」をすれば応募者が沢山あろうと考えた。もっともこの間には三年年期を見事つとめあげて帰った女工が、年齢ばかり一人前に成って自分の着物一枚ぬえず、御飯を炊《た》く術《すべ》さえ忘れ果ててノホホンと国へ帰って来る態《さま》を、親たちは情なく思ったであろう。娘を女工にやったが最後、田五作の嫁にもやれぬほど体も心も荒《すさ》んでしまうのだった。

それで工場では算盤《そろばん》から割り出していささか鑑《かんが》みるところあり、女工寄宿舎にほんの申し訳だけの設備をして申し訳に女工を教育することにした。そして募集先ではこれをとんでもない大袈裟《おおげさ》に吹き、少女たちを「教えごと」で引きつけようとした。この時分からぼつぼつ第三期としての特色が見え出すのだ。

女の子が誰しも習いたがるものは何といっても「裁縫《さいほう》」であった。で始めのほどそれを教えていたが、どうもそれだけでは利き目が尠《すく》なくなる。ここに各会社は「私立尋常小学校」を置くようになったのである。

紡績工場に私立尋常小学校のあることは一見まことに結構なようだが、彼《か》の目的とする処はすべて打算的――というよりも背に腹はかえられぬ切破《せっぱ》つまった時の泣言に過ぎない。初期には妙齢の娘ばかり使役していた工場も段々彼女たちが来ることを嫌い出したり、また一方では実際左様に妙齢の娘ばかり大勢揃いもせぬし、第三にはそのなす仕事が十八の娘でも十三の小娘でも大差はない程いと易《やす》い事柄なのである。何ぼ音無《おとな》しい小羊のような女でも背丈《せたけ》のびれば多少の不平も口にしようし、給金も増してやらねばならん。そこで一人前の女よりか子供をだまして使った方が、結局はるかに得《とく》なことになった。給料の廉《やす》い不平を言わぬ少女たちを鞭打《むちう》って酷《こ》き使《つか》おうと思いつき、十歳にもなった少女は大威張《おおいば》り、八、九歳からつれて来ようとする方法をとったのである。

ところがここに困ったことが出来た。というのはよもや後程こんな七面倒な鉢合せが起ころうとは露知らず、彼らブルジョアその者が定めた「義務教育」という厄介《やっかい》な奴である。

「チェッ！　このようなことがあとで起ころうなら、あんな七面倒な法律は拵《こさ》えなきゃよかった。まるで、自らの縄で我を縛るようなものじゃないか。」

彼らはこう言って今更ながら己《おのれ》ら特権階級が貧乏人を苦しめるためにやったことに地《じ》団駄《だんだ》ふんで後悔したがことはもう遅い。どう取り消す術《すべ》もなかった。しかし彼らはいち時げっそりしてもいつまでもそんなことに辟易《へきえき》しない。たちまちにして妙案を考え出して直ちにこれを実行した。これすなわち文部省認可の私立小学校設置である。それを拵えて恰度《ちょうど》学齢期にある少女も職務のかたわら教育するという口実で公々然と引きつれて来た。この策略は案外うまく成功して、たちまち少女労働者の押し寄せるところとはなったのである。

「なに、小学校は無料でやってあげます。そのうえ子供ながらも給金を取って親許《おやもと》へ幾らか送ります。」こう言うのだから純朴な鄙人《ひなびと》が有無《うむ》もなく引っかかるのは無理からぬ。

このようにしてとにもかくにも次々へと所要の女工を補っていたが、それでもまたまた不足を感じるようになった。そこで今度は「強制送金制度」がうまれたのである。

この制度は字義通り会社が強制しておのおのその国許へ送金させるのであって、始めのほど本人の自由意思に委《まか》せておいたところ、なかなか送るものがたんとない。そして親たちからは小言《こごと》が来るしそのために募集がやり難《にく》くなったものだから、働く女工本人よりも親権者に重きを置いて御機嫌を取るのだ。

こんなにしてまた当分遣り繰りをしておったが、年々限りなく厖大して行く日本の紡績業は、またもや女工の払底を見るに至ったのである。ここで第三期に遷移《せんい》して行く。されば これより最も辛辣《しんらつ》をきわめる第三期、すなわち第二期以来の現状を語るであろう。

十

第三期　第三期は「募集地保全時代」である。第二期において嘘八百を並べ立て、ひたすら誘拐的《ゆうかいてき》手段によってのみ伴《つ》れて来た自由競争の弊害として募集地は惨々に荒らされた。汽車も電話も未だないような田舎の涯々《はてはて》までも紡績工場の怖ろしいことが知れ渡り、狡猾《こうかつ》飽くなき彼らにも流石《さすが》に場あたりな姑息的《こそくてき》手段ではゆかなくなった。

【イ】募集の方法

女工募集の方法を「直接募集」と「嘱託募集」の二つに分けることが出来る。前者の直接募集とは桂皐氏の言葉に従えばいわゆる「出張募集」であって、会社の社員自から募集地へ出張《でば》り直接募集に当るのである。そうして後の嘱託募集とは一切これを「募集人」という職業者に委せてしまい、会社は彼から女工一人幾何《いくばく》で買い取るのである。

それからまた募集のやり方を「広告募集」、「縁故募集」の二通りに見なければならない。

由来、紡績工場の原動力である募集地は、多くこれを募集人にのみ委せて放任しておいたのであるが、ために生ずる諸種な弊害を考え工場管理人が自から監督するようになった。彼方《あっち》の国で百人の娘を誘拐して伴れて来、散々酷《こ》き使《つか》って役に立たなくなれば叩《たた》き帰してしまい、今度は此方《こっち》の地方から百人伴れて来る。と、こういった調子ではゆかなくなったから成るべく一定の畑から永く続けて作物を穫《と》ろうと考え出した。そして荒廃した募集地へ慌《あわ》てて種を蒔《ま》き肥料をさえやるようになった。そこで女工募集方法が以前よりも永続的になったのである。余り乱暴をやらなくなった。これが先ずいい方の特色であろう。

【ロ】募集人

女工募集人(これを法規では「募集従事者」という)についてしばらく語ろう。この「募集人」という奴は要するに女衒《ぜげん》であって実に始末におえない者だ。彼は資本主義社会制度が資本家の手先なる彼に与えた邪道な権利と、自己の劣悪な人間性とをもって社会に怖るべき害毒を流しつつあるのだ。私は何も罪を募集人にのみ負わせるの苛酷を知っている。かくのごとき者を必要とし、容認し、彼に鉄鎚《てっつい》を下すことさえできぬ資本主義社会の病患をこそ情なくも思うが、いかによくないことをするに都合のいい社会制度だからとて、彼に少しでも「正義」の良心があったらまさかこんな背徳行為は起るまいに――。

募集人の多くはさながら「嘘」から誕生したような人間で、もう有ること無いことを吹き散らし、嘘八百を並べ立てて善良無垢な鄙人《ひなびと》を瞞着するのである。これは独り我が紡績工場に限らず製糸工場における女工募集にも共通なことであるが、彼らはこれと見込んで並々の手段でゆかない場合「恋」を応用して陥し入れるような陥策を弄《ろう》すること敢《あえ》て珍らしくない。このことは古賀進君および斎藤澄雄君の研究にも書いてある。実に彼らは職業故ならたわむれの恋さえするのであった。

それから今一つは、募集人が応募者の娘たちを遥々《はるばる》つれて工場へ来る途中で、ちと縹緻《きりょう》のいい女は大抵その獣性の犠牲に供してしまうことだ。私は或る親しい募集人に、

「実際そんなひどいことをするのかね?」

と訊《き》いたら彼はせせら笑って、

「あるどころの段じゃない俺でも今までに何十人の女どもをやってやった。」と極端に答えた。

それからまた管内に数多の工場をもつ亀戸警察署の某刑事と話した折り彼は言った。

「……ことに亀戸工場(東京モスリンのこと)の募集人は癖が悪いね。誰々がいつどこの宿屋へ募集女工を伴れ込んだとか、また達磨屋《だるまや》へ売り飛ばしたとちゃんと判っている

が、実は何ともすることが出来ないんだ。」と。

募集人がこうして関係をつけた女を方々の工場へ転々させて果ては女郎に売り飛ばしたり銘酒屋へ私娼に追いやったりした例を私だけでも十数件知っている。

【八】 地方募集

東京附近の工場では「市内募集」と「地方募集」なる言葉が使われているが、この前者は多く他工場から誘拐して来るのであって後者はすなわち保全につとめた地方の募集地から伴れて来るのである。

会社が直接やる場合は最も有力な募集地へ持って行って「募集事務所」または「出張所」というようなものを拵《こさ》え、いわゆる出張員なる者が本工場と連絡を結んで盛んに活動する。金力を利用して村長や村の世話好きな老人などは巧みに取り入れてしまう。場合によっては駐在所《ちゅうざいしょ》や警察分署も買収することを忘れない。娘のある家へは度々事務所から勧誘に行き、尠《すくな》からぬ贈り物さえ届けられる。

或る地方などでは「ホギャア……」と赤ん坊が生まれたら男の子か女の子か訊きに行き、女の子なれば直ぐ成人の後ちを約束してしまうという。だからこうした地方では生れた子が女の子なれば大層な金になるからあたかも犢子《こうし》かなんぞのよう、男の子よりか気張った宮詣《みやまい》り祝いをしてやるとか――。

また大会社になると活動写真や芝居を応用して女工募集の宣伝に供する。都会でこそ活動なぞ糞珍《くそめずらし》くもないが未開の山間ではまだなかなか珍重がられるから巧妙な宣伝方法たるを失わない。会社はおのおの募集地へ赴いて寺院などを借り、無料公開をやるのだから村人たちは皆さそい合せて見物に来る。そこで普通写真に差加えて「工場の実況」を映写するのである。

写真は正直だ。自然の象《すがた》そのままを如実に写し出すというが大嘘の皮で、写真はすべてを美化してしまう。加うるに悪い場面は収めてないから極めて美しい。白い帽子、黒い上衣、白いエプロン、裾《すそ》短かき袴《はかま》、靴下に靴という軽快な姿はまことに明るく幸福そうに観《み》えるのだ。で、工場の実際を知らぬ人が誤魔化《ごまか》されてしまうのも無理はなかろう。すべてが大いに洋化された現代の工場は、いかにも愉快そうに学校のごとく思えるだろう。

集まりがはてて帰るとき、彼らは工場のことを書いた宣伝ビラでも貰うに違いない。今その一、二例を引用する。

第一例　女工員入用　東京府下吾嬬町大字亀戸 東京モスリン紡織株式会社　亀戸工場

○貴女《あなた》は、東京のどこの会社で働らいたら、一番愉快で、幸福で、またお金が沢山儲《もう》かると思いますか。

○貴殿の大切な娘様を、安心して委托し、仕事をさせるには、どこの工場が最も安全で、沢山の収入があり、かつ行末《ゆくす》え立派な人になると思いますか。
○東京モスリン紡織株式会社亀戸工場は、東京の名所亀戸天満宮から東へ三丁《ちょう》の処にあります。会社の資本金は壱千五百万円で、綿糸紡績、キャリコ、モスリンを織る大工場であります。
○工場内には、新築の寄宿舎、学校、病院が設けてあり、すべて無料であります。病気にかかっても御心配はありませぬ、学校は、普通教育の外、裁縫《さいほう》、生花《いけばな》、茶の湯、礼儀作法、割《かっ》烹《ぽう》等を皆さんに、丁寧に、教えております。(?)
○貴女がたの御姉妹や、同郷の方が沢山入社して、楽しく、働らいておいでになります。貴女も、入社なさいませんか。
○いつでも、入社出来ますが、一日でも早い方が勝ちです。一刻も早く御出でになるのが貴女のお為《た》めです。
○入社の年齢は満十二歳から三十歳までで、身体壮健で、父兄の承諾ある方に限ります。
○支度金は、年齢により相違がありますが、事情によっては、充分に会社からお貸しすることに、御相談致します。
○上京旅費は、実費を会社から差上ます。今度入社せられる方には、反物代《たんものだい》として別に金参円差上げます。

○給料は年齢によりまして、最初は一日金六十銭から金七十銭まで差上ます、三ヵ月たてば、一ヵ月金参拾円以上六ヵ月になれば、五、六拾円以上に増加します、それから上は、貴女の働き一つで、いくらでも、儲かります。(?)
○外《ほか》に種々の賞与金がありまして、勉強次第で、貰えるお金が沢山あります、また役付見廻等に出世が出来ます。(?)
○冗費をせぬ方が一年に百円や弐百円の貯金は楽に出来ます。(?)
○入社後は毎月親許《おやもと》へ送金いたさせます。
○食事は、会社から多額の補助金を出して、白飯と、おいしい副食物を、一日僅か、金十二銭で、賄《まかな》います、他には、壱銭も掛りません。(?)
○委《くわ》しいことは、最寄の募集事務所かまたは直接会社へ端書《はがき》で問合せ下さい、すぐ御返事いたします。
○ですから今直ぐ御決心なされた方が勝です。

次ぎに大阪東洋紡の例を一つ挙げよう。ただしこれは工場人事課より発行する月報に掲げられたものの抜き書きである。

第二例　女工手破天荒《はてんこう》の優遇

賃金の値上げ

△新入の女工様は素人《しろうと》でも六十五銭以上差上ますただし幼年の方は六十銭より七十銭まで

△日給の人は十一時間働いて今までの十二時間分の賃金がもらえます今まで一円五十銭貰っていた人は一円六十五銭もらえます
△受負女工さんの賃率もまたこれに準じて一割五分以上それぞれ値上致しました「これまで四十円の儲《もう》け高《だか》あるものは四十六円となり参拾円のものは参拾四円五十銭となります」

満期慰労金の大増額

△三ヵ年間勤続の女工手の満期慰労金は他会社に比し従来すこぶる多額を支出しておりましたが今回更に優遇の目的にて八月二十一日より大々的増額をなしこれまでの慰労金の倍額を差上げることにいたしました
△これまで五十円もらった方は百円六拾円もらった方は百弐拾円となります(?)
△宅行帰省の方および退社の方は六ヵ月以内に帰社していただけば年続をして満三ヵ年に達しましたならば大増額の慰労金を差しあげます(?)

宅行帰省の女工手へ

皆様帰省後益々御無事におられますか御蔭で会社は益々発展して参りました家庭の御事情の許す限り早く御帰社下さい旅費の御入用の方は至急ハガキで御知らせ下さい御送金してあげます

もう一例として日本毛織会社のものを挙げよう。これはパンフレットよりの抜文。

第三例

入社年齢

満十二歳から二十五歳まで

給　料(?)

年齢で差があります最初見習中は日給金五拾銭ないし七十銭の間で定《きま》ります

賞　与(?)

一、週皆勤賞

二、期　末　賞

三、年期満了賞

週皆勤賞は月曜日から土曜日までの間に(日曜日は休日でありますから)欠勤早引をせぬ人に一週間ごとに一日を得られます

期末賞与は半期々々の末に各人の収得総高に応じて貰えるので最低を一割としております時々会社の利益によって差がありますこれまで人気のよいときには二割悪いときで一割二分一割三分でしたこの勘定の仕方はツマリ半期に百弐拾円の収得金があったとすればその一割三分拾五円六拾銭が賞与となる訳です

年期満了賞は皆様の希望で別にお約束が出来ますソーシテ首尾よく年期を御勤になることによって所定の賞金を御渡しするので詳《くわし》い御話は係員からすることにしてあります

姫路工場は

姫路市にあり山陽線姫路駅に下車せば東に当り播但線《ばんたんせん》の京口駅の傍《そば》にありてこの工場はこれまで毛糸を作っていましたが今度余程大きな工場に拡げてモスリンを織ることにしたので沢山の女工手さんを採用します

姫路の市は

播州《ばんしゅう》での都会で兵隊さんもおられ師団所在地で人口五万余中々ニギヤカな土地です

名　所

白鷺城は今より四百年前の建築で天守閣は豊太閤《ほうたいこう》の作りし処図表の通り今なお原形のまま天に聳《そび》えわざわざこれだけを見物に来る人も夥《おびただ》しいことです

播州皿屋敷もこの地にあり

城の中に皿を洗った井戸もありお菊を祀《まつ》りしお菊神社等あります

加古川工場と印南工場は

加古川を東と西に挟んで両岸に建っているので山陽線加古川駅を下車せば直ぐです

毛糸、モスリン、セル、羅紗《ラシャ》等の毛織物一切を作っております

附近の名所には名高い須磨、舞子、明石の浦、高砂の浦、石の宝殿等いわゆる播州名所はこの両工場の近傍にあるので、日曜日などにはお友達と打連れ見物に行くには絶好の地であります

岐阜工場は

汽車東海道線の沿道で昔天下分目《わけめ》の戦争があった名高い関ヶ原の近くで名古屋より八里西で米原駅からは東へ数駅過ぎた処でありますこの工場はモスリンを製織しています

附近の名所には

長良川《ながらがわ》の鵜飼、養老の滝、各務ヶ原《かがみがはら》の飛行場、織田信長の居城たりし金華山城跡等は皆工場の近傍にあります

寄宿舎は

各工場とも何千人でも住居の出来る大きな建物で幾棟も並んでいる、室は写真にある通り、夜具、日用の諸道具は何一つ不自由のないように備えてあり賄《まかない》は工場の炊事場で用意し食堂に出しますから皆様はお腹に入る限り喰べてよいので賄費はそれで一日三食が拾銭となっています素《もと》より相当の御馳走なればこんなに安くは出来ないが足らぬ費用は会社が補助をするのです、舎内には世話係として

舎監《しゃかん》の外《ほか》に教育ある婦人が幾人もおって皆さんの親姉妹《おやきょうだい》になりかわり親切に御世話をしています

時々皆様の国元に出張してお宅を訪《たず》ね皆様の安否を伝えたり国元の有様や伝言を達したり何くれとなく御世話を致し国元よりの託送品を持って帰りまた持って往《ゆ》きます

入社旅費は

皆さんの村から会社までは馬車賃汽車賃弁当代等の必要な旅費は会社から差上ることにしておりますから当社では決して賃銭から差引くようなことは致しませぬ

病気になれば(?)

当社の工場は水質と気候の最も良い健康地を撰《え》らんでありかつまた沢山の医学士が常に皆様の健康について全力を尽しておりますから病気になることは先々《まずまず》ありませぬが万一病気になった方は会社の病院へ会社の費用で入院させ親切に養生《ようじょう》致させます

慰安会

毎年二回以上は大慰安会があります工場々々によって行先が違いますが汽車で名所見物に出る例であります大坂京都奈良伊勢等色々な方面へ行きますその費用は全部会社が出してなお小遣銭も渡します

その外《ほか》寄宿舎では時々変った珍らしき催物をして皆様を嬉《よろこ》ばせます

貯金と送金

国許へ送金は会社の最も奨励する所でもし親御さんの御考えで本人の小遣何程と御申越になればその余は送料無料で毎月親許へ御送りします貯金は当会社でもたしかにお預かりしますお望で銀行でも郵便局でも御随意ですが当社は特別預りには一割の利息をつけますソーシテ出入《だしい》れはいつでも自由です

仕度金が(?)

御入用の御方は募集をする人に御相談して下さい御用立しますこの金は六ヵ月以上お勤になれば返えさなくともよいことになります

退職慰労手当(?)

もし三年以上勤めて会社を御罷《おや》めになるときは年期満了賞の外に幾らかのこの手当金が貰えます

(引例終り)

右の例中のクエッション・マークを附したのはどうやらその実行が怪しいのである。次ぎにポスターを二、三挙げよう。

いま本稿を書いている極く近所にも三ヵ処ほど女工募集の出張所がある。これは嘱託募集人がやっており、会社の看板を掲げているのだ。すなわち亀戸十三間通りには東洋モスリンのそれがある。同天神通り香取前には相模紡績のそれがあって「紡績、織布部工女募集。前借金シマス。申込所コノヨコニテ。」という看板があがっており、そこの露路《ろじ》をはいって行くと「相模紡績株式会社女工申込所」と書いた大札が高く掲げられている。また柳島妙見橋詰には上毛モスリンの出張所があり「工女大募集年齢十五歳より三十五歳まで上毛モスリン株式会社女工募集事務所前借五十円まで貸与す。」と書いてある。都会のこれなどは実に貧弱なものでそう応募者がありそうにも思われないが、色

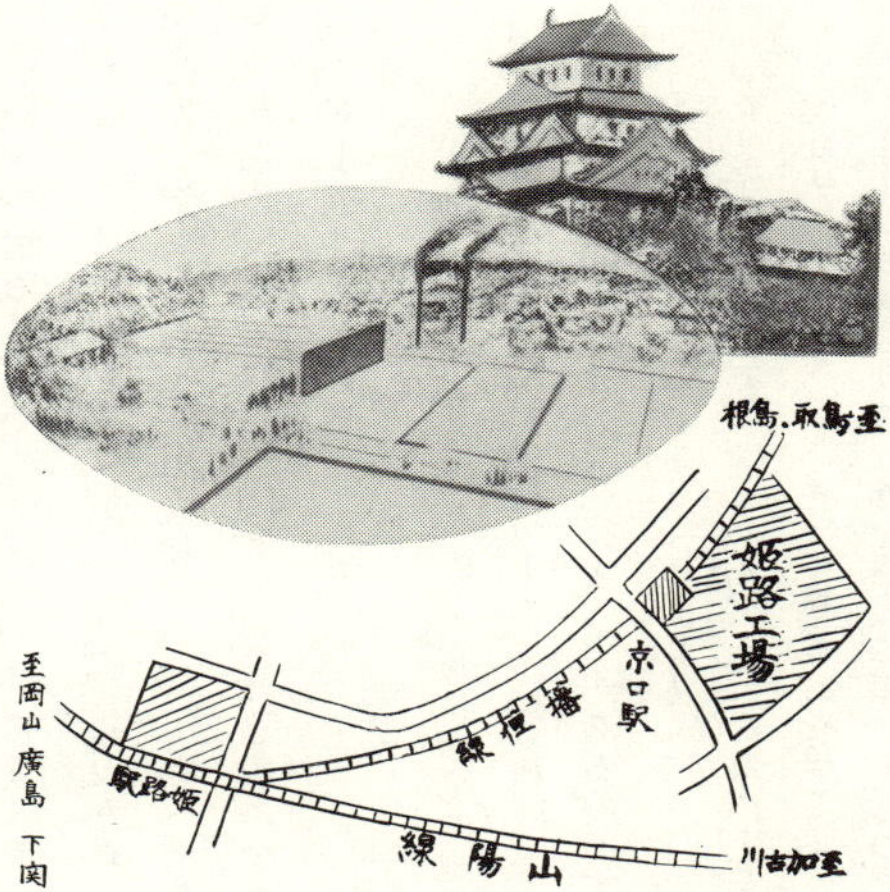
至鳥取、島根
姫路工場
京口駅
播但線
至岡山 廣島 下関
姫路駅
山陽線
至加古川

第一図

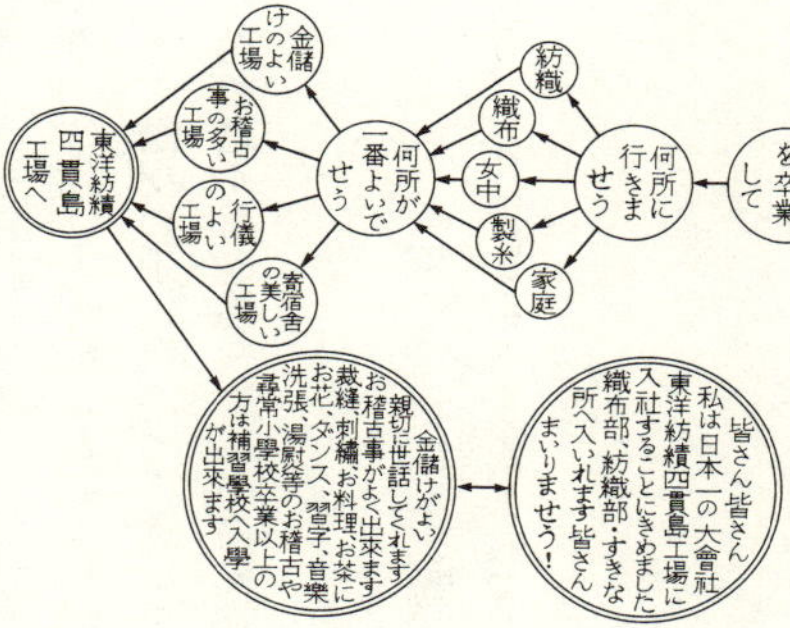
小學校を卒業して
何所に行きませう
紡織
織布
女中
製糸
家庭
何所が一番よいでせう
金儲けのよい工場
お稽古事の多い工場
行儀のよい工場
寄宿舎の美しい工場
東洋紡績四貫島工場へ
金儲けがよい
親切に世話してくれます
お稽古事がよく出來ます
裁縫、刺繍、お料理、お茶に
お花、ダンス、習字、音樂
洗張、湯熨等のお稽古や
尋常小學校卒業以上の
方は補習學校へ入學
が出來ます
皆さん皆さん
私は日本一の大會社
東洋紡績四貫島工場に
入社することにきめました
織布部、紡織部・すきな
所へ入いれます皆さん
まいりませう！

第二図

々自堕落《じだらく》な真似をして散々身を持ち崩した女工が、債鬼《さいき》や情夫の牙手から逃れるために都落ちして田舎へ行くらしい。

募集人が始めての土地へ行って見ず識《し》らずの家から娘一人を伴れ出すまでの筋道を、大正十一年十一月号の『婦人公論』拙文《せつぶん》から引用しよう、これは大貫たまという兵庫県出身の一少女が初手堺市大和川の某工場へ応募して行き、誘拐の手にかかって遂に東京まで来た末、はては金一円で肉を売る亀戸の淫売窟へ落ち込んだ悲惨な物語中の発端を対話にしたものである。

募集人。(洋服のポケットから半裁《はんさい》新聞紙の刷り物を出してたま子の父と語る)これをご覧なさい。これが私の会社で出している新聞です。――何分、会社は巨《おお》きいのですからね、こんな新聞まで独力で発行する力があるのです。

父。(感心して)ははあ……大したもんですなあ……。

たま子。(横合《よこあい》から)お父《とっ》ぁん、それなあに……。

募集人。(なるべくたま子の挑発心を唆《そそ》るよう)まあ、それよりか此方《こっち》の絵をご覧なさい。――これが会社の一部を写真に撮ったものです。(たま子に絵葉書を示して説明する)そうれご覧、これが会社の庭園、おにわです。これが運動場、これが食堂、つまりこの家で言うとそこのご飯たべる鍋座ですなあ。それからこれが娯楽場、これが浴場、これが休憩所。

──それからこれが工場の主だった処ですよ。織布部、精紡室、綛室《かせしつ》、荷造り、仕拵室《しつらえしつ》どっこも皆な機械ばかりでしょう。人間の手でするようなヘマな仕事は皆目ないのです。何分糸をつなぐのまで機械でするのだから仕事といったってただ側《そば》に遊んでいて時々機械の世話さえしてやりゃいいのです。そりゃ楽ですよ。

たま子。其方《そっち》に、まだありますのそれも序《つい》でに見せておくんなさい。

募集人。よろしいともみんな観せてあげましょう。(勿体《もったい》ぶって別なのを示し)さあ……どうです姉ちゃん。これが会社の学校ですよ。会社にはね、ちゃんと尋常一年生から高等女学校まであるのです。そうしてこの学校へは誰でも会社の女工さんでさえあれば何どきでもはいれて、本も筆も紙も絵の具も、何から何まで一切合切会社から出してもらって勉強が出来るのです。──そうれご覧、これが学校附属の大広間で裁縫や作法、生花、お茶、お琴《こと》といったもの何でも習う部屋なのです。百畳敷といえばかなり広いように聞えるが、この部屋はお父ぁん、百畳はおろか二百八十畳しけるのですよ。一本も柱なしでね……。大きなもんでしょう!

父。へえ……。

たま子。まあ……。

父。(大分のり気になって)そうすると貴方様、お針もやっぱり会社から仕込んで下はるのですかえ?

募集人。無論のことです。いま言った通りお茶、生花、行儀作法、裁縫から琴、三味線に至るまで、およそ女子《おなご》として識《し》らねばならん芸事一切は、ちゃんと会社に先生が傭《やと》いきりにしてあって毎晩々々教えているのです。何しろあんた先生の数でも何十人ちゅうているのです。

父。(感動して)ほう! なんと聞きぁ聞くほどえらいもんですなあ……。

募集人。(心のうちで赤い舌をペロリと出し、折しも戸外から帰って来た妹娘に一円紙幣を与え)お妹御ですな? 可愛らしい娘だ。これでリボンでも買ってお差しなさい。

父。(呆《あき》れて)まあまあ、そんな大層もないことをしてもらっては……はや気の毒千万です。と途方もないこと。

募集人。なあに、よろしいよろしい。ほんの心だけですよ。

父。ほんとにお気の毒でごわすなあ……。

募集人。ところでお父ぁん、一つどうでしょう、娘さんを三年ほど貸してもらえますまいか? (たま子に)姉ちゃん、大阪の会社へ遊びに来ませんか? 都はいい処ですよ。――芝居や活動は毎日観《み》られるし、ちょっとそこまで出るにも乗り物があるし、菓子やそのほか旨《うま》い物は沢山売っているし、美しい着物はあるしねえ、見物かたがた三、四年来てはどう? (父に)ねえお父ぁん。あんたの考え一つで娘御は承知していますようだが――。「可愛いい子には旅をさせ」ちゅう諺もある通り、とかく若いうちに広みへ出して修業させにゃ、これからの世では家で唯だ百姓の手伝いくらいしておったのでは良い嫁入り先もありませんで。ところがうまいことにはね、二満期無事に勤めると会社から嫁入仕度金として莫大な金子《きんす》と立派な箪笥《たんす》がさがるのです。その間には国許へ送金しながら自分の貯金も九百円や千円は出来るし、六年まあ辛棒《しんぼう》してみなさい、娘さんのか弱い手一つで途方もない立派な嫁入拵《こしら》えが調います。その新聞に綺麗《きれい》な花嫁御が載っていましょう？　これは綛場《かせば》という処で三満期九年間無事に勤めあげて二十五の時帰国し、そうしてちゃんといい先きへ嫁入った山田きくのはんという人の写真です。九年が間に千五百円の貯金し、会社から下がった三百円と一緒にして箪笥五棹《いつさお》に長持が二棹と、その中に一ぱい衣裳が詰まったそうです――。本人も親御も大変喜んでねえ、わざわざ礼状と写真を会社へ送ったのです。か弱い女子《おなご》の細腕一本でこんな大きな稼ぎが出来るとは、なんと感心なものではありませんか？　しかもそれが、毎月かかさずに親許へ効力《こうりょく》した上にですからなあ……。

父。（再び紙を取りあげて）ふうん……ほんになかなか立派な嫁はんですな。美しい花嫁御だ。

（娘に）見い、たま。

たま子。（父より新聞を取り惚々《ほれぼれ》と眺め）お父ぁん！　わしも行きたいなあ……。

募集人。（すかさず）ねえお父ぁん、ここは一つ考えものですよ。失礼ですがお宅でこれ程にして嫁に出しなさるには、なかなかそりゃちょろこい物要りじゃ済まん。今も言った通りに二満期たった六年さえ辛棒すりゃ千円の正金《しょうきん》はつかめるのですからな、嫁入り拵えは十分出来ますよ。――その六年が間にも年に一遍くらいは親衆の顔見に戻りたけりゃ戻って来られるのです。まあ無理には勧めませんが来よう遣ろうと思ったら遊ぶつもりでお出でなさい。恰度《ちょうど》となり村からも七、八人行く伴《つ》れがあってよかろう。

母。（納戸《なんど》から出て来て）へえお客様今日は、ようこそ。――まあただ今は娘が大変なものを頂戴しまして、大きに有難うございました。どうもあんなにたんと貰いましてははやお気の毒様で――。

募集人。これはお母はんですか、始めてです。なあにそんな礼を言うてもらう程じゃありません。ほんの少しばかりでハハハハ……。

母。（夫に）お父ぁん、いま納戸で色々ききますりゃ月々親許へ小遣が送れてその上貯金が出来、学問や芸事《げいごと》が仕込んでもらえるとのこと、あの娘がおらんでも家はどんなになっと廻れるさかい、旦那はんにお世話してもらってはどうかえ？　（たま子に）これ、お前はその方がええと思わんか？　家の手伝いくらいしておっても、家ではとても箪笥の二棹も持たせて嫁にやれるかどうか判らんでなあ……。（しばらく双方に沈黙が続く）

たま子。ねえお父ぁん、わしどうぞ大阪の会社へやっておくれよ。広みへ出て気張って働いて、親孝行もしたいし、綺麗な着物も買いたいし、学問や芸事も習いたいからなあ……。

父。そうか。――いやお前がそう承知して行く気になりゃ此方人《こっちど》に文句はない。話しは直ぐに決まるんだ。（妻に）お前この旦那さんによくお頼みして、若い娘のことだから万一間違のないようになあ……。

募集人。お二人さん、そのご心配は要りませんよ。こうして私が預かって行くからには、万一娘御の体に間違でも起るようなことがあれば、二度と再びこの村へは足踏みが出来ませんからね。――私が万事引受けてお世話いたしますから安心してお出でなさい。

父。何分よろしくお願いします。

募集人。ところでお父ぁん。仕度金という名目で、入《い》り要《よう》なら会社から金が借りられますが……。

父。へえ……そうですかい。実は屋根へ瓦《かわら》が上げたいと年来の望みですがな、何しろ百姓は金の廻りが悪いのでいまだに瓦が買えまへんだ。

募集人。そんなら五十円くらい給金の前借りしてはどうです?

父。そんなことまで出来ますか……それでは一つ恐れ入りますがそう願いましょうかなあ……。

母。でもお父ぁん、それではあれがかわいそうだよ。そんなこととしては……。

父。何にお前、後で返してやりゃ同じこったよ。なあ、たま。

募集人。(早くも金と書類を用意し)それでは、即金で五十円私が立て替えておきましょう。ひとつほんの受取の記《しるし》に判を捺《お》して下さい。

父。まあ……それはまあ言うより早く。へえ、大けにどうも、確かに五十円でございます。

——ところで大阪までの旅費はこうっと……。

募集人。旅費は会社もちですから一切心配ご無用です。

父。なあしたうまいことですたい。

母。何分年頃の娘ですから色々骨が折れましょうが、どうぞまあよろしくお頼み申しますでございます。(たま子に)お前この旦那はんの言いなさることは、何でもよく守るんだよ。お前からもお頼みしなはれ。

たま子。(叮嚀《ていねい》にお辞儀して)どうぞよろしくお頼み申します。

(募集人の眼ちらと光る)

父。どうぞ言うことときかん時がありましたら、どしどし叱ってやって下され。

募集人。(帰り仕度して)よろしい、万事は私が引き受けましたから。——それでは両三日中に更《あらた》めてお訪ねしてその折り出発の日取りを決めましょう。いやとんだお邪魔をしました。

父。まあよろしいでしょう、つい話に夢中になってお茶も忘れてしまいまして済みません。あのいま祭りの栗お強飯《こわ》がむせますから何もありませんが一膳《いちぜん》召しあがって下され。

募集人。いや、そうはしておれないのです。ほかをもう二、三軒まわらにゃなりませんからね。今日はこれでご免蒙ります。

母。どうも結構なものを頂戴しまして、有難うございました。

たま子。今度おいでの日をお待ち申しております。

【三】 市内募集

ここにいう「市内募集」とは女工の盗み合いに外《ほか》ならないのである。前に述べたごとく日本の紡績業は私らが覚えてからでも三回あった外戦後《がいせんご》の経済膨脹につれて素敵な勢で発展した。ことにそれが世界戦争によって聯合軍諸外国の生産が半減した場合、日本は逆にさながら気違いのような多忙を極めたことは誰人《だれ》の記憶にも新しいことだろう。不況時代に企業どころか唯だ黙っていた資本家は「それ！　紡績が暴利《ぼろ》い。」と言うので俄《にわ》かに慌《あわ》てふためいて紡績事業を企てまたは増設増錘に急だった。雑草茫々《ぼうぼう》と生《は》え繁って五位鷺《ごいさぎ》の鳴く蘆原《あしはら》へ急に土を搬《はこ》んで地上げをし、煉瓦とセメントを持って来て家を建て、英国から機械を購入してこれを据《す》え付け、女工を募《つの》って運転し、製品を拵《こさ》えて儲《もう》けようというのである。忙しいことったらない。産婆が来てから畑を耕して棉を作り、実のるのを待って糸に紡ぎ、経《たていと》に綜《へ》て織って染めて着物に縫《ぬ》って、それから赤ちゃんに着せようといった例だ。とてもお話にはならん。

平易な仕事といえども女工は一種の「技術者」であるから、此奴《こいつ》の養成がなかなか徒《あだ》ではないのだ。夜《よ》の目《め》も寝ずに労働者を使ってようやく工場は建てた。機械はイギリスから来るのを待たずして不完全ながら日本で拵《こさ》えて据えた。さあそこで企業者たるもの一分一刻も速く運転して資金を回収し、そのうえ利潤に与《あずか》りたいが田舎から鈍臭《にぶくさ》い不器用な、それは「糸継ぎ」さえようし得ない百姓の娘を伴れて来たのではさっぱり役に立たない。ここで女工の争奪は酣《たけなわ》に入るのほかなかった。

各工場ともに自分の方から誘拐に行くものだから先方からも来る。それで「誘拐」という小文字をあたかも爆烈弾のように恐怖するのだった。或る工場では、万一他会社の募集人から誘拐されそうな形勢ある女工を探知して報告すれば、それで若干の賞与金にあずかるという規定を拵えたり、敵の工場から誘拐ならざる私用で女工の面会にでも来る者があれば、たちまち男工の総動員を行って面会室を包囲し警戒おさおさ怠りない。またもし退社、休暇等で帰国する女工があれば事実かえるのかどうか見届けるため、男工一人もしくば「外勤係」をして駅まで尾行せしめる。そうかと思えば警戒隊を組織して夜な夜な工場附近を警護するてな風で、彼《か》の神経過敏さは実に滑稽なものがあった。同業工場同志の「女工戦争」は労資の抗争よりも劇しかった。

しかしながらかくのごとく要害堅固な略取の城にも、常にその内部から会社を驚愕《きょうがく》せしめるような事件は起った。それは内部の者の手引によって大仕掛な誘拐の手がひろげられるのであった。

相州のS紡績という大工場から亀戸のC製織会社へ向けて戦いは挑まれたのであった。S社はC社の有力な男工や女工頭を巧みに買収してしまい、それらの手で盛んに女工を誘拐し始めた。これはいずれも女工を多く引き寄せる場合なされる常套手段であって、先ず彼女たちが崇拝し信頼を置く或る幹部を引いてしまうのである。そうすると容易に彼女たちの心理作用で誘拐の目的が達し得られる。

S社は「唯だ巧《うま》く脱け出してさえ来れば此方《こっち》の係員が行って交渉し、荷物などはちゃんと取ってやるし、給料の一ヵ月分くらいは放ってしまっても一切弁償してやるから……」と言うのであった。そしてスパイと聯絡をとり交代日に外出したまま つれて行こうとした。それをC社の外勤係が探聞したのである。

恰度《ちょうど》冬だ。その交代日には一組の女工がC社の監視をのがれ囲みを破って脱出するのであった。外勤係の面々はその脱走する女工たちを「外出止め」にして難を未然に防ぐことを知っていた。しかしもっと積極的な方法が執りたかったのである。彼は忠実な番犬の役目を飽くまで忘れない。当日は必ずや向うのS社から迎え手が来ているし、それに引き渡すべくC社へ化けて入り込んでいるスパイが尾《つ》いて行く。で、それらをふんづかまえて懲《こ》らしてやりたいのだった。それで交代日に彼はその日脱出する一組の女工を何喰わぬ顔して見逃しておき、直ちにあとを尾行した。それから数十分の後ちには隅田川の堤《つつみ》で活動の場面そのままのような女工争奪の大活劇が演ぜられておった。

S社の奴は用意周到にも直ぐ東京駅から乗車することを避けわざと甚しい迂廻をして

隅田川の方へ行き、どこか其方《そっち》の工場へ伴れ込むような風を見せかけてから自動車で引きかえし、尾行の目を逃れてから運ぼうとした。鐘《かね》ケ淵《ふち》や橋場へ近い白髭橋《しらひげばし》のあたりまで行った処で、S社の奴は兼ねて用意の自動車へ乗せて奪い去ろうとしたのである。C社の外勤三、四人は見えがくれにこれを尾行して来た。そうしてこれを奪い返したうえ相手を捕縛する心組であったのだ。双方とも外勤係とは一人前の無頼漢だから生命の有無を考えない。たちまち火花の散るような大格闘となった。が、遂にS紡の方が強かったと見え、女工は自動車に乗せられてしまい、今やハンドル把《と》った運転手は味方の乗車を待ってスタートを切る刹那《せつな》である。C社の面々はもうその時会社のことなど念頭になかった。傭われている主人のために女工を奪われるのが口惜《くやし》いのではなく、男として相手に敗北することが残念なのだ。彼の頭はより強き争闘本能に燃えるより他はなかった。と、C社の一人がいきなり持った匕首《あいくち》を抜いて力まかせに自動車のタイヤーを突き破った。

「野郎! 洒落《しゃれ》た真似をするな。」

S社の奴はこう言って、これまた光るのを抜いて応じた。

「やったがどうした。」

C社の別な一人が言ったかと思うと、彼の手にはピストルが把《にぎ》られておった。

「小癪《こしゃく》なものを出しやがったな。」

こう言うS社の方も敗けずに、やはりピストルを持っていたものだから出すが早いか直ぐ空に向けて一発はなした。続いて二発三発と、唯だならぬ物音が乾燥した冬の空気を顫《ふる》わせておった。

翌日は双方とも大分傷を負うて、体の方々を白く繃帯《ほうたい》しているのだった。ここで女工がどうなったか、それはもう語る必要がなかろうと思う。「市内募集」とは要するにこんな争奪に外ならない。

このほか私の聞知している範囲では大阪府下西成郡伝法町内外綿会社第一紡織工場から堺市大和川なる大阪織物会社へ、奈良県生駒郡郡山町の摂津紡績(今は大日本紡績郡山工場)から岐阜県大垣の東京毛織へ、その他名古屋附近の大小工場相互、南海地方の大小工場相互等は、少し景気がよくなって来るといつもこのような状態を演ずるのであった。

S社とC社の外勤係は初手のうち犬と猿のようにいがみ合っていたが、遂には自己の利益のためいいように妥協してしまったのである。世話をして入れた女工が六カ月前後、つまり一定期間さえ勤めればとにかく二十円内外の周旋料が貰える故、これをよしとして甲の工場から乙の工場へ、乙から甲へ、さらに仲間を拵えて丁から丙へ、丙から丁へ、甲から丁へ、丁から甲へといった調子に妥協して女工の入れ替えをやり、募集人でございと済ましているのだった。そうして彼らは時ならぬ女工成金になったのであろう。自分で百人も女工をもっていて六カ月ずつ工場を転々させれば結構いい職業になるのだから――。彼らはこうして盛んに私腹を肥やす。そして資本家はこんな寄生虫にむしばまれねばならなかった。これ資本万能的工場経営法の一大欠陥であり、我らの痛快おくあたわないところである。

【ホ】身代金制度および募集会計について

工場長	掛員
印	印

証

一金参百五拾円也

右島根県能義郡

募集用トシテ正ニ借用仕候也

大正十二年十二月十二日

借用人　細井和喜蔵　印

東洋紡績株式会社御中

越高	入金
1928.10	860.00

募集人たる者は会社員直接と嘱託とを問わず、その予《あらかじ》め の費用をどしどし会社から借りることが出来る。右はその場合、工場の会計へ出す伝票の一例である。

そうして募集人はその金をもってそれぞれ募集地へ赴き、前に述べたような方法でもって本人と親を口説《くど》き落としいよいよ話が纏《まと》まれば先ず承諾書を取ってしまう。

承諾書

兵庫県出石郡資母村字阪津五番地
平民　女応募者　細井としを
明治三十五年五月五日生

右今般貴会社定期雇工員トシテ募集ニ応ジ満三ヶ年以上勤続セシムル事ヲ承諾候也

右
親権者　細井和喜蔵　印

大正十二年十二月十二日

東京モスリン紡織株式会社亀戸工場　御中

右の承諾書さえ出せば募集人は仮証引替に直ぐ金を貸す。しかして上京入社してから本証文を一札入れるのであるが「支度金」という体裁のいい名前が使ってある。

受領証

一 金壱百拾七円也　入社上京旅費
但シ六ヶ月以内ニ退社ノ場合ニハ返納可致候事
一 金五拾銭也　土産料
但シ三ヶ月以内ニ退社ノ場合ニハ返納可致候
合計金壱百拾七円五拾銭
右正ニ受領候也
大正十二年十二月十二日
本人　細井としを印
父兄　細井和喜蔵印
保証人　細田喜一印
東京モスリン紡織株式会社
亀戸工場御中

印紙

証

受人番号二七八九番

一金壱百円也　仕度金
一金六円六拾銭也　汽車賃
一金二円也　車馬賃
一金三円八十銭也　宿泊及弁当料
一金二円二十銭也　雑費
計　金壱百拾四円六拾銭也
一金三円也　工場服代
合計　金壱百拾七円六拾銭也

右金額正ニ借用仕候処実正也返済ノ儀ハ毎月給料ノ内ヨリ御差引被下度万一退社相願候節ハ一時ニ御返済可致候依テ関係者一同記名調印仕候也

大正十二年十二月十二日

本人　細井としを　印
父兄　細井和喜蔵　印
保証人　細田喜一　印

東京モスリン紡織株式会社亀戸工場　御中

それから序《つい》でに募集費がどれ位かかるかを見るため、その会社へ向けて出す請求書を挙げておこう。

記註心得
一、旅費ノ内容ハ工女及付添人ニ必ズ承知セシメ置クベシ 係員ニ於テ取調タルトキ相違シタルトキハ工女及付添人ノ申立ヲ採用ス 二、馬車、人力車、自動車ニ乗リタルトキハ何々村ヨリ何々村マデ約何里ト記入スベシ 三、宿泊シタルトキハ何々村何々旅館又ハ何々村何某方ニ何泊ト記入シ其領収証ハ必ズ添付スベシ若シ添付セザルトキハ一泊壱円以内ノ割ニテ算出ス 四、支度シタルトキハ何々村ニテ朝昼夕食ノ区分ヲ明記スベシ 五、汽車ニ乗リタルトキハ何々駅ヨリ何々駅マデト記入スベシ 六、汽車中弁当ヲ喫シタルトキハ何十銭ノモノ何回トシ茶代ハ支給セズ 七、汽船ニ乗リタルトキハ何々港マデト記入スベシ 八、諸雑費ニハ明細ナル記入ヲ要ス、在社工女荷物運賃ノ正確ナル領収証ヲ要ス 領収証ナキトキハ全然支給セズ

募集費の請書

県別	兵庫
到着月日	十二月十二日
職場採用番号	織布部五六六七八九
応募者氏名	細井としを

一金四拾壱円弐拾銭也

外ニ貸金　金五拾円〇銭

内訳

金二拾円也	手数料
金五円也	身支度料
金拾六円弐拾銭也	旅費

旅費明細

金額	科目	摘要
金五拾銭	馬車賃	文珠村ヨリ須津村マデ約一里

金三円	人力車賃	加悦村ヨリ須津村マデ約三里
金壱円	自動車賃	文珠村ヨリ宮津町マデ約一里
金二円	宿泊料	加悦村油佐旅館一泊（宅方泊）
金一円	支度料	文珠村ニテ一食
金四円	汽車賃	海舞鶴駅ヨリ大阪駅マデ
金五拾銭	弁当料	五十銭ノモノ一回分
金五拾銭	汽船料	宮津港ヨリ海舞鶴マデ
金三円	人力車賃	阪津村ヨリ加悦村マデ
金	電車賃	
金七十銭	雑費	
金		

右及請求候也

大正十二年十二月十二日

○注意　宿泊料其他領収書アルモノハ必ズ添付スベシ

請求人　細田喜一㊞

前貸金の高はいくらであるかというに会社工場ならびにその時機場合によって多少の変動あることはまぬがれないが、大体において関東は一百円を限度とし、関西はその二分の一五拾円を限度としているそうだ。ただしこれは前掲の参考資料でも明らかな通り純前貸金で旅費その他は別だ。

それから嘱託募集人が女工一人についてどれほどの手数料、つまり周旋料を貰うかといえば関東はおよそ十八円、関西は弐拾円くらいな見当になっている。無論請求書で見る通り旅費から弁当代まで会社持ちの手数料である。

今日、市《まち》の桂庵《けいあん》から、月に純益五、六百円も挙げさせるというおんなを千束町へ伴れて行っても周旋料は二、三拾円を越えない。女工一人が二十円！　なんと素敵なものではないか？　五拾円や百円の端《はし》た金《がね》を先借して可愛い娘を女工にやる親も親なら行く子も子、そうせねば誰もが立ち行かぬ社会も社会だ。ああ――と歎息のほかはない。

【へ】 人事係の宣伝方法

工場と女工の親許《おやもと》と連絡を保つため、大抵な工場では月報の機関紙を発行して一々女工の親許やその附近へ向けて発送する。しかしてこれには大半の頁を割《さ》いて女工の送金高を列挙し、そのほか工場に都合のいい記事ばかり掲げてひたすら宣伝におこたりない。ただ今、大日本紡績からはおのおの『工場だより』例えば『橋場だより』とか『津守だより』とかいうものが出ており、東洋紡績からは『東紡時報』内外綿会社伝法工場からは『第一時報』明治紡績の『明紡だより』日本毛織の『日毛クラブ』といった調子である。

いま私の手許に長い間かかって蒐《あつ》めたこれら諸材料の束があるが、それを解いてみていかに馬鹿々々しいことが書いてあるかに先ず呆《あき》れる。真理の前に三文《さんもん》の値打ちもない黴《かび》の生えたようなことばかり並べ立て、全面ことごとく資本主義擁護、奴隷讃美の文字に満ちている。

多くの工場では毎年一回くらい工場長自ら、または人事係主任といった格の者が父兄訪問に出かけるのである。盆、正月には山なす贈品を携えて行き、一々これを歳暮に配り歩く工場もある。

それからまた女工の父兄に来遊を勧《すす》めて宣伝のため工場を観《み》せたりあるいは学校の先

生などに工場参観をすすめて、その安価な世辞的賞讃とうわっつらな批評を利用して自己の立場を弁護し、または遠まわりに募集の宣伝をする。今その一例を挙げよう。

教育者諸君へ

河村　修

一、教育者の工場見学を歓迎す工業思想の普及は現代の急務

一、女工教育のため学校と工場の連絡を望む

近時産業の発達に伴い婦人労働者益々増加してその数実に六十万人の多きに達しました。これ我が国産業上慶賀すべき次第でありますが、ここに国民等しく注意を致さねばなりませんことは、これら婦人の多くは妙齢の方でありまして将来家庭の中堅となり主婦となられる方であります。

しかるにこれらの人々は義務教育を修了後工場に入られるものが大多数を占め、従って家庭における教養の時期を逸しております。それですから工場としては産業に従事させますと同時に教育を授《さず》け将来を幸福に導かねばなりません。

しからばいかにして教育しいかにして善導すべきかは研究を要すべき重大問題であります。

現代のごとき思想界の変化甚だしい過渡期に当りましては一層考慮を要し最善の方法により教育の任に当らねばならぬことと存じます。

一、教育者は常に工場を見学せられ女工の実際生活を視察せられたし。

二、女工の出身学校(小学校)と工場との連絡を計《はか》り工場教育は学校教育を引伸ばしたる意味にて成績の向上を計りたし。

以上の点に御賛同下されて女工の教育と躾《しつ》けにつきこの際遠慮なき赤裸々なる御意見を望む次第であります。

世間往々種々なる説をなす者があります。けれどもかかる説は実情を知らずして批判を下す者でありまして何らの価値をも認めることは出来ません。ここにおいて吾人《ごじん》は賢明なる教育者諸君の批判と御指導を仰ぎこの大多数の婦女子を教育し産業の発達と共に善良なる国民の養成を希望する所であります。

ことに鐘紡《かねぼう》ではこの傾向が著しく、先年(たしか大正三、四年頃)大阪毎日新聞社主催の婦人見学団を受けたのなどがそれだ。また東洋紡から大正十年五月大阪時事新報主催の大阪女子運動競技大会へ女工を送ったりしたのがその例である。しかしてこの工場にはうそか誠《まこと》か知らないが建築費用一千円かかったという立派な便所があって、落し紙まで用意してある。娘を尋ねてはるばるおのぼりした田舎者に、先ずその一千円の便所を参観せしめるのであった。一生があいだ落し紙を使わないで藁《わら》や木の葉で済ますという百姓たちにさながら九谷焼《くたにやき》のような美しい便所を見せるのだから一遍に魂気《たまげ》てしまうだろう。或るお婆さんが料理場と間違えたとは嘘のような事実である。そうして資本主義の冷やかな煉瓦の牢獄を讃美して帰る。まことに巧妙なる宣伝方法たるを失わない。資本家は「愚弄心理学」をよく心得たものだ。

さて以上様々な方面から実際について女工募集の有様を縷述《るじゅつ》したがかくのごとくにして集めた女工が果して皆合格するか？　貸付金の回収いかん等については、何ら背景のない私らが個人的調査をすることが至難であるから桂氏の統計をそのまま借りる。

調査工場職工総数

男	三、六八〇	女	一一、〇二九	計	一四、七〇九

募集人員

合格	四、〇一一	不合格	四九	計	四、〇六〇

募集費(不合格者送還費共)

総額	一一七、四二七・四一	合格者一人当り	二九・二八

立替金

総額	一〇〇、二三一・七五	合格者一人当り	二四・九九

立替金すなわち、身代金《みのしろきん》については私の述べた高と大変な相違がある。これは不募集工も加えて通算した勢《せい》であろう。

次に十六工場職工二万六千人を通算した貸付金、およびその回収に関する数字は左のごとくである。

前期末貸付残高	六五、七三九・二三
当期中貸付高	八七、七六〇・九四
合計	一五三、五〇〇・一七
当期中回収高	八二、五三九・二二
当期末貸付残高	七〇、九六〇・九五
当期中回収打切高	三、九〇八・八八

東京モスリン亀戸工場では、募集人が金を貸して伴れて来ても体格検査に不合格だと入社を差許《さしゆる》さぬ。その時会社は募集人に対して損害の弁償をせぬ代り、一人につき「診断料」というものを一円ずつ出している。これで百人に一人くらい不合格者があってつきかえされる場合貸金不回収のうめ合せとなるのだ。

活動写真の利用について一言実例をつけ加えると、大正十一年の平和記念東京博覧会羊毛館において羊毛工業の実写を映した後ちかなり長尺の女工生活を差し加えたこと、降って大正十三年一月頃三越白木屋等の大阪の百貨店でモスリン会を催した時やはりこの種の活動を映写したことなどである。かくのごとく毛糸紡績会社のトラストである「羊毛工業会」は、なかなかこれをよく利用する。

第四　雇傭契約制度

十一

年期制度と一方的証文　紡織工場において雇傭契約を締結する場合、書式偏重の形式主義が用いられることは同工業が純然たる近代的大工場工業であるにもかかわらず、その管理法すこぶる旧式であるのが証明している。

先ず入社の際は金を借りても借りなくても必ず年期《ねんき》をきらねばならぬ。年期は満三カ年の処、満二カ年の処、三年三月の処と三通りあるが大体において三年の工場が多い。しかしながら前借金をつけて容易に退社させない募集工ならいざ知らず、しからざる者にとってはこの年期制度が極めて無意義である。

ブレンターノに従えば由来「年期制度」なるものは「徒弟制度」に相ともなってこそ存在すべきものであって、親方にも企業者にも成り得る可能性なき永遠の労働者が年期まで切らねばならぬということはまことに不当だ。日本でも欧米でもほとんどこれは同じであるが昔年期を切って親方の処へ弟子入りした徒弟は、段々職を仕込まれて遂に一人前の職人になり、それから或る年間を過ぐれば遂には「親方」になれたものである。我が国の「暖簾《のれん》分け」がそうだ。傭《やと》われるものにもこうした先きの見込があってこそ永い年期も勤めあげようというものであり、そこに何の無理もない。しかしながら今日のごとく一生涯頭の上る瀬のない永遠の労働者に、年期まできることを強《しい》るのは、唯に資本家の横暴と立法の不備に外ならない。

富士紡では左の仮証を入れて三カ月間仕事をやってみた上、これなら出来ると確定して始めて本証文を入れるのである。

証

本籍地　京都府与謝郡加悦町字加悦七九

現住所　東京府下亀戸五〇〇〇

細　井　和　喜　蔵

明治三十一年一月一日生

右ハ貴社職工志願ノ処大正十二年十二月十二日ヨリ向参ヶ月間仮採用トシテ御試用被下候ニ就テハ右期間内ニ於テ不適当ト御認メノ節ハ何時解雇相成候トモ苦情申出間敷若又引続キ御使用被成下候時ハ改メテ誓約書差入申可候也

大正十二年十二月十二日

右本人　細井和喜蔵 印

本籍地　兵庫県出石郡資母村字阪津五七九

現住所　東京府下亀戸五〇〇〇

保証人　細田喜一 印

富士瓦斯紡績株式会社

押上工場御中

しかしながら大概な工場では体格検査さえ受ければ、もう仕事の方などはどうでもいい本人にはたして勤まるか否か判りもせぬうちに早くも年期の証文を入れるのである。これなどは労資どっちから観《み》ても随分無法といわねばならぬ。

どこの工場でも証文の用紙は予《あらかじ》め印刷に附してある。しかして大阪のひどい工場になると志願工の場合年期のことなどはちっとも言わずにおいて、事務所の窓から職工係は、「それでは入れたるよってに一寸印形《ちょっといんぎょう》かし。」と言って本人から認印《みとめいん》を取り、勝手に捺印《なついん》して証文を作ってしまうのであった。また彼女たちには目の見えぬ者がかなり多くいるからそれらはそうするよりほかに仕様がなかったのである。

入社の際差入れる証文、それは随分ひどいことが書いてあった。何しろ今も昔も労働者が労働を売る場合のみ、商品以下であって買手に値段を決められ、あらゆる条件を向うで勝手にきめてしまうのだから労働の自由は全く有名無実である。

その頃の証文を私はノートに写して永く持っていたが、先年焼却して残念ながら引用できない。で、詮方《せんかた》なくここに現今のやつ東西各一例を挙げよう。

参
収
印

銭
入
紙

誓約書

原籍　兵庫県出石郡資母村大字阪津

現住所　寄宿舎

戸主トノ続柄　和喜蔵長女

細井としを

明治三十年五月五日生

私儀今般御社職工トシテ御採用相成候ニ就テハ左記件々確ク遵守スベキ事ヲ誓約致候

一、御社御制定ノ職工規定ヲ遵守スベキハ勿論其他ノ規則命令ヲ確守シ誠実勤勉ヲ旨トスルコト

二、御社職工規定ニヨリ大正十二年十二月十二日ヨリ大正十五年十二月十二日マデ満三ケ年間御社御指定ノ労務ニ従事シ且ツ労務時間賃金等総テ御社ノ御指図ニ従フ

ベキコト期間満了後引続キ勤務スル場合ニハ更ニ一ケ年間契約シタルモノト看做スベキコト其後尚勤務スル場合ニツキ亦同様タルベキコト

三、御社事業ノ御都合上又ハ本人不都合ノ処為アルニヨリ解雇セラルルモ異議ナキハ勿論御社職工規定ニヨリ如何様御取計相成候トモ苦情申立間敷コト

四、雇傭期間中止ムヲ得ザル事故ヲ以テ解雇ヲ願出ヅル時ハ四週間以前ニ其理由ヲ具シ願書ヲ提出スベキコト

五、引受人ハ本人解雇セラレタルトキ其身柄ヲ引取ルベキハ勿論其他御社ニハ一切御迷惑相掛ケ申間敷コト

六、期間満了後引続キ勤務スル場合ニ於テハ其際新規ニ誓約書ヲ差入ル丶コトナクシテ本誓約ト同様ノ誓約ヲナシタルモノト看做スベキコト

右之通り誓約致候也

大正十二年十二月十二日

右本人　細井としを　印

親権者　細井和喜蔵　印

住所　大阪市西区春日出町五五

引受人　吉井喜三　印

東洋紡績株式会社四貫島工場御中

二銭収入印紙ヲハルトコロ

受入　第62785号

誓約書

私儀本年十二月十二日ヨリ向フ三年三ヶ月貴工場工員ニ御雇入相成候ニ就テハ左ノ条項堅ク相守リ申候

一　他工場ト雇傭契約セザル事

二　御雇入期限中ハ貴工場ノ御規則ヲ遵守シ職務ニ精励可仕ハ勿論悪意虚偽ノ事故ヲ称ヘテ退社願出ル様ノ事ハ仕間敷候万一自分及ビ父兄ニ於テ事故有之退社願出候節ハ何時ニテモ速ニ御許可相成度尤此場合ニハ既往ノ前借金其他負債金ヲ弁償可仕候事

三　御雇入期限中労務ニ対スル賃金ハ総テ貴工場時々ノ御定メニ従ヒ決シテ不服等申出間敷候事

四　満期再勤ノ場合ハ本誓約ヲ遵守可致候事

右ノ各項承諾ノ証トシテ関係者一同記名調印仕候

本　籍　兵庫県出石郡資母村字阪津

住　所　寄宿舎

大正十二年十二月十二日

女
本人　　堀　とし　を㊞
　　明治二十五年五月五日生
　兵庫県出石郡資母村字阪津
父兄或ハ
後見人　　細田喜一㊞
　東京府下吾嬬町亀戸五五
保証人　細井和喜蔵㊞

東京モスリン紡織株式会社
　亀戸工場御中

現に日本有数の大会社工場が前の文例にある始末で「如何様《いかよう》取はからわれても苦情はない」と言うのだから往時の態《さま》をもって知るべしであろう。

保信金没収の圧制　内外綿株式会社第一紡織工場では、三年の年期制度厳守のため途中で退社する者に、たといその事情いかんにかかわらず絶対に「保信金」を払い戻さなかった。

その工場では毎月各自の稼ぎ高から日給一日分(受負者は仮定日給の一日分)を天引きこれに保信金という名目をつけて無利子で積ませるのであった。そうして中途で退社する者にはたとえ満期に一ヵ月欠けても断じてこれを支払わない。あの工場が明治何年に始まったのか正確なことは判らぬながら、元大阪撚糸会社の工場を買収したのであって、何でも私がいる時分内外綿会社創立三十周年記念祝賀会を挙行し、饅頭《まんじゅう》一包みを貰った憶《おぼ》えがあるから、今は最早工場法で撤廃したにもしろ、先ず三十年ぐらいその圧制が続いたのである。ちなみに同工場は職工大約《たいやく》五百人(実際は六百余人だが)であるから毎年その一割五分が平均一年半で中途退社し、日給の平均を五十銭と見做して計算を立てれば、二万〇二百五十円の金を横領したと推定される。

なおこのほか、これに類似したやり方は方々の工場に見ることが出来た。

体格検査について　往時は入社の当初において体格検査などしなかった工場も少くなかったが、今ではほとんどこれを行ない、かつ非常に、それは徴兵検査くらい難かしい工場さえある。鐘紡などが最も面倒なうちだ。ここに某工場の採用標準を示そう。

		年齢		体格	営養	身長	体重	胸囲
		男	女					
合格	甲	満十三歳以上満三十歳未満	満十三歳以上満三十歳未満	強健	佳良	平均身長以上	平均体重以上	身長の半ば以上のもの
	乙	同上	同上	中等以上	佳良	平均身長に満たざること二寸以下のもの	平均体重に達せざること一貫匁以下のもの	身長の半ばに達するもの
	丙	同上	同上	中等以下	良乃至稍良	平均身長に充たざること二寸内外のもの(但し女子に限り四尺二寸迄は合格とす)	平均体重に達せざること二貫内外のもの	身長の半ばに達せざるもの
不合格	丁	満十三歳未満満三十歳以上	満十三歳未満満三十歳以上	薄弱	不良	年齢に関せず身長四尺二寸未満の者又は平均身長を隔つること著しき者、廿歳以上の者は男四尺八寸女四尺四寸未満	平均体重を隔つること著しきもの二十歳以上のものは男十一貫女十貫未満	身長の半ばを隔つること著しきもの

視力	両眼各一、〇以上	両眼各一、〇内外左右〇、八又は総合視力〇、九迄許容す	両眼各〇、七以上又は一眼一、〇以上他眼〇、五以上並に二曲光力以下の遠近視あるもの	丙種の視力に達せざるもの
聴力	五米突の距離にて囁語を聴取し得るもの	同上	対話に妨げなき程度の難聴	高度の難聴
身体及び精神の故障有無	なきもの	同上	多小故障あるも作業に差支へなき程度のもの	作業上支障ある程度の故障あるもの
作業の堪否	年齢に比し強き作業に堪へ得るもの	年齢相当の作業に従事し得らるる者	体質相当の作業に従事し得らるる者	作業に堪へざるもの

そうして右の表中に備考として左の七項を挙げ、これに該当する者は採用しないとある。

一　肺病、肋膜炎、喘息《ぜんそく》、弁膜症、腎臓病、遺尿症、病患その他精神に異状あるもの。
二　癲癇《てんかん》、癩病《らいびょう》、結核、花柳病、その他の伝染病ある者。
三　視力および聴力に著しき障害のある者。
四　吃音《きつおん》、臭鼻、腋臭《えきしゅう》、扁平足、関節強直跛、畸形欠損、脱腸、貧血、脂肪過多の高度なるもの。

五　義眼ある者およびトラホームの高度なるもの。
六　工女にありては妊娠中の者および産後一ヵ月以上経過せざる者。
七　顔貌著しく醜悪の者および文身《いれずみ》を施したる者、ただし職工係において差支えなしと認めたる者は除外す。

いやこれで見ると随分むずかしい。なかなか紡績職工にもなれないのである。私は資本家が身体検査までしていい者を択《え》り抜《ぬ》き、それを散々こき使って健康な肉体を破壊してしまい、もう役に立たなくなればあたかも破れ草履《ぞうり》を棄てるがごとく、路傍に打すててかえりみないのだと思えば、転《うた》た憎悪にたえないものがある。

十二

悪い職工が永くいてくれては困るから、工場では最も卑怯《ひきょう》な方法でこぜ出す。「辞職勧告」と言って大勢で身を引くように勧《すす》めるのである。これは他の工業に比較的例のないことで会社から解雇すれば手当をやらねばならぬ故、それを出さないためにかくするのである。

「どうだい、君よしては？」

私の上役は会社の養子のような積りで言う。

「いや、僕は入社の時にちゃんと証文《しょうもん》まで入れて入ったのだから、此方《こちら》からは断じて罷《や》めません。要らないのだったら会社から綺麗《きれい》に解雇して下さい。」

「よっし、君が温順《おとな》しく止さなければ解雇しよう。その代りに不都合な行為があって解雇したと各工場へ通知するよ。もしここから黒表《こくひょう》を廻してみたまえ、どこへ行っても君は駄目だ。それに依願解雇なら、困った時再び入社も出来るが不都合解雇では絶対にもうここへは入社出来ないからね。どっちでも君のいいようにするがいい。」

黒表の廻わされるのが怖ろしさに、私は一文《いちもん》の解雇手当も取らずして依願解雇にならねばならん。これが紡績工場における職工解雇の常套手段であるから、鉄工所やなんかのように新聞にも出なければ手当も要らない。実に狡猾《こうかつ》ではないか――。

しかしながら温順しい奴隷ならそのエネルギーのありったけを啜《すす》らねばならんから彼の在社は永続した方が得《とく》な故、色々な方策が講じられる。そのうちでも待遇をよくして引き止めようとするのは正道だがなかにはとんでもない邪道に出ずることがある。

満期賞与と年功割増金　第一期の契約期間を勤めあげた場合、「満期賞与」または「満期慰労金」などという名目で若干の金額を与えることがある。これは主としてその人の日給の何日分というのが多く、原則から論ずれば「満期」に対する謝礼でない。その人の技倆《ぎりょう》に対する価格の差はすでに給料で決っている故、勤めあげた努力に対する賞与なら当然これは平等額であらねばならんはずだ。しかるに左様でない。だがそれも日給三ヵ月とか四ヵ月とかの多額ならまだしも、私の知った範囲内では僅々一ヵ月分を出る処がない。

それから一満期終了後ひき続いて勤める者に対して或る割増金をつける工場がある。種類は日給に一定率の「歩増《ぶま》し」をするもの、一年々々に賞与をふやして行くもの等があるけれど、いずれにしても微々たるものだ。

結婚奨励策 これは最高幹部の方針としての場合は比較的稀れだが、或る中間階級者の自衛策として、または地位擁護、昇進に対する足場としてなされることが珍らしくない。

これは主として男工に対してであるが、会社の方針はどこでも男工は左まで優遇せず、女工に較べかえって冷遇さえするものだからどうも永持がせぬ。されど工場根本の原動力はやはり男工によって掌握されており、彼が気張らなかった日には女工に働いてもらう段取がつかない。で、ある一区部内の担任格の者は、我が組の成績をあげる手段として部下たる男工を励げますため、または善良な男工でありながら会社の待遇が悪い故足の据わらぬ折り、女工と結婚させたりなどして荷を重くするのである。

しかしこれは今のことで、往時は部の組長なんかが女工足止策《あしどめさく》として、単なるホーム・シックが原因で帰国でもする女工に、関係をつけて引き止めたものだ。

鐘紡は正式な媒介者による男女工の結婚を奨励し、祝いをくれるとか聞いた。これは私たちに言わしむれば人生の幸福のための結婚でなくて、温情的仮面をかぶった打算行為に外ならない。

しかして最も辛辣な例としては、松岡紡績と内外綿を挙げることが出来る。私が同社にいた頃織布部だけに六人ほど有力な男工がおったが、某部長の工務係へ昇進する足場に使われ、いずれも若いうちから嬶《かかあ》を押しつけられてしまって、身動きもならぬ惨《みじ》めな貧民に陥り、情無《なさけな》い生活を送るようになった。そのとき和喜蔵も随分嬶をもって世帯を持つよう口説《くど》かれたのであったが、小説かぶれしていたものだから中ブルジョアの野良《のら》息子《むすこ》でもする甘ったるいプラトニック・ラブからクリスチャン的スイート・ホームへと移る空想的な成功を夢みつつ応じなかったから甚《ひど》く割の悪い方へ廻された。それが紡績の異端者となった動機だ。

第五　労働条件

十三

およそ紡績工場くらい長時間労働を強《し》いる処はない。大体においては十二時間制が原則となっているが先ずこれを二期に分けて考えねばならぬ。

第一期は工場法発布以前であってこの頃は全国の工場ほとんど、紡績十二時間、織布十四時間であった。しかして第二期に当る工場法後から今日へかけては紡績十一時間、織布十二時間というのが最も多数を占める。

〔イ〕　夜業と両番のこと

ところがここに「夜業」があるため、紡績工場の労働時間割はなかなか面倒になって来る。十一時間制だから十一時間働けばいいというごとく、簡単に片づかないのである。この「夜業」がまた問題だ、これは二様に解釈される。つまり昼間一定の働きをしたうえ更らに夜分若干の労働を加えること、これを昔から「よなび」と言ったのだが、多くの人はこいつを「夜業」と書いて「よなび」と読み、手内職などして夜も働くことを「夜業までして……」と言う、だがこれは厳密に言うなれば間違っており「やぎょう」でなくして「よなび」なのだ。だからここに言う夜業はよなびでなく、昼間はたらく代りに夜通しはたらく、すなわち深夜業のことを意味するのである。

日本でも欧米(欧米はその例が稀れだが)でも手工業時代には「よなび」のほか夜働くなどということはなかった。これは飽くまで近代工業の所産であり、しかも日本がその創始者であるのはいかにしても申し訳がない次第だ。ちなみに組織だった大仕掛けな夜業の始まりは、明治十六年大阪紡績においてなされたものであった。

紡績の運転部では先ず総員を二分して「甲番」と「乙番」なる名称をつけ、一期間ごとに夜昼交代しては作業に従事するのである。故に紡績の休みはこれを「交代日」と言う。

一交代期間は大概一週間であって、毎日曜を休む処と不定時に工場の都合で定める処とある。まえは後者がほとんどであって、三日、十一日、十八日、二十六日というのが多かったが、近頃になってから日曜を交代とする工場が大分ふえた。

交代日には「昼夜交代」と「半交代」の二通りある。昼夜交代とは一昼夜機械を停転する交代をいい、半交代とは半昼夜だけ停転するものをいうのである。しかして「半交代」の場合、甲乙どちらかの番が休日とは有名無実になるのだ。昨日まで昼業していた「乙番」が、今度向う番の甲と代って夜業を相勤めるとき、半交代なれば「夜業運転仕舞い」とて朝運転が停まり、その夕かかるのだから直ちに乙は出なければならぬ故、昼その準備に寝ることが必要だ。で、この場合乙番は休みなしに二交代間ぶっとおす訳合《わけあい》になる。それにひきかえ昼夜交代の場合は、夜業者が昼業になるとき二日休むこととなる。まことに不規則たるを免がれない。

大勢としては紡績部だけ夜業をし、その代り就業時間が少し短く、織布部は昼業専門なるが故にちょっと長いことになっている。しかし織布部において紡績と同様組織で夜業をしている工場も決して尠《すくな》くはない。ことに関東の工場では織部の夜業が一層さかんに行われているようだ。

〔ロ〕 労働者の無智を利用する残業策略

精紡機と織機は主体であってその両機が喰い潰すだけ他の機械で食物を拵えなければならぬ。であるからこの両部以外においては都合上残業しなければ間に合わぬ場合がある。また昼夜運転するところではそれ以上生産能力の出る気遣はないが、昼業一方の織布部等においては時間と正比例に一台の生産額はあがって来る。そこで積出しの都合などにより時々居残《いのこり》を強《し》いることがある。こんな場合皆は長時間の過労によって我が身のいたむことなど棚へ上げ、余分な収入を喜んでどしどし応じるのである。ことに「追通し」をさえやることが尠くない。

東京モスリンでは十一時間制が原則となっており、織部は昼業専門だと公表している。しかしながら実際では十二時間制な上に夜業がある。だからすべての労働事情は官省の調査や、第三者の統計などで決して真相が判るものではない。しからば同社は十一時間制を公表していかなる方法によって十二時間働かせているかと言えば、後の一時間は「残業」という名目であり、夜業は自由にその希望者のみにやらせるのだと言い逃れている。一年三百有余日残業するところがはたして欧米にあるだろうか？

これを私は「強制的残業政策」という。まことに不都合な残業であってもし要用のため十一時間で帰ろうと思えば、早退の手続が要るのである。自由服夜業もその通りで名目は大層立派だが、一夜に僅か金五銭くらいな「夜業手当」でもって、無智な彼女たちを釣ろう魂胆に外ならない。要するに「自由服夜業」たるもの、労働者は不利な労働条件の許《もと》に忍従してまで雇傭契約の要を認めぬ。働く働かぬは彼の自由だという程度な一方に「餓死」のついた自由である。こんな自由なら欲しくない。

いま古いノートから切抜いて、ある小織布工場における一帖締《いちちょうじめ》期間中、残業および徹夜の延人数を示そう。

部名	定員	男工	女工	合計
一部	七〇人	四五・七人	三九七・〇人	四四二・七人
二部	七〇	四二・〇	四〇〇・七	四四二・七
三部	七〇	四九・八	四〇一・二	四五一・〇
ワインダー	二五	……	一二二・四	一二二・四
荒巻	三	……	二九・〇	二九・〇
糊場	五	七四・〇	……	七四・〇
仕上	一〇	二〇・七	三四・一	五四・八
合計	二五三	……	……	一六一六・六

定員全部正規に就業すれば、一カ月二十六日と見て六千五百七十八人しか働けないはずだのに、たった二百五十三人の者が一千六百十六人六歩《ぶ》余計働いたことになっている。「歩《ぶ》」のことを言った序《つい》でに「歩割り」についても一言したい。昔十二時間制の処は十二時間が「一人」すなわち十歩であり、居残り追通しの場合はまけて一時間を一歩にした。またも少し待遇のいい処へ行けば居残りのみ一時間一歩で追通しは十二時間に一人四歩くらい呉《く》れるのであった。

早退した場合一時間を十二分するのが計算上面倒な故、九時までを二歩、十二時までを四歩、三時までを六歩という風に定め労力を盗んだ工場は珍らしからぬ。十一時間制が原則となってからは、大抵な工場で十一時間を一人になおした。そうして残業の折りは従前通り一時間一歩の処が多い。それから早引をする場合はやはり、一種の罰として多少正味の時間より歩を削減される例が多い。しかし計算事務の正確な工場では「厘位《りん》」まで出して正味をくれる処もある。

〔八〕　休憩時間について

休憩時間の割り当てはほとんどどこの工場へ行っても九時、十二時、三時であり、前後各十五分なか二十分合計一時間だ。そして三十分のあいだに昼夜とも食事を摂《と》る。しかしながら実際休憩するのは男工ならびに直接台を持たぬ見廻工くらいなもので、一般女工にはほとんど休憩がないも同様である。何故かなればよし運転はとめるにしても、台の掃除とか次の段取りとかで十五分や二十分はたちまち潰《つぶ》れてしまうからだ。それに大概な工場では女工の休憩室というものがない。食堂はあるけれども食事以外に使用せぬことにしているし、またよしんば別に宏大な女工の休憩室があっても、大工場になれば運転が停《とま》ってから出て再び入場するだけに十五分位は費やさねばならんから、十五分の休憩は有名無実である。

従来は休憩に停転しなかった。そして受負者の女工は食事以外ぜったいに台から離れられず、男工や役付女工といえども半数交代制をもって休んだ。「先出」、「後出」というのがそれであって、休憩時間中片番は二倍の仕事をするのだ。こんなにして停転による生産額減少を防いだものだ。今日でもこんな風にしている工場がある。しかし大工場では厳重に運転を停め、内部へは汽笛が聞えぬから赤色電燈をつけて合図したり、または赤旗を掲げて報知する。だがいかに報知を受けても掃除や段取りや食事や便通をつけておいて、しかもそのうえ場内以外に出る処さえないのに十五分の休は余りにも短かい。よく通勤女工などは持って来た弁当を、仕事に追われるものだから台の間へひっかけておいてその間その間に食べたりした。いや今でも東京にはそんな工場がある。

工場の敷地内が鬱蒼《うっそう》たる森林のごとくあって、樹陰にベンチを据《す》えたり、休憩のたびに廊下へ持って行っておしゃべりの類を敷き、寝たり転んだり起きたり、自由気ままにして疲労を恢復せしめるようにしている工場は、さすがに斯界《しかい》の大立物たる鐘紡にのみ見ることが出来る。こんなのは至極賛成だ。

休憩中、寄宿女工に我が家である寄宿舎へは入らせない。たとい運転を停める工場でも、食事の時間は二回以上に切る場合が多い。すなわち十一時三十分に一工場が出て、十二時から二工場、十二時半から三工場といった調子に――。それは食堂が狭いとか、一時に五百人も千人も詰めかけられては賄方《まかないかた》の手が廻らぬとかいうのが原因だ。

十四

紡織工場の賃金制度については先ずその分類から始める。かなり複雑である。紡織工場の賃金制度を大体において左のごとく分ける。

一、月給制

二、日給制

三、受負制《うけおい》 {個人受負 / 集団受負}

雇員を月給にしている処はかなりあるが、一般平職工に月給制を採用している処は、大阪合同紡績天満支店がただ一つあるのみだ。

原則としては一般的に雇員以上が月給、男工日給、女工受負となっている。しかしその仕事によって男工も受負のものがあり、女工も日給の場合がかなり多い。

しかしながらここに難しいことが起って来る。というのは個人として定額の日給でありながら、かつ集団受負者の一人である場合だ。これは段々のちほどの説明で明かになると思うが普通工場では「日給受負」とか「受負日給」とか称えているのである。

「個人受負」とは言うまでもなくおのおの一人々々の仕事出来高によって勘定するのであり、「集団受負」とは一つの仕事を二人以上で行い、それを頭割りまたは一定の比率で分け合うのである。

「製額賞与」のことを併説しなければ次の節で諒解がゆきかねる。これは詰まり日給でありながらかつ集団受負の一部に関与せしめて、自からその業を勢出《せいだ》さねばならぬよう仕向けたものだ。要するに私が少々なまけても日給は貰えるが、製額をあげぬと賞与が貰えなく、その製額賞与と日給を合わせて、やっとどうにか賃金らしく盛り立ててある。換言すれば紡績工場の日給制度は、その日給額が「本日給」と「製額賞」に分れているのだ。

職業別による各例　本来なら紡績部の方を先に述べるのが至当であるが、まだ少し材料の整理がついていないから織布部を先に書き、紡績を後まわしにする。方々の例を挙げると徒《いたず》らに複雑を来たすから唯だ一工場だけについて言う。ただし二、三年前の定めであるから賃率はいま多少相違しているだろう。

織布部

ワインダー工　正味一〇〇封度《ポンド》を一単位とし、二十一番手で五銭四厘、三十六番手で五銭六厘三毛と定める。しかして平均一人の少女労働者が一日十一時間に十五封度内外をあげる。で、先ず八、九十銭の収入がある。ところが無茶な工場になるとカンカンも何もせず、籠《かご》に一ぱい何銭と大ざっぱなきめ方をしている。

整経工　先ず一〇〇〇〇碼《ヤード》を一単位として、工賃を四十四銭二厘と定める。しかして一人の成年女工が一日平均三万碼を巻き得るから一円三十二銭六厘の割合となる。

糊付工　これはほとんど男工で日給の工場が多い。時たま織布部の全製額から割り出して一定の率を支給するような工場もあるが、なかなかむずかしくてその方法が判明せぬ。

引通工　これはほとんど受負であるが品種によってこれほど相違するものはない故、序《つい》でに品名の組織を挙げねばならぬ。しかしてこれは若い年頃の女工が筬《おさ》と綜絖《そうこう》に通し、少女が後部から二本ずつ糸を分けるのである。であるからその比率は前の通す方が六、後ろの分ける方が四となっている。

品名	経糸数	工賃	前	後ろ
四A	二三六〇本	六〇銭	三五銭	二五銭
顔	二三六〇	六二	三五	二七

飛竜	二六四六	六〇	三五	二五
紺ツバメ	一九四四	五〇	二九	二一
甲鹿	二七〇〇	六五	三八	二七
C三八	二七八四	七二	四二	三〇
鷹三巾	二七〇〇	六五	三八	二七
甲三巾	二七〇〇	六五	三八	二七
三八金巾	二三三〇	六〇	三五	二五

右のビームがおよそ二人で一日に四本平均通せるから、前が一円五十銭後ろの工が一円くらいの見当だ。「ツバメ」など太物を通すのは主に手の悪い女工がやる。もし上手な者がやれば六本くらいは大丈夫である。

織布工　織る方は木綿ならば一疋《いっぴき》、モスリンなどなら一碼が単位になっているが、これは織物の組織表を掲げた上でなければ一疋いくらという賃金が意味をなさない。何故なれば綳帯木綿一碼と、キャリコ一碼とは大変な地合《じあい》や巾《はば》の相違があるから、先ず組織表を掲げてから織賃を挙げよう。

品名	経糸数	巾	丈	地合(一吋《インチ》間)
四A	二三六〇本	三六吋	四〇碼	六四本

顔	二三六〇	三六	二四	七〇
飛竜	二六四六	三二	二四	七〇
紺ツバメ	一九四四	三一	一二二	七六
甲鹿	二七〇〇	四四	三八	七六
C三八	二七八四	三八	三八	七〇
鷹三巾	二七〇〇	四四	四五	七六
甲三巾	二七〇〇	四四	四五	七六
三八金巾	二三三〇	三八	三八	七六

そして右の織賃は左の通りだ。

一部より五部まで（単位銭）

品名	一台持	二台持	三台持	四台持
紺ツバメ	一五八・五	一〇七・五	九二・〇	八五・五
四A	五九・五	四〇・〇	三四・五	三二・〇
鷹三巾	六四・〇	四三・五	三七・五	三四・五
甲鹿	五五・五	三四・五	二九・五	二七・五

六部より二十三部まで

紺ツバメ	一五三・〇	一〇四・〇	八八・五	八二・五

四A	五五・五	三八・〇	三二・五	三〇・〇
鷹三巾	六〇・五	四一・〇	三五・五	三二・五
F四十	六八・〇	四六・〇	三九・五	三九・五
小鷹	四八・五	三三・〇	二八・〇	二八・〇
甲鹿	五〇・五	三四・五	二九・五	二九・五
C三八	六〇・〇	四〇・五	三五・〇	三五・〇
C三九	六一・五	四一・五	三五・五	三五・五
飛竜	三八・〇	二五・五	二二・〇	二二・〇
顔	三九・〇	三九・〇	二三・〇	二三・〇

上の表で見るごとく同じ物品でも一台持と二台、三台、四台持とは一疋の織賃が台数に逆比例して下がり、または部によって異なる。これは当然かくあるべきはずであって、もしその受持台数のいかんにかかわらず同じ工賃を支払ったなら、一台持と四台持と余りに甚しい収入の差があってやりきれない。それから部によって違うのは機械の回転数が前者の方はるかに遅いのである。

仕上工　これは大抵日給であるが時として毛織物の場合「ケバ取り工」が一反二十五銭くらいで受負うこともある。

右のほか男工や見廻工は大概日給であるが、時におかしい制度の受負をやる。大正三、四年頃兵庫県武庫郡西の宮町なる内外綿会社第二工場では、男工の給料を「何碼」という滑稽なのがあった。入社当時などどこから立算するものやらさっぱり訳が判らない。私がたしか三十碼の日給であったと憶える。

紡　績　部

次ぎに紡績部であるが、この賃金制度を知るには「ハンク」ということを知らねばならぬ。

ハンクとは糸の番手のことを言い表わす言葉であって、そのスタンダードは英国式による。綿糸と絹紡糸はもっぱらこの英国式による。しかして一ハンクは八百四十碼《ヤード》の長さに一封度《ポンド》の目方すなわち七千ゲレンあるものをいい、算式で表わせば左の通りだ。

840ヤード：7000ゲレン＝1ハンク

では二ハンクとは、

840×2ヤード：7000ゲレン＝2ハンク

あるいはこれを逆に、

$$840\text{ヤード}:\frac{7000}{2}\text{グレン}=2\text{ハンク}$$

これを測定するため練条機以上の機械にはそれぞれ長測器《メートル》が取付けられており、一ハンクが工賃の一単位となっている。ただし八百四十碼は一台の機械に掛った全スライバーまたは糸の延べ長さではなく、各機とも最終段のローラー間をそれだけ製品が通過したという意味である。言葉を換えて申せば、仕上ローラーの延べ輪周だ。

練条工　左に大阪某工場大正九年十月以降の賃率表を摘録しよう。(単位銭)

品種	一人廻し	三人二台廻し	二人廻し
細	三・六〇	四・八〇	四・八〇
並	四・一六	五・五二	五・五二
特	三・四四	三・八四	三・八四

二人廻し分配率

等級	1	2	3	4	5
前	・五四	・五一	・四七	・四三	・三九
後	・三四	・三六	・三七	・三八	・三九

分配率加味五等工賃率

相手の等級	1	2	3	4	5
並細	三・一	三・二	三・三	三・四	三・五
細	二・七	二・八	二・九	三・〇	三・一

二人廻し対五等工分配率加味各等工賃率

女工等級	並細					細				
	1	2	3	4	5	1	2	3	4	5
五等工相手	四・九	四・六	四・二	三・九	三・六	四・四	四・一	三・八	三・五	三・一

ちなみに一ハンク四銭くらいなものなれば一人につき三十ハンクも揚がるであろう。

粗紡工　次ぎが粗紡工であるが、東京の某工場と大阪のそれと二例を引用していずれも大差ないことを示そう。

粗紡三等工賃率（大阪）

スラッビング S			インター I				ロービング R				
一台持			一台持			二台持	一台持			二台持	
細	並	特	細	並	特	特	細	並	特	細	特
一〇・六	一三・〇	九・六	一一・八	一三・四	一〇・九	八・三	一三・二	一一・八	一三・三	九・〇	八・二

別細賃金率(同上)

等級		1	2	3	4	5
S		一三・三	一二・五	一一・九	一一・二	一〇・六
I		一五・〇	一四・二	一三・五	一二・七	一二・〇
R	一台持	一六・六	一五・八	一四・九	一四・一	一三・三
	二台持	一一・八	一一・二	一〇・六	一〇・〇	九・四

第二工場三紡機(粗紡のこと)請負工賃左の通り改正三月二十日より実施す(東京)

号印	番手	従前工賃	改正工賃
スラッビング			
二十七号印	〇・五八	一三・三	一四・九
七号印	〇・六〇	一三・六	一五・二
十三号印	〇・八五	一三・六	一五・二
インター			
二十七号印	一・三二	一六・三	一八・三
七号印	一・八〇	一六・六	一八・六
十三号印	二・二五	一八・二	二〇・四
ロービング			

二十七号印	三・三〇	一八・四	二〇・六
七　号　印	五・五〇	二〇・九	二三・四
十三号印	六・七五	二一・八	二四・四

そうして一ハンク廿五、六銭のものなれば、一日につき七ないし八ハンクが揚がれば関の山であるから、その収入は二円を越ゆることがない。

精紡工　これもハンク制を採用するのであるが紡出番手の細太によって著しく工賃が異なり、一定に述べることが出来ないから省略し、他の例をあげよう。

処によっては管糸出来高の正味量目に対して賃金を支払う工場がある。しかしてそれには関西なれば「封度《ポンド》」を用い、東京附近では「貫《かん》」を標準とするようである。次ぎに東京における一貫目を一単位とする某工場の例を挙げよう。

号印	番手	工賃
七　号　印	三五	一三・七銭
十三号印	三三	一二・七
十三号印	四〇	一七・五
十三号印	三八	一七・五
七　号　印	三〇	一一・五

七号印	三二	九・六
六号印	二〇	七・三
二十五号印	一〇	三・九
二十五号印	一二	四・五
十三号印	三三	一二・七
十八号印	三三	一一・九

右の通りだが台長と管揚工の関係が不明故、ここに併載することの出来ぬのは遺憾である。

綛掛工　これは一車いくらというのであって、一車とは大枠一個の謂《い》いで四十綛《かせ》ある。そして工賃は品種によって一定しないが大抵一車二銭以上三銭くらいで平均一日五十車である。で、先ず一円そこそこの儲《もう》け高《だか》か。

右のほか丸仕は一丸すなわち十封度を単位として一銭五厘ないし三銭くらいに定め、荷造仲仕は「梱《こり》」を単位とするのであるが、これは包装のいかんによって定まらない。しかしほんの一例を示せば左の通りだ。

製反　……………………　二十一銭五厘八毛
洋梱　（ズック包み）　十七銭一厘六毛

和　梱（莚《むしろ》包み）　八銭五厘八毛
捧　綛（叺《かます》入れ）　二銭三厘四毛

次ぎに日給者の場合における某工場の新入者初給規定を挙げてみよう。ただし大正九年度における大阪のものである。

一般男工
十八歳　以上　八十五銭―九十銭
十六、十七歳　八十銭―八十五銭
十四、十五歳　七十五銭―八十銭
ただし混棉部運転工は五銭増、水気場は三銭増、打棉および梳棉運転は二銭増のこと。

一般女工
五十五銭―六十銭（ただし混棉部運転工のみ五銭増のこと）

養成女工
精紡、綛掛工　四十八銭―五十銭
粗紡、練条工　五十銭―五十二銭
ただし養成工の日給は十時間に対して定めたるものなれば歩引きせざるものとす。

大正十年度の賃金については、大日本紡績聯合会の月報からその加入工場平均表を引用する。

月次	男工	女工
一月	一、四六七	一、一〇六
二月	一、四六一	一、一一一
三月	一、四四八	一、〇九一
四月	一、四九一	一、〇六〇
五月	一、四二三	一、〇八六
六月	一、四二〇	一、一〇四
七月	一、四二八	一、一一〇
八月	一、四五〇	一、一二三
九月	一、四七一	一、一六一
十月	一、五〇五	一、二〇五
十一月	一、五一七	一、二〇九
十二月	一、五四四	一、二四一

また、明治三十六年から大正十年までの紡績工平均賃金は左の通りだ。

年次	男工	女工
三十六年	三六、八	二三、五

三十七年	三六、八	二二、九
三十八年	三八、四	二五、五
三十九年	三九、三	二五、九
四十年	四三、〇	二七、七
四十一年	四四、八	二九、四
四十二年	四五、〇	三〇、四
四十三年	四五、九	三〇、五
四十四年	四七、一	三二、五
元年	五〇、三	三四、九
二年	五三、〇	三六、三
三年	五五、五	三七、九
四年	五二、六	三七、四
五年	五三、四	四〇、七
六年	五八、三	四四、五
七年	七二、一	五三、一
八年	一一三、九	三八、八
九年	一五七、二	一一七、四

十年　一四九、二　一一四、六

給料の支払方法　紡績工場ではほとんど例外なしに、いずれの工場でも一ヵ月払いとなっている。帖締《ちょうじめ》は二十日制の処と二十五日制の処と二様に分れ、前者が二十五日に支払い、後者は晦日《みそか》は晦日一日前払いが普通の習慣となっているが、時には二十日締切りでありながら晦日まで引っ張るような処もあり、金融の都合上寄宿女工の勘定を翌月五日までも延期する場合がある。

それから寄宿女工の貯金を、二十日も遅れて登録することは珍らしからず、誤算など発見して訂正を請うても翌月廻しにする処が多い。しかもどうした訳合《わけあい》か、すけない方にばかり間違い、多く貰い過ぎたということが滅多にない。

給料を受取る場合大阪では主に終業後直接会計の窓口から伝票引換にこれを受取り、東京では予《あらかじ》め袋に入れたものを上役が持って来てくれる。ただし寄宿舎の勘定は通勤者より一日ないしは二日遅れて、寄宿舎で支払われる例となっている。

不時に緊急な入り用があって困るときでも、月末の勘定日以外には容易に給料を支払ってくれない。それからまた、給料日に欠勤すると一週間くらい延ばされる処もある。

十五

賃金制度の姉妹問題として賞与の話をする。

前にもちょっと言ったごとくこの「賞与」というのが随分人を喰ったものである。普通給料の余分に、勉励した賞として貰うのではなく、それと合算してやっと最低の生活費に届くのだから全く詰らぬ名前で、なにも賞与じゃない。しかしまあともかく、この賞与を「製額賞与」といわゆる世間なみの「賞与」と「皆勤賞与」の三種に分けることが出来る。

製額賞与は各工場、仕事場等によって区々《まちまち》で一定しないから多くの例を挙げ得ないが、ここに東京モスリン工場の一例を引用する。先ずモスリンの組織および工賃表を掲げた後ちでないと意味をなさない。（単位銭、ヤード）

品名	経糸数	时間打込	一台持	二台持	三台持	四台持
二号	二〇九五本	六八本	二・四〇	二・一〇	一・九〇	一・九〇
三号	一九三五	五六	二・一〇	一・八〇	一・四五	一・四五
四号	一七九二	五八	一・八〇	一・六〇	一・四〇	一・四〇

右のうち力織機一台一日の定額を二号三十二碼《ヤード》、三号三十八碼、四号四十碼となし、もしそれ以上織りあげた者には倍額の工賃を支払うのである。故に二号一台持女工が四十碼、すなわち定額から二碼だけ余分に織ったとすれば本給が七十八銭八厘と織上賞が

九銭六厘合計八十八銭四厘の収入となる。

普通賞与を「満期賞与」と「半期賞与」と「臨時」または「特別賞与」に分けることが出来る。満期賞与については募集の章で既に述べたからここでは「半期賞与」について説明すれば、上下半期に大なり小なりボーナスを給与する習慣となっている工場と平《ひら》男女工にはこれのない工場とある。最も極端な例を二つ挙げれば岐阜の日本毛織ではほとんど平等に、それは新参のほやほやに至るまで半期間総稼ぎ高の二割を給与している。これに引きかえて東洋、大日本紡等の大会社では平男女工の賞与は皆勤または精勤賞以外にほとんどないと言っていい位で、組長、見廻工等の役付者といえども二十円以上百五十円以下が最も好況時代の例となっている。もっとも不定な、そして当然要求する権利もない賞与などでもって必須な生活費を給与されることを断じて好みはせぬが――。

次ぎに「臨時賞与」だとか「特別賞与」だとかいうものがあるが、要するに普通賞与を二分ないし三分してそれぞれ別包みとし、何《なん》とか彼《か》んとか名目をつけていやにもったいぶり、貫目《かんめ》をつける手段に外ならない。

「皆勤賞」は往時いずれの工場でもあったが、今はない工場が大半を占めている。しかしてその給与の方法は一週間もしくは一カ月を一期間とし、その間、皆勤した者に日給一日分を、現金または勘定の際稼ぎ高に加算してくれる処と、色々あって一定しない。

それから富士紡、鐘紡、東洋紡などには発明発見に対する「功労賞与」というものがあって、機械、器具上の改良、作業システムの新案出等をなした者に若干の賞金ないしは賞状、賞品を与える規定になっているが、これは一般的なものでないから省略しよう。

十六

紡績では「給品制度」が盛んに行われている。ルヨ・ブレンターノも欧米にこんな時代があったと言っているが、日本の紡績業資本家はその労働者に給料の正貨払いをなるべくさけ、色々な物品をもってこれに代えようとする。

この給品制度は、いずれの工場へ行っても行われぬ処なく、最も小さな工場でも白米と食券は売っている。それが大工場になると一層甚だしく、あらゆる日用品を寄宿の売店と社宅の売店でもって職工に販売している。

鐘紡や東洋紡に至っては豆腐や饅頭《まんじゅう》の製造までしてこれを一般に販売する。鐘紡では「日用品引換所」といい、東洋紡では「日用品分配所」と称えるのであるが、そのいずれを見ても全く小デパートメント・ストアだ。いや東京の三越ではまだ米や菜《な》っ葉《ぱ》を買うことが出来ないけれど、鐘紡の売店なら大丈夫買えるはずだ。附属事業としては浴場も、理髪店も、仕出し屋もちゃんとある。

そしてこの売店からものを買う場合には、予《あらかじ》め請求して受けた「金券」によるのが普通である。つまり会社は正貨の代用に兌換券《だかんけん》を発行してなるべくこれによる支払を望むのである。そうして与えた給料は直ちに元へ回収してしまおうとする。いま鐘紡二工場と東洋紡二工場の各半期間中における売上高と一人当り購買高を示そう。

工場	売上総額	一人当り
東京本店	一八七、二二九・四八円	五六・四一
岡山絹糸	三六、八六七・八八	二六・〇二
M	二七七、三四五・二〇	五九・〇一
T	一一四、二七九・八四	四二・三八

これを「福利増進施設」だといって参拝九拝し喜びきっている大勢の奴隷が憎い。そりゃ品物によっては市価より幾分廉《やす》いこともあるが、しかしながら高い場合もあるから単に打算的に考えても別段売店などは有難くないのに、いわんや「これが紡績職工の買物する場処だ」と定められた圏内に入ることを、誰が人間としてこころよしとしよう。我らは堂々と天下通用の正貨をもって、高くとも廉くとも市価をもって、三越へでも大丸へでも、または場末の八百屋《やおや》へでも買物に行きたい。

鐘紡の職工待遇法などを観て来て感服する者は、労働問題を履《は》き違《ちが》えた輩《やから》にほかならないし、またそれに甘んじている同社の友達は、もし武藤御大《おんたい》が死んだら、後を追うて殉死《じゅんし》でもすればよく似合う御主従だ。

労働者の自治的精神による消費組合でなかったら、資本家の政策的手段では労働者解放運動の意義をなさないばかりか、かえって邪魔にさえなるのである。

売店価の市価より高い例としては公設市場で一個十三銭の花王石鹸が鐘紡大阪支店の分配所で十五銭した。（大正十二年）

それから賞与金の代りに品物を支給する工場がある。内外綿会社、日本毛織等が半期々々に各有資格者に反物《たんもの》一反を与え、鐘紡が男女共作業服をやっているなどはその例であろう。こんなのはどちらにしても大したことでない。

これで私の言うことは済んだが、参考として序《つい》でに『万朝報《まんちょうほう》』の切抜きを再録しよう。

鐘紡の職工待遇

（中　津　海　生）

「社会問題として見たる鐘紡の配当」と題して掲載せし拙稿に対し、向島における本紙の一愛読者KH氏から、氏は自分が鐘紡の待遇は他社に比し良好のようであるといったのに対し、決して宜《よろ》しくないといっておられる。『大日本紡績聯合会月報』七月号によれば、六月中の鐘紡社職工賃銀一日平均率は男工一円七十五銭二厘女工一円廿四銭一厘となっている。これは他社に比して決して少くないようであるが故に良好といったまでである。所がKH氏に従えば、男工日給五十銭、手当七割の卅五銭、合計八十五銭ということである。食料費は一日廿銭であるが玄米《げんまい》一割混合と称して三、四割を混ぜるをもって到底食するに堪《た》えないというが実状である。のみならず売店に種々なる食物を並べて職工の食慾をそそり、その他種々の日用品を備えて同社のみに通用する金券(細井註、同社ではこれを飯券という)をもって販売し、職工に与えられた賃銀は売店によって会社に回収される。しかのみならず月に四日の休日あり、共済費五十銭を差引かれ、月末手にする所は二十円内外となる。その中から六円の食費は咽喉《のど》を通らないものを供せられても遠慮なく引かれる。しかして次に賞与の問題であるが、左に表にして示せば、

一等担任	四百円以上七百円以下
二等担任	三百円以上五百円以下
三等担任	三百円以上四百円以下
四等担任	二百円以上三百円以下
主 席 工	百円以上二百円以下
主席工助手	八十円以上百五十円以下
優 等 工	五十円以上百円以下
准優等工	廿円以上五十円以下
平 工	五円以上廿円以下

いかに非人道的な賞与であろう、余りに累進率が大である。作業能率はForemanの力によるにあらずして、むしろ多数労働者の力であることは今更言を俟《ま》たない。かるが故にKH氏は嘆じて曰《いわ》く、同盟罷工《ひこう》せんにも多数職工は無力にして、Foremanは組せざるが故に不能であると(中略)故にこそ記者は同社が七割の配当をなす前に使用人の待遇をいやが上にも改善せんことを忠告したものである。(下略　以上大正十一年九月六日)

鐘紡の女工虐待

(中　津　海　生)

上

ＫＨ氏の二度目の報告によれば、女工のはいりたては日給卅銭に七割の手当がついて五十一銭である。しかして月に四日の休日を引く時は十三円位になる。そのうちから寄食料四円十銭および共済費五十銭を引かれて、手に入るのは八円位が関の山である。それでも六箇月すれば昇給するが、その昇給が驚くなかれ二銭ないし三銭、一年いて五、六銭の昇給に過ぎない。しかのみならず女工で賞与を半期に百円取るには廿年からいなければならない、組長で五十円ないし廿円である。かくて月々十円足らずの金の中から田舎へ送れというが、女であれば白粉《おしろい》も必要だし、銘仙《めいせん》一枚位は持ちたい、しかも皆うら若い娘盛りである。しかるに会社は月末にやれ預金だとか、親許《おやもと》へ送れとかいって僅か十円足らずの中から三円とか五円とか差引いてしまう。今日女中といえども十円以下のものは少ないだろう。(中略)

女工虐待はこれに止らない、夏は伝染病の危険を口実として外出を禁じしかも売店には氷もあれば、アイスクリームもあり、果物もあれば駄菓子もある。勿論《もちろん》夏の伝染病は多く消化器病である。そうして流行性感冒の故をもってまた外出禁止を行う。しかし感冒は外よりの侵入によるよりも、むしろ煎餅蒲団《せんべいぶとん》に原因してか、昨年あたり一時に三百人からの患者を出した事実がある。かくて病室は満員となり、一つの寝台に二人も寝かしたとは何という非衛生な次第であろう。なんという自由束縛だろう。(中略)

下

会社の募集員が田舎を廻り、巧言をもって女工を勧誘するに大会社であるが故に、親兄弟が会いに来れば無料で宿泊せしむるが故に、東京見物かたがたゆるゆる面会に出て来るを得るといっておいて、もし縁者が面会にはるばる来れば三日間無料で宿泊せしめ、それ以上は宿泊料を取る。しかもそれを田舎の人は知らず、募集員の言を信じているが故に、幾日も幾日も滞在しその宿泊料は実に僅《わずか》の女工の給料から差引かれるのである。

以上は鐘紡の会社の女工虐待の事実を単に羅列したのみであるが、かくて鐘紡社は女工の平均日給一円廿四銭と公表している。少数の飛び離れた高給者があって、そのために平均はあるいは一円廿四銭になるかも知れないけれども、多数は五、六十銭に止まる。一円以上を得るものは、非衛生的なる紡績工場の結核菌と戦い、あるいは婚期を失し、処女を知らず、子供から一足飛びに中老婦人になっていなければ幸いである。それにしてはたとい日給一円廿四銭にしても余りに安価である。

勿論現代は自由労働制度で奴隷制度の行われている所はないであろう。しかし以上述べたような事実、すなわち安価なる代価によって労働を買い、しかも何らかの口実を設けて外出禁止をするというがごとき、奴隷とどれだけの相違があるだろうか、資本家が奴隷を買うには相当に投資を必要とするが自由労働の名の下に奴隷のごとく待遇する労働者を傭入《やといい》れるには少しも投資の必要がない。しかのみならず奴隷の健康についての利害関係は資本家にすこぶる直接的であるが、自由労働制度の下においては、結核に侵された紡績女工は失業を覚悟しなければならない。しかるにもかかわらず労働者に対する報酬はこれを多くせずして、依然株主に対する配当は七割を持続しなければならない。（以上同年同月九日十日）

第六　工場における女工の虐使

十七

女工虐待の第一期　英国における工業自由主義時代の初期、頑是《がんぜ》ない幼年工に煙突掃除をやらせ、まだ消えやらぬ火の粉が下にある中へ綱ひっぱって無理におろし、そのまま焼き殺してしまったことは英国労働組合運動史上に有名な話しだが、日本でもそれ位な虐待は随分ある。

走錘精紡機《ミュール》は一定の場処に固着したフレームがあり、そこからレールが敷いてあって、そのレールの上を横に長い錘台が走るのである。そしてそのフレームとぴったり合う。少女工をそのフレームのなかへ入れて機械掃除させるのであった。その時少女工は何も知らずに一生懸命ボロを持って掃除に余念もない。組長はそれを忘れてしまってグット運転をかけるのだ。すると瞬間に彼女の体はフレームと錘台に挟まれてひしゃげてしまい遂には死に至るのであった。

それからまた輪具精紡機は高速度に回転する二本のチン・ローラーがほとんど大人の

はいれぬようなせせ込ましい箇所にあり、無数のバンド紐《ひも》が掛っている。ところが、それがよく切れるのである。「バンド掛け」という少年工はそれを運転中に掛け直す役目である。その時少年工等はよく腕を巻き込まれる。

それから輪具の管揚工は皆な少女工であるが、木管を台の下へ落して拾うため、または掃除のためにチン・ローラーの下へ潜り込まされるのである。その折りふと運転でも掛ろうものなら間隙すくない二本のチン・ローラーに挟まれ、たちまち命をおとさねばならぬ。今はそんな無理を比較的言わぬようになったが昔は随分こんなこともあった。

右のほか男工の危害について歯車がどうとかベルトがこうとか言うことになればきりがないが、今その二、三を述べてみる。

何分《なにぶん》紡績機械はローラーの多い機械で、そのまたローラーが初め数段の工程中は一見戦慄《せんりつ》するような物騒《ぶっそう》なものばかりだ。そんな部分は被覆せばやと素人は言うだろうが、カバーなんかきせたら仕事の出来ない処ばかりである。そうした処で何人何百人殺されたかわからない。

それからひたすら技術の試練時代においては、そのため幾百十人犠牲になったかそれもわからない。何しろ紡績および織布工場では調革《ベルト》を調車《プーレー》に掛ける際、停止した受動車の方を先にして動いている伝動車を後で掛けるのが本統《ほんとう》だのに、能率の関係上全然ありゃこりゃにやるのである。試みに諸君三吋巾《インチはば》のベルトを一分間二百回も廻る直径十五吋からのプーレーに打ちかけてみたまえ？　革は波打ち唸《うな》りを生じて流れ出す。一寸《ちょっと》それに手を触れるだけでも一変《いっぺん》に皮がすりむけてしまうことを免れぬ。しかるに、男工はそのまま高速度で流れるベルトを足で踏んで停まった方の車へ掛けるのだから、実に想像以上至難な骨《こつ》である。まっすぐに、高速度に流れるベルトはちょっと手を触れればたちまちいかってむすぼれ易い。このときよく体を巻きあげられるのである。

織布ではまた糊場において、摂氏百度に煮沸《しゃふつ》した糊箱中にあるローラーに巻くりついた糸を運転中に切るため、腕を喰い込まれて大負傷する。それから力織機では杼《ひ》が飛んで女工の顔や体にあたる。しかしまあこんなのは別段虐待という訳ではないとして、前の幼年工を機械の間へ入れて挟み殺したのなどは英国のそれとよく似通《にかよ》った点がある。だから女工を鞭打ち叩《たた》いて使ったことは言わずもがなであろう。

何分附言が多くなったが、話しはまた「懲罰制度」へと移って行く。

［イ］　懲罰制度

女工の虐待を第一期工場法発布前と、第二期工場法発布後に分けて考えるならば、この「懲罰制度」は第一期に行われたものである。現今でも全くその例がないことはないが、先ずこれは工場法案が出来てから追々その跡を断つに至った。

しかして女工たちが主にどんな場合、懲罰に附せられたかといえば、仕事上の些々《ささ》たる欠点、または上達が遅いというごとき無理を申し謂《い》われもない酷罰に処するのであった。木管を一本床の上へおとしたといってバケツに水を入れたのを持って立たせられ、なまけたと言っては庭箒《にわぼうき》を差しのべてこれまた一時間以上も直立させられた。そうして漸次彼女の手が下って行くのを見て、はたと主任は鞭打ったのであった。またワインダーでは懲罰女工に一番行李大の籠《かご》を持たせ、仕事が仕舞《しま》っても帰さなかった。こんな虐待が実際に行われたことは、後ちの「女工の心理」で引用する左の小唄が最も有力に裏書きしている。

「工場は地獄よ　主任が鬼で
　廻る運転　火の車……。」

何という凄惨《せいさん》な叫びだ。無智な彼女たちの嫂《あね》さんらが何十年の昔うたい出して、今なお伝わるこの惨虐の歌を、諸君は耳を掩《おお》わずに聞くことが出来るか？

佐渡の金山がこの世の地獄だったのは昔、工場とは文字通りなる生地獄に外ならぬ。彼女は休もうと思う。しかし休む自由がある位なら、工場鬼の責め苦から逃れることは出来る。

今の東洋紡績西成工場が三重紡績といった時代のことだった。佐賀県から来ておった西原イクさんという女工が夜業の折り居眠りした廉《かど》で懲罰を課せられ、頭が埋まるほど篠巻《しのまき》を持って立たされた。主任は無責任にも彼女に直立を命じておきながら自分は休憩《きゅうけい》に出てしまってなかなか帰らないのであった。おイクさんは正直にも重たい篠巻を持って言われるままに服刑しておったが、その手は自然とたれ下るより他に道はなかった。するとそこへ休憩時間を倍も過ごした主任が帰って来て、

「なんやお前、そんな横着な持ち方して！」と叱るが早いか彼女の頬《ほお》を一つ殴《なぐ》った。それでなくてさえいいほど疲れている彼女は、したたか殴られた勢いに体がひょろついて、思わず持った篠巻を取り落したのである。するとその二、三本は主任の足へあたった。一本でも落ちればかなりな重みがあるうえ、木管の両端は金属で巻いてあるから相当に痛い。

主任は怒った。そしていきなり彼女を衝《つ》き飛《と》ばしたのであった。

その刹那《せつな》おそろしい惨劇が起った。おイクさんが衝き飛ばされた処は恰度《ちょうど》機械の廻しい根だったので、魔のような歯車はたちまち彼女を咬《か》み殺《ころ》してしまった。しかしながら表向きはいつまでも、誰の前ででも、彼女自身の過失によって惨死を遂げたのだと伝えられた。

［ロ］　罰金制度

主として織布部について述べよう。

およそ木綿の等級を一等品から四等品までに分け、合格品は一等品だけなのである。そして二等品以下を不合格品として大体左のように罰金とる。

二　等　品　　織賃二割引き
三　等　品　　織賃半減
四　等　品　　織賃没収

右の不合格品が当然本人の不注意または過失から出来るとしても罰金を取り立てるなど不当であるのに、不合格品は決して本人の不注意や過《あやま》ちから出来るものではない。不可抗な機械の故障とか原料の粗悪とか、または前工程の欠陥によるものが八十パーセントを占めている。しかるに織手から罰金を取るとは何とした不法だ。一疋《いっぴき》の木綿を織る場合二日も汗みどろになって働かねばならぬとき、二日の給料はゼロになるのだ。しかし四等品を織りあげたからとて、女工は絶食して働く訳には行かない。

でもまあ罰金を取られるだけならそれでいいが、唯だ罰金のとりっぱなしでは赦《ゆる》してくれなかった。女工は罰金をとられた上に、大きな文字で人前へ掲示されるのであった。

いま大阪紡績時代の旧《ふる》いノートを出して見るとその名前が沢山ならんでいる。すなわち「十二銭。丸酉《まるとり》三等品、七部金山サキノ」、「八銭、丸酉二等品、七部大内コノ」、「二十五銭、三巾《みはば》二等品、八部本田セキ」、「織賃没収、三巾四等品破れ、九部森田イオキ」という調子である。

しかしながらまだそれだけでは赦さない。今度は不合格品を織った女工の台へ持って行き、赤旗などを立てて一目誰にも判るようにするのであった。

それから不合格品を出した罰に、その受持台を取りあげる習慣もかなり広く行なわれていた。現今でもこの方法は欠勤に対する懲罰としていずれの工場でも普通に行なわれているところだ。つまり四台持の女工が退《の》っ引《び》きならぬ用事とか病気で一日仕事を休む。すると翌日は二台ないし一台くらいに減台されて二分の一の収入しかないのである。しかしてこの方法たるや多くの役付工または監督者の手加減でなされるのである故、まことに理由なき懲罰を受けねばならぬ場合がある。

極く最近のこと東京モスリン亀戸工場では、或る女工が自由恋愛をして永年貯蓄した金を一時に遣いはたしたということで、四台持を三台に減台した。ものもこれくらい馬鹿気て来ると面白くて愛嬌がある。

女工虐待の第二期　工場における作業上の自由競争は既に第一期からして行なわれて

おった。しかし最も深刻の度を増したのは第二期にはいってから、すなわち「能率増進」という言葉が唱《とな》えられるようになってからである。

十八

工場における自由競争の態《てい》はさながら競技会のそれのようだ。個人として女工は女工同士、男工は男工同士、集団として部は部同士、工場《こうじょう》は工場同士、工場《こうば》は工場同士火花の散るような競争をやる。しかして遂にそれは劇甚《げきじん》なる争闘を巻き起す。

某工場の織布部について述べよう。約二千三百台の力織機工場《こうば》が三工場《こうじょう》二十三部に分れておって女工は個人々々と、部対部と、工場対工場と三段の競争を強《し》いられているのである。

先ず個人々々としては受負制度であるから自ずと他人に負けまいとするし、男女工合せて大約《たいやく》六十人で一部をなしている故それは集団的になって来、前の賃金制度の条に照せば個人受負と集団受負と二様の意味をなしているのだ。

部の成績によって織上賞与があり、各一工場につき三等までそれが貰《もら》えるのみならず一等賞には立派な優勝旗があって、これを一競技期間内その部へ掲げて置くのであるから、何でもそれを獲《と》ろうと力《つと》める。そして三つの工場はそのうえそれぞれ最高賞を競うのである。大阪合同紡績神崎支店などには、見るもまばゆいような優勝旗があった。東洋紡四貫島では織上賞与を給料と別に各組長に手渡すようになっており、組長以下日給者だけ現金でその日給に応じて分配し、あとは化粧品などを買って一般女工に分配するのだった。それからまた全部その分配を見合せて一等を得た記念のため手拭《てぬぐい》など染めてこれを他組に誇る習慣である。いま手許《てもと》にその手拭が二枚あるから形を作ってみよう。

優勝旗！　優勝旗――彼女たちをこう煽《おだ》てて追い廻わし、便所へ行く暇も喉《のど》をうるおしに行く隙《すき》も与えないのである。

実際いそがしくて便所へ行く時間さえままならぬとは誰が想像が出来よう――。

たまにする運動の競争ならいいが、年百年中こんな仕事の競争をやらせられてはたまらない。某医学博士の研究によれば、このようにして五年間ぐらい劇甚な工場労働に服役した女は他の社会的労働において一種の活動不能者になっているということだ。

またこれが肝心な成長期にある幼年工にとって、いかに精神的ならびに肉体的障害を与えるか？　そうして最も競争を強いられる者が第二の母性である少女労働者なることにおいて、軽からざる人道問題ではあるまいか——。

受負制度より来る作業上の自由競争、これは当然撤廃しなければならない。しかして受負制度や日給制度に代えて、最も吾人《ごじん》の嘱望《しょくぼう》するものは「週給制度」の確立である。

［イ］　強制定額制度

これは前項「自由競争」の姉妹問題として考察する事柄で、最高幹部が余り成績々々とやかましく言うものだから遂に中間に介在する監督者がこの一策を案出したのである。しかしてこの内容を先ず織布部について説明すれば機械の運転時間と回転数を乗じて計算上の製産高を出し、必ずそれだけ織らせようとするのだ。

「お前はこの木綿一疋、必ず今日中に織り上げねばならんぞ。」

こう朝きてハンドルも把《と》らぬ内から決定してしまうのだ。そうしてそれ以上織れた場合はだまっているが、もし以下であったならなかなか承知しない。機械でさえ故障があるのに、人間の体でする仕事がどうしてせぬ先から判ろう？　まことに非人道的な制度である。

右の悪制度があるため工場では非常に不正な手段が講ぜられている。織れないものを無理に織れと命令するのだから、何とかそこに裏をかく方策が巡《めぐ》らされるのは止むを得ない。このとき女工は、地合《じあい》が肉眼で見て薄くならぬ程度に、歯車を捲《ま》いて掲げるのだ。しかからざる時には歯車を掛け換える。東洋紡、鐘紡、大日本紡、富士瓦斯、いかに大会社の工場でもこれに似通《にかよ》った不正手段は至る処で行なわれ、不正品がどしどし市場へ出ている。

〔ロ〕 夏期精勤奨励法

工場で働く者の夏の苦しみはまた格別である。太陽の熱と体熱と機械の熱とが一緒になって何とも形容し難い苦しみを与える。そもそもこんな暑い時にも冬と同じ時間同じ量の労働を強《し》いるのは間違っている。

大正二、三年頃から夏六、七、八、九の四カ月間職工の欠勤による工場能率低下を防ぐため「夏期精勤奨励法」なるものを実施し出した。その方法は区々《まちまち》であって各社一定しないが、某大工場のごときは極めて悪辣《あくらつ》な富闔的《とみくじてき》方法をとった。その例を挙げれば一等五百円、二等三百円、三等百円、四等五拾円各一人、五等三拾円三十人、六等拾円百人という具合に金を賭《か》け、これを右四月間皆勤した有資格者に抽籤《ちゅうせん》で与えるのである。男も女も、唯だその金ほしさに病気まで怺《こら》えて工場へ出る。そうして落選ときまるや俄《にわ》かにがっかりして床に就《つ》いてしまう。こんな惨酷《ざんこく》な仕打ちがあるだろうか――。

それからまた東京の某工場ではいかにしても夏期、平月より二、三倍高まる欠勤率を最少限度に引下げるため、女工には皆勤者で自社宣伝のモス風呂敷一枚、精勤者には同じく自家広告用の三尺手拭一本を呉《く》れておきながら、彼女の精勤はひとえに「部屋長」の鞭撻《べんたつ》にありとなし、部屋長たる者に銀時計、反物《たんもの》等を与えているのである。それ故に部屋長は部屋の工が病気であろうが用があろうが頓着《とんじゃく》せず、無理に引きずり出さねばおかないのだ。そうして工場へ出たが最後、矢でも鉄砲でも帰さない。

彼女たちの中には必ずや二十パーセントくらい、脚気《かっけ》でだぶだぶに膨《ふく》れた、板一枚の接ぎ目にも躓《つまず》くような脚をひっさげて、はっはっと喘《あえ》ぎながら泣きの涙で働いている者がある。そして遂には堪《た》えきれずして機械の間へ、どたと病馬のごとく気絶して卒倒する痛ましさは見る人をして顔を背《そむ》けしめる。

［八］　模範女工表彰政策

各紡績会社は紡績ゴロに命じて「工手教育会」というものをつくらせた。そしてそこからは月々女工専門の御用雑誌を発行するのほか、いわゆる模範工手の表彰をやるのである。

大阪では天王寺公会堂などがよくその式場に利用せられ、各社人事係選抜の女工は彼に伴われて左の賞状を貰《もら》いに来る。

表彰

富山県東礪波郡南山見村大字院滝見与助二女
篋通部見廻工手
前川セツ
明治三十年四月十五日生

資性温厚ニシテ篤実品行方正ナリ入社以来恪勤十一年間能ク上司ノ命ヲ守リ業務ニ精励シ技術ニ練達ス其見廻ニ挙ゲラル、ヤ部下ヲ指導スルコト懇切叮嚀未ダ嘗テ陰ニ批難ノ声ヲ聞カズ内外共ニ敬慕セラル加フルニ孝悌ノ心篤ク品性高潔ナリ洵ニ衆ノ模範トスベシ依テ茲ニ徽章ニ反物ヲ副ヘ其善行ヲ表彰ス

大正拾年五月九日

工手教育会長　村井基一㊞

表彰

三重県津市浜町庄三郎長女
精紡部トップ長
岡田カト
明治三十八年一月二十二日生

資性温厚ニシテ品行方正幼ニシテ父ヲ亡ヒ家族四散シ母及ビ妹ヲ省ミルモノナシ茲ニ於テカ蹶然トシテ入社シ一意専心勤倹ヲ旨トシ獲ル所ノ賃金ハ皆之ヲ家郷ニ逓送シ以テ母妹生計ノ資ニ充テ孝養ノ道ヲ尽ス在勤十有三年恰モ一日ノ如ク業務ニ精勤シ室長トシテ役付トシテ部下ヲ優渥善導スルコト懇切ヲ極ム洵ニ衆ノ模範タリ依テ茲ニ徽章ニ反物ヲ副ヘ其善行ヲ表彰ス

大正拾年五月九日

工手教育会長　村井基一㊞

こんな反故紙《ほご》と反物を貰って馬鹿そのものの栄冠を戴くために数多《あまた》の女工たちは自からの身を資本家のひとみごくに捧げる。

模範女工へ！　模範女工へ！　彼女たちの最大成功はこれなのである。

　また鐘紡中津支店へ行くと、永年その暴虐に盲従して死んだ女工の碑が建っている。そうしてそれが同工場全女工のしめしであって「女工道」の典型と祀《まつ》りあげられている。

第七　彼女を縛《しば》る二重の桎梏《しっこく》

十九

労働そのものと労働者の肉体とは全然切り離して考えることが出来ない。しかしながら、資本家と労働契約を締結して金銭の代りに自己の労働を提供する場合、一定の時間内だけ自由を束縛されて、約束の時間が過ぎれば当然解放されねばならぬことと考えられる。つまり十二時間労働なれば十二時間だけ相手の工場へ我が体を売ったのであるが、それ以上の時間は自分の自由だ。労力の買手はこの時間をまで冒瀆《ぼうとく》することは出来ないはずだ。深く考察すれば、その十二時間は翌日の準備のための十二時間であるから結局は全然自由ではないが、先ずもって工場労働者も我が家へ帰れば傭主《やといぬし》の束縛から逃れるのが当然である。

ところが他の同業男女工や、または鉄工でも化学工業労働者でも、屋外自由労働者でも、すべての労働者が右のようであるのに、わが寄宿女工に限って左様ではない。彼女はその給料のため売方を約した一定の時間外に、寄宿舎へ帰ってまたもやさまざまな規約の許《もと》に桎梏《しっこく》されねばならぬ。かくのごとく二重の束縛を受けている彼らの苦悩は外観より想像するさえ痛ましい極みだ。

また、他の方面から観《み》ても女工は二重の悲しむべき奴隷的制度を背負っている。公娼《こうしょう》制度撤廃論者は、彼女が二重の束縛を受けていると唱えるが、二重の拘束に身動きならぬ者は独り公娼ばかりでなく、女工も等しく二重の奴隷的制度に縛られている。日給のための「賃金奴隷」と前借のための「満期づとめ」――労働時間終了後における寄宿舎の桎梏、これ正に公娼以上幾重《いくえ》もの奴隷制度でなくて何であろう。

公娼は自由がないと言うけれど、それは外面的な観察であって今すこし内面的に考えてみるがいい、彼女たちは女としての生活欲望中最も大きな意味のある「美」の享楽はかなり自由であって、物質生活に事欠《ことか》くような憂いはない。女郎においては大抵な生活欲は満たされるけれど、労働婦人にはほとんどこの自由がない。しかし彼女たちがいかにこの物質的「美」の享楽に憧《あこ》がれているかは、女工出身の醜業婦が他の職業出身者より一ばん永続するちょう《〔という〕》ことでも証明される。序《つい》でながら浅草千束町と亀戸における某銘酒店各一軒の私娼十人に対する勤め高を挙げれば左の通りだ。

仲　居　　一ヵ月
女　優　　二ヵ月半

町　娘　　六ヵ月
夫もち　　一ヵ年
田舎出　　七ヵ月(最高四年)
女　工　　二ヵ年半(最高五年)

公娼においては私娼のごとく廃業が容易でないと思うが、この点は探聞する機会がなかったから詳しい事実は判らないが、しかし大阪松島高砂町の某小楼で、抱妓七人のうち五人までが近藤、天満、和歌山、西の宮、泉尾等、いずれも紡績女工出身者であった偶然には唯々《ただただ》おどろくのほかなかった。

［イ］　外出の制限

何と言ってもこの一項について動かすことの出来ない寄宿舎における女工虐待の事実があって、いかなる工場寄宿舎へ行っても、この外出に制限を加えぬ処とてない。

しかしてこれは全体的に「制限」個人的には「禁止」さえやるのであって一般「門止め」と言っている。工場における女工虐待の第一期頃には、実に極端な禁止をやったもので、大阪、東京のごとき大都会の工場でも、始めて入社したっきりねんあけまで唯だの一度も出してもらわなかったという嘘のような事実も珍しくない。そして横暴飽くなき舎監《しゃかん》はこれを至上の懲戒手段に用い、二言めには「門止めにするぞ！」と威嚇《いかく》するのだった。そして門止めにも、個人が門止めになる場合と、一部屋が門止めになる場合と、寄宿全体が止められる場合との三つがあった。

外出は成績の良好な者に限り一ヵ月に一遍《いっぺん》位いは許され、部屋長、世話婦、舎監と三人もの検印を貰《もら》って門衛所へ行き、そこで木札の門鑑と伝票を交換してようやく門を出るのだが、時間は制限されておって昼夜とも十時までが関の山、もし規定より五分でも遅れて帰ろうものならたちまち刑罰として次ぎの一ヵ月間は閉門されるのだ。これが個人の門止め法である。

ところが行った先で退《の》っ引《び》きならぬ用事が出来、止むを得ず一夜泊って来たとする。さあそうなるとことはいよいよ大変で、その工の部屋全体が一ヵ月間外出止めにされるのである。はたの者こそはとんだ災難といわねばならぬ。

第三は寄宿全体の門止めであるが、これは工場の横手へ夜店の出る時とか、祭り、または舎内でちょっとした催し物などをやるとき、全員その足を封じられるのである。

暑さ百度以上も昇る工場で立ちどおしに十二時間も働いて、夜かえってから氷水一ぱい飲みに出る自由もないとしたら、余りにそれは誇張的とさえ聞えるが、しかし、私の言うことは一つも誇張ではない。いささかの疑問もあらば、亀戸工場を見るべしだ。死の幕のような気味悪いナマコ板をめぐらせた工場の塀外へ、バンド紐《ひも》に結《ゆわ》えた風呂敷にお銭包んでおろす女工を見せよう。彼女はそうして場外の店から買物をするのであるが、時々巡視に発見されて小ひどいこと叱られ、おまけに買った品物は没収されてしまう。しかし、これにも飽き足らないのか、会社は遂に一間《いっけん》の塀へ持って行って、どうしても登れぬようグリスつけた鉄条網を張りまわすのである。工場監督とは何という冷血児の寄りあいだろう。女工はうたう。

「籠《かご》の鳥より　監獄よりも
　寄宿ずまいは　なお辛《つら》い……。」

「寄宿流れて　工場が焼けて
　門番コレラで　死ねばよい……。」

寄宿が流れて工場が焼けて、門番がコレラで死なねば自由が得られないと思う彼女たちの心根《こころね》の哀《かな》しくもいじらしさよ。だが、何という力強い歌だ。カーペンターやトローベルやホイットマンの民衆詩より、それが幾層倍の感動を私に与えるか知れない。

ここまで書いた処へ恰度《ちょうど》東京モスリン亀戸工場の整反部職工高山考治君がやって来た。そして同君は三時間余り話して帰った。それは君の親戚に当たる千葉県何とか村の浅野ユキ(十八)が本年二月千葉県市原郡平三村末原二二一七番地東京モスリン亀戸工場募集人野口熊太郎の甘言に乗じ、金七十円の前借をして同社の織部見習女工に入社した。ユキ女の父は「もし東京の会社へご厄介《やっかい》になるのだったら親戚の者が行っているからそれの手引によりたい」旨《むね》を力説したのであったが、募集人は「今自分の紹介ならでは断じて入社できない」と言い、必要もないのに「無利子の金ゆえ前借してはどうか」と無理にすすめて金七十円を貸し付けたのである。そして入社したユキ女は去る盆まで何ごともなく打ち過ぎたのであったが、十五日に高山方へ彼女の母が来て、外出面会を請《こ》うま ま同君は人事係へ交渉した処「前借償還の済むまでは絶対に外出を許さぬ」という。そうこうするうちユキ女の母は高山方で病気になって床に就《つ》いた。そこで勧誘の際に募集人野口が言ったごとく彼に願書を作らせて事務所へ提出したが「たとえいかような事情があろうとも前借を返却せぬうちは断じて外出罷《まか》りならぬ」とはねつけ、てんで交渉の任にあたる同君に取り合わなかった。しかも同君は亀戸工場に三カ年も勤続した精勤工である。その高山君が保証するといっても承知しないのであった。

「余り人を踏みつけたやり方ですから癪《しゃく》に触《さわ》って仕様がないのです。人事係の野郎の曰《いわ》く、『そりゃ君の頼みだから出してやりたいが、此方《こっち》も規則でやっていること故、一人出したら皆な出さねばならぬからそれは絶対にならぬ』とぬかすのです。何とかぐっと言わせてやる方法はないものでしょうか?」

こう言って同君は私に相談をかけた。

高山君にして見れば、しかもそれが身内の娘である以上放任しておけない重大事だ。前借のあるうちは断じて出られぬといえば、とても今年や来春の間には合わないのだから――。しかし、私のように余りに多くこんな例を知り過ぎては、何だか月並な問題のようにさえ思えて、応戦の準備する勇気も出ない。

大阪の某工場では左のごとき門券を拵《こさ》え、一々これを国許《くにもと》の父兄へ報告するのである。義務時間も、義務外の時間もまるで会社の奴隷か、犬猫みたいに思っている。これじゃとてもたまったものではない。

門券				
5分舎 16室	堀としを		二十一歳	
12月分				
日	印	出門時間	帰舎時間	
2日	印	前9時40分	前 10,20	○お国からも貴女のみもちを監督せらるゝ様、毎月此門券を此儘送ります ○夜、間違が起り易いから用事の外はなるべく出ぬ様にしなさい ○冗費をしなさるな、長遊びをしなさるな、悪いところへ行きなさるな ○親御たちはあなたの身を気遣ふて居られるから心配をかけぬ様にしなさい
7日	印	后8時0分	后 9,40	
日		前后 時 分	前后	
日		前后 時 分	前后	
日		前后 時 分	前后	
日		前后 時 分	前后	
日		前后 時 分	前后	
日		前后 時 分	前后	
日		前后 時 分	前后	
日		前后 時 分	前后	
日		前后 時 分	前后	
日		前后 時 分	前后	

〔ロ〕　食物、読物等の干渉

たとい十二の小娘にもしろ、彼女は自分で働いて自分で食べてそして自分で着ている。いわば立派に独立した自活婦人である。だからすべてのことは彼女の自由意思に委《まか》せなければならない。やれこんなものを食べてはいけないとか、あんな本を読んではためにならぬとか、そうした干渉は、親が自分の最愛なる子供に対してさえ僭越だのに、ましてや自活している彼女たちに向って他人がとやかくおせっかいするのは沙汰の限りな僭越である。しかるに工場では実にこれが五月蠅《うるさ》いのである。

食物などを市《まち》から買って来ると、外来の物は危険だとぬかして、一々これを門衛であけて見させる。そしてやれ夏は西瓜《すいか》がいけないのマクワが悪いのといって、季節々々のものは何でも食べさせない。衛生を重んじると称して外気九十度も昇るような照りつけるむし暑い日、正午の食事が炊《た》きだてのあつめしに煮だての豚汁、そうして沸《わ》かしだてのお湯が供給される始末だ。しかして外のものは悪いと言っておきながら、食堂では三日に一度ぐらいゴツゴツのある飯と、半ば腐敗したおかずが豚小舎《ぶたごや》以上不潔な処で当てがわれるのである。

夏季、女工の国許から食物の小包郵便が届けば、これを本人に手渡さずして没収するることはどこの工場でも珍しくはない。最も凝《こ》った処でもこれを二足三文で買いあげている。果実の本場などから来ている女工の許《もと》へ、ものも見事な親のこころざしが届けば、これを例のごとく買いあげてしまう。おおかた社員らが失敬するのだろう。

それから雑誌という雑誌、新聞という新聞、単行本という単行本、すべてが彼らを弁護し、彼らのために書かれているようなブルジョア・カルトの世の中だのに、それでもなお工場では女工や男工が一般的な本をよむことを毛嫌いする。そして女工には『労力新聞』、『つとめ』、『工手の母』、曰《いわ》く何、曰く何々といった紡績女工専門の、要約すれば「気張って不平言わずに、お国のため働いてさえおれば幸福になれる」という有難いものばかりを選択して与えるのだ。

東京モスリン亀戸工場の教育係松永某は、或る女工が『女性改造』や『婦人公論』などを読んでいたら生意気だとて購読中止を命じた事実がある。また名古屋の某工場では文芸物などの本数冊を女工から没収したとさえ聞く。

序《つい》でながら前記東京モスリン会社亀戸工場長大野成一氏が、女工に頒布《はんぷ》したリーフレットを挙げよう。

余が親愛する女工員諸君に告《つ》ぐ

工場長

願くば我らが工場を熱愛せらるるの諸嬢心眼を開いて一読三読眼光紙背に透るまでお読み下さい。

ある時ある所で、獣仲間の大懇親会が開かれました、何千という多くの獣が集って、獅子《しし》が獅子舞をすれば犬と猫とは角力《すもう》を取り、虎は大声で歌を歌うという有様で、皆隠し芸のありったけをさらけ出して、ワイワイ騒ぎ立てました。

中にもことに滑稽な猿は、枝から枝へ飛び渡り、尻尾《しっぽ》を小枝に巻き付けるなぞ、あらん限りの秘術を尽して、他の獣どもに舌を巻かせました、あまり芸当が優れておりましたので、首尾よく獣の王様に推薦せられたのでありました。

するとここに一匹の狐がいて、かねて王様になりたいと思っていたのを、猿に横取りせられたので、非常に悔《くや》しがりましたが、元より狡猾《こうかつ》な狐のことですから、黙ってそのまま引き下るようなことはなく、

「生意気な猿め、覚えていろ、今に己《おれ》がえらい目に合わしてやるから……」

と腹の中で思って彼方此方《あちこち》山の中を歩いていると、猟師《りょうし》のかけておいた係蹄《わな》がありましたので、見るなり狐は〆《しめ》たと思い、或日《ある》猿王の所へ行って、

「時に王様、私は今日よいものを御領内において見付けました、実は一人で頂戴しようかと思いましたが、それよりも先ず王様にさし上げたいと存じまして、わざわざお知らせに参りました」

と、さも忠義らしく申し立てますと、意地穢《いじきた》ない猿王は、もうそれが欲しくて堪《たま》らないので、

「オオ左様か、お前は感心な奴じゃ、では御苦労じゃが直《すぐ》に案内をしてもらおう」

と狐に案内させて行ってみますと、いかにも上等の肉がありますので、思わず、それにとびつきますと、これは元より係蹄ですからいかな猿王も動きがとれなくなりました、ただでさえ赤顔の猿王は、益々顔を赤くして、

「己《おのれ》怪しからん野狐め、もう容赦はせぬぞ」

と怒《ど》鳴《な》り立てましたが、狐はカラカラ笑いながら、

「オイオイ、猿さん、己に誑《たぶらか》され係蹄にかかるようじゃ、気の毒ながら王様の役はとても務《つと》まりませんよ」

と、嘲《あざけ》りながら逃げて行きました。

と、いうお噺《はなし》を、私の子供の時に聞いていまだに憶《おぼ》えております。

近頃皆様のお仲間の心の弱い方たちが、心のよくない人たちに誘《さそ》い出されて他所《よそ》の小さな会社に行く人があります、行ってみて初めてだまされたのだと気がついてまたこの会社に帰

って来られたお方もあります。

私が不肖《ふしょう》にしてまだまだ行き届かない所も沢山にあることと思いますが、私は心にも身にも出来る限りの力を尽して皆様のためになるようにと、夜も碌々《ろくろく》寝ない程に、身と心とをなやましております、それに皆様のなかには永年勤めたこの会社をすてて、私をすてて他所の、しかも近頃創《はじ》まったばかりの、資本の少ない小さな会社に行く人のあるのは、あまりに人情がなさすぎませんか、あまり水臭くはないかと思います。

しかし他所に行かれることが行く人のお身のためであるなら、人情のなんのと言っておられません、また私としても一言も申し上げることはありませんけれども、だまされたと気付いて帰って来られた方のお話をきいてみますに、お気の毒に思うことばかりなので、一般の女工員諸子に一言御注意を申し上げないのは私として不親切であると思いましたときに、前に書きました昔噺《むかしばなし》を思出したのであります。

この会社を捨てて他所の工場に行かれる方は大抵はお金が沢山とれるというのでしょうが、この会社は決して他所の会社より廉《やす》い賃金で働いてもらうとは思いません、他所の工場だって他よりも高い賃金を払う道理もないので、賃金はどこでも似よったもので一日に五銭も十銭も違うものでないことは少しお考えになったら得心《とくしん》出来ることと思います。

それにさもさも沢山にもうかるようにいって連れて行く人は果して親切な方ということが出来ましょうか、連れて行く人は連れ出される人に沢山お金をもうけさせようとか成功させようとかの親切心からではなくて連れて行く人自身がお金もうけをしたいためではありますまいか。

皆様うっかりしていてはいけません、世には狡猾なこと狐のような人間がおります、自分の金もうけにさえなればいかに多くの人が迷惑しても千年でも辛棒するような人間がありまず、親切そうに金を貸してやるの芝居を見せてやるのと引っぱりまわって甚《はなはだ》しいのになると命より大切な処女の貞操をもてあそぶような人間もあります、金を貸せるのが何が親切でありますか、借りたお金はかえさねばなりません、芝居を見せておいて自分の見料《けんりょう》まで他人の借り金の中に入れるような者がどこが親切でありますか、甘い口に乗ってはいけません、上等な肉だと思ってとびついた猿は恐しい係蹄にかかって、今の今まで忠義者だとほめた野狐のために失敗して動きがとれなくなりました、皆様も甘い言葉にだまされて身も心も破られてはそれこそ一生とりかえしのつかないことになりますからよくお考え下さい。

御承知の通りこの会社は近日工場委員制度も出来上って日一日と皆様の幸福を増進されるのでありますから、どうぞ落ちついて御辛棒を願います、もしこの会社に悪いところがあれば皆で改めて一番よい会社にしようではありませんか、悪いからといって直ぐにすてるのは決して親切ではありません、今でも他所と比べて悪いことはないのに今日よりももっともっとよくなるのですものたのしみではありませんか、重ねて御辛棒願います。

［八］　書信の干渉および没収

むかしは随分ひどいことをやったもので、世話係の前でなければ一切手紙を書かせなかった。そして少しでも会社の内情を悪く訴えた文言でも書こうものなら、直ちに更《あらた》めさせるのであった。そして書いた手紙は一切本人の手で投函《とうかん》することが出来ないから、全く文字通り通信の自由を奪われたのである。受信もこの通りであって封書は残らず事務所で開封し、万一帰れとでも認《した》ためてあれば断じてそれを渡さず、送り返すなり棄却するなりしてしまうのだった。これは製糸工場でも随分行なわれたものだとは斎藤澄雄君が言っておられる。

すると、今日でもそんなことがあるだろうかと人は問うだろう。私は無論あると答えることが出来る。唯だ往時に較べて量がずっと減っただけで、依然こんな人権蹂躙《じゅうりん》は絶え間がない。本年八月の第二日曜日だった。私が富士紡績押上工場へ行ってしばらく事務員の所作を見ていると、受信を一々択《え》り分《わ》けていた一事務員が、

「生意気なことを言って来る。……来なかったと言えばおしまいだ。」というようなことを言い、一通の信書をぴりぴりっと破って屑籠《くずかご》へ突っ込んだのを見届けた。それから左記のごとき手紙の写しを二通私は所有している。

拝けい一寸申し上げます私は毎日丈夫で働いておりますから御安心下さい家内一同様には何の御変りもございませんか
家へ行きたいのは山々だが手へは貯金をおろしてくれない家へ五十円送ったから受取ったら三十円はすぐに送りかえして下さい家から三十円おくってくれればすぐに私は家に行きますりよさんの手紙を見ればいくら出しても帰って行くそうですから帰れということは書かずに下さい
お父さんがないので一人で大そう苦労しているそうです私は心配していますサヨウナラ

木　村　カ　ツ

白　川　米　吉　殿

右の手紙は大正十二年八月三日附けで青森県北津軽郡相田村字太田の伯父らしい人へ宛《あ》てたものであるが、今日でもこんな事実があるのだから往時の状態はもって知るべしであろう。

小包郵便を没収したことは前項で述べたから、ここに再び言及しない。

二十

工場において「強制的貯金」および「送金」が行なわれていることは既に募集の章で

述べたから、ここではその方法と参考資料を挙げるだけにする。男工と女工、通勤者と寄宿女工はおのおのその率が違う。しかしながらすべての職工を通じてこの制度を課せられていないものはない。通勤者といえども、最小限度で日給一日分くらい、否応《いやおう》なしに天引きしられるのだ。左に二、三工場の名称と率例を示そう。

東京モスリン亀戸工場

信　認　金　　日収一日分
積　立　金　　大〆《おおじめ》の三割
部屋貯金　　手取の一割以上

一人の女工は「共済会費」、「送金」前借のある者は「前借金償還」の外に、右の三項を差引かれるのである。しかしてこの貯金は退社の際でなければ払い戻されないものである。だから五十円大〆のある者はうち三十円くらい天引されてしまう。そしてこの金は会社の金融に使われるのである。

大日本紡深川工場

この工場では大〆高が幾らあっても五円しか本人の手へ渡さず、あとは貯金と送金とに当ててしまう。

大日本紡橋場工場

人事係主任津田寿一君の談によれば、送金と貯金は半々にし、貯金の方は原則として本人の自由に委《まか》せてあると。ただしその自由たるや監督づきの自由であることは間違いないから、なかなか容易な手続では払戻されないだろう。

前記の工場で某女工が強制貯金ならびに送金制度撤廃の演説をしたら、寄宿係主任甲谷某は直ちにその女工を門止めの懲罰に附した。

女工は毎月何日働いていくらの給料を取り、それからどうしたということをピンからキリまで親許《おやもと》へ報告されねばならぬから、一厘《いちりん》も自由な小遣いが使えない。

大正拾壱年十二月分（自先月廿一日 至本月二十日）給料勘定明細書	
第一七五四番	
勤務日数	二十六日分
堀トシヲ殿	
支給高内訳	
給料	金四十円二十銭
勤続割増賞	金○円○銭
夜勤手当	金○円八十四銭
	金　円　銭

取立高内訳

費目	金額
信認金	金一円八十銭
積立金	金十二円七銭
立替金月賦償却	金八円○銭
共済会費	金○円二十二銭
賄料	金四円八十銭
送金	金五円○銭
	金　円　銭

差引金九円十五銭本人に渡し済

追って悪い病気を予防するため果物其他腐敗れ易い飲食物は一切御送り無き様御注意被下度候
住所御転居又は宛名変更の際は直に御通知被下度候

東京府南葛飾郡吾嬬町亀戸

東京モスリン紡織株式会社
亀戸工場

(電話墨田一〇三七・一〇三八)

右の手取高九円十五銭の中から別に「部屋貯金」というのを引き、これだけを郵便貯金に入れるのである。

養育の義務も果さずしてわが子を身売りするような親に、こんなことまで報告する義務は断じてないはずだ。次ぎに二、三工場月報より、送金に関する統計を引用して本節を結ぶ。

東洋紡績四貫島工場における大正十年二月中、主だった送金高の府県別表は左の通り。

愛媛県	一〇四八、三〇銭
広島県	一三三一、三一
兵庫県	一二五九、六〇
熊本県	三一九、九〇
富山県	七二四、九〇
島根県	七四二、三八
鹿児島県	三二四、四〇
石川県	六五一、四九
新潟県	一〇八二、二〇
長崎県	三五一、三一
福岡県	二七五、三四
大阪府	五二八、二〇

大日本紡津守（大阪）工場における大正九年度二カ月の女工送金高は左の通り。

九月度	一二四〇五、一七銭

八月度　一九三二〇、七八

同じく大日本紡橋場(東京)工場における大正十一年五月分親許送金府県別一人当り平均額表は左の通りである。

府県別	送金額	人員	一人当平均
栃木	四、八一五、四〇	一五八	三〇、四七七
新潟	三、六六九、〇三	一三六	二六、九七八
秋田	一、四一四、四八	六三	二三、四五二
福島	一、四一〇、四八	五四	二六、一一六
山梨	七八九、一〇	三五	二二、五四五
宮城	四〇三、八四	一三	三一、〇六四
東京	二二七、九二	一二	一八、九九三
茨城	一三六、四〇	五	二七、二八〇
長野	一五九、九八	五	三一、九九六
千葉	七九、五〇	三	二六、五〇〇
埼玉	一二一、九五	三	四〇、六五〇
島根	一六〇、〇〇	三	五三、三三三
愛知	一一〇、〇〇	二	五五、〇〇〇

山形	一三五、〇〇〇	二	六七、五〇〇
富山	四〇、〇〇〇	二	二〇、〇〇〇
巌手	三〇、〇〇〇	一	三〇、〇〇〇
神奈川	七、四五	一	七、四五〇
兵庫	二〇、〇〇〇	一	二〇、〇〇〇
樺太	二〇、〇〇〇	一	二〇、〇〇〇
計	一三、七五〇、三二	五〇〇	二五、〇〇〇

同じく六月分は左の通りだ。

府県別	金額	人員	一人当平均
栃木	二、四二三、五〇〇	一一七	二〇、七一三
新潟	二、五一二、二五	九七	二五、八九九
秋田	一、三一二、二三	五四	二四、三〇〇
山梨	九七五、二八	四一	二三、七八七
福島	七八六、七三	二九	二七、一二八
東京	四〇三、四一	一九	二一、二二一
富山	三五六、五四	一〇	三五、六五四
茨城	一九五、〇〇	一〇	一九、五〇〇

群馬	九八、三四	七	一四、〇四八
宮城	一一四、〇〇	六	一九、〇〇〇
山形	一九〇、一五	五	三八、〇三〇
千葉	七八、〇〇	四	一九、五〇〇
埼玉	八五、五〇	四	二一、三七五
島根	一〇〇、〇〇	三	三三、三三三
青森	五四六、三〇	二	二七、三一五
巖手	一〇〇、〇〇	二	五〇、〇〇〇
神奈川	一五、〇〇	一	一五、〇〇〇
岐阜	五、〇〇	一	五、〇〇〇
京都	四五、〇〇	一	四五、〇〇〇
静岡	五、四五	一	五、四五〇
計	九、八五六、〇一	四一四	二三、八〇六

二十一

寄宿舎における階級組織の状態は既に工場の章で併説したが、部屋長(または室長)とは一般女工のうちからなるべく古参な、かつ工場における役付を任命して帰ったときだけ一ト部屋の監督をなさしめるものであって、世帯《しょたい》なれば先ず戸主の格をもつ。しかしてその上なお世話役(または世話婦)というのが雇員待遇を受けて工場へは出ずに、数室をもって成る一棟《ひとむね》の監督を司《つかさど》っている。それからその上が数段の社員となっているのだが、この部屋長、世話婦を始め、社員らが女工を虐待するったらない。

先ず部屋長が部屋の工をどんな風にするかを見よう。新規に入社した工があると彼女は自分の洗濯《せんたく》をやらせ、そのほか舎内で済む色々な用を言いつけるのである。そしてもし、厭《い》やな顔でも見せる工には何かと性悪《たちわる》くあたり散らす。それから手紙が来ると必ず部屋長の嫂《あね》さんに見せねば機嫌が悪いのである。それから借金が返せて外出止めの解けた工でも、嫂さんの承諾がなければ出られない。ところが彼女はなかなか文句百万陀羅《ひゃくまんだら》を並べてちっとやそっとの用事では出さないのである。

しかしそんなことならまだいいが、彼女は物品の強制的売り附をやるのだ。工場附近の奸商《かんしょう》はいずれも部屋長に通帳を渡し、相当な謝礼して部屋の工たちが買物するようにすすめてもらうのである。そしてもし嫂さんの顔を冒《おか》して他から衣類なんか拵《こさ》える者があれば、彼女はひどく機嫌が悪い。そんな工が外出でも願うものならたちまち勝手にせよと出られる。だからどうしても部屋長の顔を借りて、高い奸商の月賦品を買わねばならぬのだ。

去年こんな例があった。十四歳の少女工であるが年期があいたところへ母親が病気だといって来たものだから国へ帰ろうと思い、退社の手続を部屋長に頼んだがなかなか彼女はやってくれない。そこで少女は自分で人事課に行って判を貰ったところ、彼《か》の部屋長は自分の顔を蔑《ないがし》ろにしたと言って大層おこり、貯金下附の承印を捺《お》さない。そしてごてくさごてくさせて二週間ほど引き延してしまったら遂に母親は死んでしまった。それからその父親が来て監獄より酷《ひど》いと激憤しながら連れ帰った悲痛にして驚くべき事実もあった。

世話婦は自分の受持区域から欠勤者の出るのを嫌い、朝夕部屋を見廻るのである。そしてもし体の具合など悪いため寝ている工でもあれば、無理矢理に起して叩《たた》き出さねば承知しない。

左は、某工場における縦断的労働組合の会報に掲載されたものであるが、まざまざと世話婦の横暴を髣髴《ほうふつ》せしめるものがある。

「妾《わたし》、今日とても起きられませんのです、すみませんが休ませて下さい」

お芳は昨夜から熱も高いし、咳《せき》も激しく出るので、布団《ふとん》の中から拝むように頼んだ。起しに来た部屋係は、もう四十に近いと思われるが、赤ッ毛を大きな束髪《そくはつ》にゆって、白粉《おしろい》を濃く塗った若づくりの大年増《おおどしま》である。口きくたびに、ズラリと入れた金歯が毒々しく光る。

「また休むの……ほんとに怠け者ダネ、何だえそれんばかりの咳にサ……」と噛付《かみつ》くようにいいながら、世話係の婦人はやにわにお芳を引ぱたいた。

「アッ」

お芳はあわてて寝ま着の前を掻《か》き合《あわ》せながら、起きあがろうとしたが、力なく突《つ》っ伏《ぷ》してしまった。

「おやお前さん起きないんだね」

「…………」お芳は答えなかった。

「オイ」

すると世話係は頭に差していた鉛筆を取って、お芳の肩のあたりをチョイと突いた。

「でも今日は大へん苦しいのですもの」

あげた顔は見る形もなくやつれて落ち込んだ両の眼は、怨恨に燃えてはいるが、涙は留どなく頬へつたわって来る。

「どうぞ休ませて下さい」

と、お芳はやっといいきると、再び布団の上にベタベタと崩れるように倒れてしまった。

白い頸筋《くびすじ》には、しばらく櫛《くし》を入れない髪の毛が、乱れかかっている。世話係が、

「どうしても起きられないのかね、ほんとに強情《ごうじょう》な人だね……」

といったかと思うと、お芳は飛び上った。そして彼女は部屋係の腕にすがりついた。それでなくとも寒さに冷えきっているお芳の襟頸《えりくび》には、無惨にも冷水が流れている。いつの間にか世話婦の手には、非常用の赤バケツが持たれていた。そして、

「ソラ水をかけると起きられるじゃないか、全くウソツキだネ」と罵《ののし》った。

お芳はもう黙って何もいわなかった。そしてただ心の中で、

「どうせ病《やん》で死んで行く身体だ、この怨みは晴らしてみせる」と覚悟を定《き》めたのであった。

それから約一週間ばかりは呼び起されなくとも独りで工場へ行って働いた。お芳はその間に工場で使う鋭利な刃物を持ち出した。

その日は北風が吹いて、明方《あけがた》から降り出した雪は翌朝も晴れないで工場の屋根も寄宿舎の庭も一面に真白くなった。どこからともなく寒い風が雪を運び込んで来る。床の中で眠りもやらず、お芳は来《こ》し方《かた》を考え、思わずすすり泣きした。

彼女は十二の年に女親に死に別れ慈愛の父親の手一ツで十八の五月まで育《はぐく》まれたが、父親が世間の好景気熱に浮かされて相場に手を出したが、思うように行かず、一文なしの侘《わ》びしい生活をするようになったのを見るに見かね僅かの金を借りてこの会社に傭《やと》われ、一年半も働いていたのであったが、元来壮健でない体は営養不良と過労のためにとうとう病に罹《かか》ったのである――と考えていると。

「おいまた偽《に》せ病気だね」

と障子《しょうじ》の外で世話係の声がした。けれどもお芳は黙って布団を被《かぶ》っていた。

「起きないの……何という怠けものだろうネ」といいながら、世話係は布団を取ってお芳の顔を覗《のぞ》き込《こ》むと同時に、「きゃッ」と叫び声を上げた。

世話係の左の眼からは鮮血が迸《ほとばし》っていた。と、同時にお芳は心臓麻痺で息絶えた。

それからまた男子の係員が女工を豚のように軽蔑し、腕力にうったえることは珍しくない。現に近い例で言えば今年の春東京モスリン亀戸工場の甲谷某は一月元旦早々から部屋係二、三人と協力して、一女工が彼の訓話を野次《やじ》ったとかの嫌疑で廊下へ引きずり出して散々殴《なぐ》りつけた事実もある。

二十二

各工場では非文明的にも個性ならびに婦人美を無視して女工の服装を制定している。と言ったからとて働くのに縮緬《ちりめん》の振《ふ》り袖《そで》を着る馬鹿者もないが、往時は工場の衣服など別段に干渉しなかった。ところが現今になって、鐘紡が女工の服装を制定してから、大抵な工場ではこれを真似て左のような制服にした。

帽　子

上　着(冬は黒、夏は経緯縞《たてよこじま》)

正　袴(黒)
エプロン
靴　下
靴または、足袋《たび》麻裏《あさうら》

第三図

そうして以上の他に持ち物として運転袋と手拭を必らず携帯せしめる規定になっており、もし一点でもそれに違反すれば入場を許さぬ処さえある。なお日本髷《にほんまげ》を禁止している処がある。

しかしまあそれ位なのはやさしい方に属し野蛮な工場ではお化粧して来ることや鏡、櫛《くし》などの持参をさえ厳禁し、万一内証《ないしょ》で持ち来《きた》って休憩中ひそかに髪でもいじくっていようものなら、たちまちそれを取上げて破壊《こわ》してしまう。何という篦棒《べらぼう》な話しだろう。

こう言えば諸君は昔ならいざ知らず、今時そんな婦女子に化粧や身つくろいを禁止するような野蛮な人間が都会の工場にいるだろうかと疑を持つ人もあるだろう。しかし、実際においているのだからおっ魂気《たまげ》ざるを得ない。

先日、私が東京モスリンへ、組長と意見の合わぬ節で長く休んでいた或る女工の件につき調停に行ったところ、その組長の言うのには「これからしっかり心を入れかえて髪もそんな七三を崩し、オバコにでも結《ゆ》って白粉《おしろい》もつけずに来るがいい。そうすれば今直ぐとはゆかぬまでも、追々元の台数を与えようから」と。

髪の結い方から着物の着方、化粧まで干渉されねばならぬとはまるで女郎みたいだが、まあどうせ売った時間のこと故、工場内では仕方ないと諦《あきら》めもする。しかしそれだけの桎梏《しっこく》ではきかなかった。彼女は寄宿舎へ帰ってからまで着物のことをとやかくいわれねばならなかった。

綿服主義の四貫島工場　（寄宿舎係）

女工様方が工場にお出になりますのは何のためでありましょう、申すまでもない、金儲《かねもう》けに遠く国許《くにもと》を去って入社せられたのではありませんか。ところが、工場に馴れて女工様方の収入が多くなるにつれいつしかお国許を出る時の金儲けという心はどこへやらお忘れになりまして、儲けた金はハイカラ支度に熱中せられて親しき御国許の御両親も、可愛きお妹さんも終《つい》にお忘れになられ末は面白くない結果を見ることになられるのであります。それですから私共は皆様の御大切な娘子をお預かりしました責任者として常にこの点に留意し、木綿服主義を主張し儲けた金は送金、あるいは貯金になさるるよう晴れの衣裳は嫁入支度の時に求められ女工生活の間は出来得る限り質素にせられ晴れの場合に美しくなさるよう御注意申しています、皆様よ御賛成下さい。

大阪の某工場ではこんなことを言い出して間もなく極度に女工の衣裳について干渉し絹物をつくることを禁止した。毎日人類に貢献する何の仕事もなさず、唯だ一部遊閑階級淫蕩男子の享楽品として、それは女子の天分である母性のいとなみさえも忘れて明け暮れ徒《いたず》らな性交のみ打ち続けて行く貴婦人や淫売婦が絹を纏《まと》い、神よりも偉大な愛をもって日々人類を育《はぐ》くんで行く彼女が絹を纏ってはいけないと、いつの昔に誰がきめた？

ああ！　京の織り子は、つづれ破れた木綿を着て、誰が着るのか判りもしない綾絹《あやぎぬ》を、せっせと織っているよ。

第八　労働者の住居および食物

二十三

女工寄宿舎――それは一言にして「豚小舎《ぶたごや》」で尽きる。もっとも時勢の進歩と斯業《しぎょう》の好況とは相俟《あいま》って寄宿舎の面目を一新した観があり、なかでも東洋紡、鐘紡等の寄宿舎および社宅は、外観上は中産階級の住宅を凌駕するものがある。しかしながらこれは美服を纏《まと》っているから紳士、淑女だと言うようなもので、いわゆる内容を知らぬ無体験者の調査報告に過ぎない。どんなに外形上が御殿のようにあろうと、そのなかに「愛」と「自由」とがなかったなら、当然そこは豚小舎だ。新磯節《しんいそぶし》じゃないが薦《むしろ》でからんだ青竹柱、月のさし込む破れ畳に三人かさなり合って寝てもいい、愛と自由と光りがあったらそこは美しい楽園じゃないか。

さて寄宿舎の構造は大体どんな風に出来ているかと言えば、先ずいずれの工場に行っても逃亡を防ぐために全然一つの城廓をなしている。しかして左の略図のように工場と寄宿舎とを一つの塀内に取り入れている処と、工場から橋を架《か》けて渡らせる処とあるが、

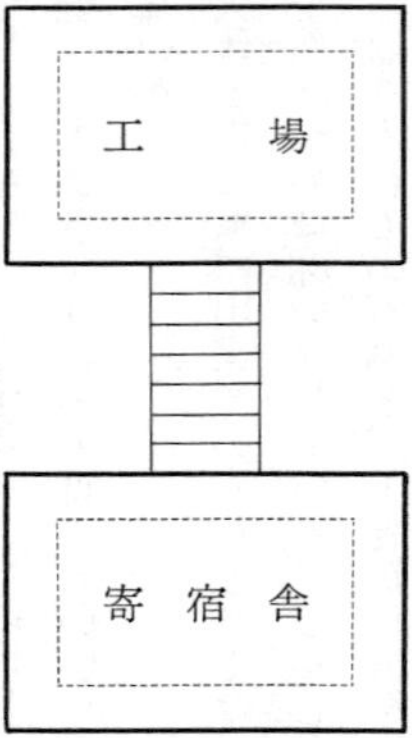

いずれにしても八尺以上の煉瓦壁またはその他の塀があり、なおその上に竹槍、硝子《ガラス》の破片、鉄条網等で忍び返しを取り付け、冒《おか》して出る者は負傷するよう仕掛けてある。

　しかしこんなのはまだ優しいうちで、全国約半数の工場は人工的にお城の濠《ほり》のような堀をつくり、または寄宿の裏が河、海、沼等に当たる場所へ持って行って建設されている。その好例として東洋紡績西成工場を挙げることが出来る。同工場の寄宿舎は全然島の中に孤立しているのである。また広島県能美島には大阪合同紡績の能美支店工場があって三千人の職工がいる。「奴隷の島」とでも名づけるか。

　次ぎに建て方はどうであるかというに、大抵上下、または上下左右に数十室を有する合宿式であって、初期の建築にかかるものは天井なしで屋根裏と床板が露出している。そしてそこに縁《へり》なしの琉球畳が敷かれ一畳につき一人くらい住んでいるのだ。しかもそれが昼夜使用される処に至っては朝帰った者がそのまま夜業者の寝間へもぐり込み、夜帰った者はまたそれへ寝むるといった具合で、床のあげられることがない。だから延べ一畳につき二人当りとなる。蒲団《ふとん》は工場のマークを入れた煎餅蒲団《せんべいぶとん》で、枕は樫《かし》の木の箱枕であった。

だが、今や先進工場ではそんな方面に大部《だいぶ》意を注ぐようになり大いに改良されて甲乙両番を棟別《むねべつ》または部屋別等に分ち、一人に一畳ないし二畳くらいをあてがって蒲団も一人三枚を専用せしめるようになったし、また枕なども坊主枕や、腰高を使う工場も相当見え出した。ことに新しい工場では紋付きの夜具は侮辱なりとしてこれを縞《しま》に取り換えたところもある。

ベットを使用する処も一、二例あるが、何もベットを使ったからとて有難がりはせぬ。しかし東京モスリン亀戸工場などにおいては、今でも女工に樫の枕の枕当も何もつかぬやつをさせている。そしてちょっと垣間《かいま》見ただけでも陰惨な気持ちになるそれは地獄のような部屋がある。

また、大阪の大資本家喜多又蔵氏の経営にかかる兵庫県猪名川染織所などに至っては、表面だけ二十六畳部屋に定員二十二人として置きその実三十三人まで入れている。こうなるともう入れるのでなくして無理矢理に押し込むのだ。全く足の踏み入れ処がない。その上ここはまた一つの寝床に二人寝なのである。

部屋の配置については棟々を「松の寮」、「竹の寮」、「梅の寮」とか「何分舎」、とか称え、部屋は「何十何号」と呼ぶ。

浴場、結髪所、洗面所、防火設備等は言わんでもきまったこと故ここに呶々《どうどう》しない。唯だ面白いことにはほとんどどこの工場へ行っても「結髪所」または「かみ結い場」と言い、決して「化粧室」と言わないことである。勿論《もちろん》それには違いないが、何も手数がかかる訳ではないから世間並みに美しく「化粧室」と呼べばよさそうなものだのに――。

二十四

賃金をこぎる結果としてどうしても通勤者の社宅が必要となって来る。そこで紡織工場には随分以前から、「職工社宅」の設けがあった。しかして今やこれのない工場はほとんど例外とまでなっている。

その昔は甚《はなは》だしく乱暴なものであって神戸新川の貧民窟に見るような家もあったが、今や大部分改築されて多くは平家《ひらや》もしくば二階の長屋建である。中には二階だてのものを上下別々に使うようになり、下駄《げた》のままで梯子段《はしごだん》を登れるアパートメン式なやつもあってすこぶる至便に出来ている。

家の広さは最狭四畳半一室から三ないし四室十五畳くらいまでを普通とするが、家賃はただほど廉《やす》い。どんなに高い会社といえども、市価の半分であって時には市価七分の一という法外な例さえある。ただし家賃は勘定から天引される故、一文も払い違いはないのである。

鐘紡のそれなどは実に至れり尽せりであって、大なり小なり庭園のつかぬ家はない。しかしながら給料を廉《やす》く使っていることは少しも口にせずして、徒《いたず》らにかくのごとき「福利増進施設」を広告として社会を瞞着している彼に、私は爪の垢《あか》ほども有難味を感じない。職工は貧乏人だから家賃をまけて保護してやらねばならぬとぬかす。そんなに家賃をまけずとも、何でも市販のものを用いて生活するだけの賃金を支払った方がいいではないか。株主等が七割の十割のという大袈裟《おおげさ》な盗人の分けまえみたいな分配をさえちっと遠慮し、従業員の累進余りに甚しき差別待遇を改めさえすれば、充分職工の人格を認めて一公民としての生活費を支払っても事業は立派に立ち行くのである。

二十五

人体とカロリー　専門家はわれわれが一時間ごとに失って行くカロリーの量は、その仕事や動作のいかんによって甚しい増減を見るものだという。

しかして日本人の消費する基礎カロリーは、安静にしているとき体表面積一平方メートル一時間につき、二十歳ないし三十歳までの男が三七・八三カロリー、同上女は三四・三四カロリー、三十歳ないし四十歳の男は三七・三三カロリー、同上女は三三・八四カロリー、四十歳から五十歳までの男は三六・八三カロリー、同上女は三三・三四カロリーである。(栄養研究所発表)

体重七十キログラムを有する米人の男子について、その活動力とカロリーの関係を検査したものに左のごとき表がある。

眠っている時	六〇―七〇
眼を覚《さま》して仰向《あおむ》けに寝ている時	七〇―八五
椅子《いす》に静座せる時	一〇〇
静かに立っている時	一一五
裁縫している時	一三五
タイプライターを打つ時	一四〇
製本をしている時	一七〇
自動車に乗って静かに走っている時	一七〇
靴を造る時	一八〇
静かに歩く時	二〇〇

大工の仕事をする時	二四〇〇
鍛冶屋《かじや》の仕事中	二四〇〇
ペンキ塗り中	二四〇〇
自転車で活潑に走る時	二九〇〇
早足で歩いている時	三〇〇〇
石工の仕事中	四〇〇〇
自転車に乗って烈しく走る時	四五〇〇
埃《ほこり》の仕事中	四八〇〇
走っている時	五〇〇〇
非常に烈しい運動中	六〇〇〇

右の表で見ると紡織工のごとく常に塵埃《じんあい》を吸って過激な労働している者は、実に夥《おびただ》しいカロリーを要することになる。二十歳ないし三十歳の女の標準カロリー三四・三四の約十倍という怖ろしい割合になる。そしてこのカロリーは栄養によってつくらるるものであるから、先ずこういう酷《ひど》い仕事をする者には充分な栄養食を当てがわねばならない。科学的見地から言えば彼らに立派な栄養を与えなければエネルギーが出ない訳だ。しかしながらそれが逆になって行っている。

製糸女工の唄《うた》に、

「三度々々に　菜《な》っ葉《ば》を食べて
　何で糸目《いとめ》が　出るものか……。」

というのがあるが、彼女たちはそんな科学的頭があって歌ったのではなく実際食べ物がまずいために働けぬという、実感から滲《にじ》み出たのだと知る時、私は敢《あえ》て世の中のことに科学の証明を俟《ま》たなくとも人間の感情で結構だと思わせられるだけである。

工場の賄《まかない》について　工場の食物は不味《まず》いという以上まずい。そうしてまた不潔なのである。

主食は勿論《もちろん》米ではあるが、しかしほとんど外米《がいまい》または内地米にしても最下等米を用いる処が多く、脚気《かっけ》患者のためといって麦や小豆を混ぜる処もある。しかしそれが本当に患者に親切を尽くすためでなく、経済上から割り出されていることは論を俟《ま》たぬ。何故かなれば工場では病人にどうして休養を与えぬか？　患者を工場へ引きずり出して使っておきながら、麦飯や小豆飯を供給したとて何が親切だ。

それからまた胃腸病者にお粥《かゆ》を出す工場がある。しかしそれも算盤玉《そろばんだま》をはじいた上のことで、そんな工場では米から直ぐに新たな粥に炊《た》いたものではない。残飯が出来て仕様がないものだから、これを粥にして右の美名を附したものに外ならない。

大体において右の始末であるが原則としてたとい劣等米ながらも「白飯」を供給するのは一つの女工募集政策となっているのだ。

昨年七月二日の『大阪毎日新聞』に「泥炭を食う日本の農民」という面白い研究が出たが、それで見ると米飯常用の農家というものはほとんどないそうである。こんな生活程度の低い田舎から女工を伴《つ》れて来ること故、三度とも白飯の炊きたてを食わせるというのが一種の吸引剤となるのだそうだ。それは募集の章で引用したビラに出ている通りだ。

食物、食器等の不潔は程度を過ぎた大量生産によるものであって、某工場の一例を採《と》れば三千五百人の賄いに炊事夫十二人しか使っていない。これではいかに科学的方法を用うるとしても、手がまわり切らないのは当然だ。

食器は実に人を侮辱したもので先ず普通婦人用の茶碗くらいしか量の入らぬお茶碗が、堅牢《けんろう》をこれ旨《むね》とするためウドン屋の丼《どんぶり》くらい厚く、どこへ行ってもほとんど例外なしに工場のマーク入りである。しかして種類は最もいい処で飯碗、汁碗、皿、小皿の四種類（ただし四種一どきに使う献立《こんだて》ではない）で茶呑茶碗のついた処は皆無といっていい位だ。皿に至っては近頃琺瑯《ほうろう》鉄器を用い、琺瑯のはげちょろけたとてもたとえようのない不潔のもので食べさす処がある。東京モスリンに至っては、その汚い琺瑯鉄器の皿と、丸毛と書いた茶碗の他絶対に食器はなく、汁も飯も茶もすべてそれへ注《つ》ぐのである。そして漬物も煮たものもごっちゃくたにして一つの皿に盛るのだ。しかも午《ひる》のおかずといえば九時前からちゃんとよそっておかねば間に合わぬから、一皿中腐敗した漬物の臭いが移って嘔吐を催するほど不味《まず》い。

お副《かず》食はすべて盛り切りだが、極めてその量がすけなく、普通家庭の三分の一しかない。で、彼女たちは今日好きなお菜《さい》があったからもう一ぱい食べたいと思っても銭金《ぜにかね》にかかわらずその欲望は満されない。

同じ豆腐汁と言っても材料と調理法の上下でその味は雲泥の相違があるように、食物のことは献立表で言い表わせない。それかといってカロリーや、蛋白質の含有量でも不完全だ。栄養素から行くなれば紡績工の食物だって結構彼らを養うのに不足はない。だがそれは余りに唯物的な見方で、尠《すくな》くとも人間に心理的活動のある以上、どうしても女工の食物は、労働者としての彼女を養って行くだけのものでない。

今、大阪紡績時代の旧《ふる》いノートから、一交代間における献立表を写そう。

日次	朝	昼と夜中	夕
1	菜　汁、香々《こうこう》	空　豆、香々	焼　豆　腐、香々
2	千切汁、香々	水菜漬物、香々	蒟蒻《こんにゃく》澄《すま》シ汁《じる》、香々

3　紅生薑《べにしょうが》、香々　昆布巻《こぶまき》　菜の煮たの、香々
4　菜　汁、香々　金時豆、香々　塩　鮭、香々
5　麩《ふ》　汁、香々　馬鈴薯、香々　揚　豆　腐、香々
6　馬鈴薯汁、香々　ヒジキ、香々　菜の煮たの、香々
7　梅　干、香々　五目飯、香々　千　切　汁、香々

以上に少しく説明を加えねばならぬ。先ず味噌汁であるがこの味噌は大阪市販の赤味噌や白味噌ではなく、特に製造納入せしめた糠味噌《ぬかみそ》なのである。それからその汁の実であるが菜っ葉《なっぱ》の時には思い切って入れてある。しかし少し材料の高い薯《いも》や澄《すま》し汁《じる》の場合は全く茶碗の中へ汁の実がはいらぬことさえ珍しくないのである。それから香々だがこれは大根の丸いなりを一分くらいな厚みに輪切りにし、こいつをさも惜しげに二切れだけ撮《つま》んでくれるのだ。それから塩鮭の料理はこれを焼かず、鍋でゆでたやつを十匁《もんめ》くらいに切って香々二切れと一緒につけてある。ジャガ薯は全然皮をむかない。

それから交代日の午はよく五目飯をやるが、悪米のところへ持って来て初手《しょて》から五目を入れて炊《た》く故、とても変な飯で不味《まず》いと来てはお話にならぬ。五目飯と言ったがそのぐを五品そろえたのではない。千切飯とかコンニャク飯とか多くて二色だった。

右の献立で見ると夏だか冬だか秋だか、それとも春だか判らない。一つも季節々々の

ものがない。ちなみにこれは六月なのである。茄子《なす》、きゅうり、南瓜《かぼちゃ》、サヤ豆、それは未だ早くて高いから食わせない。

次ぎに降って大正十一年二月東京某工場のそれを挙げてみよう。

日次	朝	昼と夜中	夕
月	大根汁、沢菴《たくあん》	油味噌、沢菴	ヒジキ、沢菴
火	蕪菜《かぶらな》汁、沢菴	金時豆、沢菴	豆腐豚汁、沢菴
水	梅干、生薑	数の子、沢菴	大根、沢菴
木	大根汁、沢菴	大根、沢菴	塩鮭、沢菴
金	菜汁、沢菴	里芋、沢菴	福神漬《ふくじんづけ》
土	梅干、沢菴	豆腐汁、沢菴	大根、沢菴
日	豆腐汁、沢菴	干物、生薑	千切、沢菴

前者とほとんど似たり寄ったりであろう。汁が前の一ぱいきりに対してこの工場では汁だけまけて注ぎ食いというのであるが、その代りまたお終いに行ったものは実のない汁ばかりの酷《ひど》い残り物を食べねばならぬ。

鮮魚の刺身《さしみ》が女工の食膳にのぼったことは、東西古今を通じて唯の一度もない。牛肉は月に二回ほど食べさせる処もあるが、例の皮むかぬ馬鈴薯と共に煮つけたやつが一人前五匁位が関の山で、全くだしにも足りない有様である。

そしてこのお粗末なブルジョアに飼《か》わるる犬より劣った賄いが、一体どれ位であがっているかというに、東洋紡績十七ヵ工場における大正八年七分度の平均入費を掲げよう。

工場符号＼材料	白米	麦	薪炭	肉類	野菜	漬物	味噌醤油
H	4.711	—	.433	.260	.525	.126	.213
A	4.403	5.37	.384	.428	.414	.178	.337
T	4.896	—	.421	.432	.417	.231	.265
O	4.500	—	.531	.427	.467	.194	.161
N	4.865	—	.429	.158	.306	.144	.254
C	4.697	—	.439	.290	.429	.253	.241
D	5.689	0.40	.550	.556	.600	.252	.207
E	3.914	—	.469	.212	.408	.231	.264
Y	5.120	—	.475	.225	.731	.207	.267
G	5.399	—	.450	.510	.740	.111	.466
R	5.185	—	.413	.287	.907	—	.586
J	5.069	0.58	.439	.281	.292	.384	.169
U	5.334	0.17	.423	.392	.381	.360	.178
F	5.278	—	.433	.484	.864	.144	.166
K	5.354	3.00	.421	.247	.395	.381	.257
M	3.138	—	.421	.142	.513	.109	.239
平均	4.934	0.48	.443	.329	.500	.236	.254

玄米	豆腐	豆類	饂《う》飩《どん》	餅	茶	砂糖	下男下女	曹達《ソーダ》	糠粉糊	油類
.055	.055	.097	——	——	.015	.134	.516	.007	——	——
——	.067	.109	.149	——	.018	.060	.306	——	——	.013
.002	.115	.153	.043	——	.013	.089	.347	.019	.013	.004
——	.080	——	——	.035	.017	.052	.349	——	——	——
——	.036	.057	.062	——	.013	.032	.353	——	——	——
.553	——	.051	.126	——	.004	.031	.274	.504	——	——
——	——	——	——	——	.032	.119	.373	——	——	——
1.647	——	.162	——	——	.006	.073	.833	.002	——	.011
——	.126	.082	.142	——	.013	.086	.726	.008	——	——
——	.214	——	——	——	——	.069	.663	——	——	——
——	.064	.360	.048	.123	——	.049	.296	——	——	——
——	.084	.064	.057	——	.004	.057	.264	.004	——	——
——	.084	.042	——	——	.005	.020	.318	——	——	——
——	.062	.074	——	——	——	——	.713	.005	.017	.041
——	.112	.051	.040	——	——	.015	.342	——	——	——
——	.007	.044	.050	——	.006	.042	.062	.002	——	——
.082	.092	.073	.055	.002	.009	.063	.490	.005	.002	0.03

合計	半《はん》搗《つき》米《まい》	乾物類	給水
7.806	.656	—	—
7.463	—	—	—
7.635	.175	—	—
7.710	.820	—	.087
7.729	.320	—	—
7.392	—	—	—
8.418	—	—	—
8.349	—	.117	—
8.208	—	—	—
8.622	—	—	—
8.691	.373	—	—
7.307	—	.081	—
7.785	—	.218	.013
8.251	—	—	—
7.915	—	—	—
7.069	2.294	—	—
7.866	.203	.039	.004

同じく大正八年上半期中における平均合計は左の通りだ。

工場符号	同名称	平均価額
H	四日市	七、七五八
A	愛知	七、一一二
T	津	七、八七九
O	尾張	七、六五〇
N	名古屋	七、三八二
C	津島	七、四七一
D	西成	八、三九一

E	桑名	八、四四四
Y	知多	八、一五五
G	王子	八、四二七
R	栗橋	八、四八〇
J	三軒家	八、〇〇六
U	四貫島	七、八九三
F	伏見	八、九六七
K	川ノ石	八、五九一
M	富田	七、九五九
平均		七、九四一

大正七年に米騒動が起って、米価を始め諸物価はすべて倍額に騰貴しているとき、七銭《せん》九厘《りん》四毛《もう》でどうしてまんぞくなものが得られよう。いかに大量生産主義を採用して材料の廉価を計るといえども――。

ところがこの裏面には紡績工場という処、昔から極度な収賄的《しゅうわいてき》習慣があり、御用商人はこれでもって市価より劣悪な品を高く売りつける場合が尠《すくな》くない。私の知った一例でも未だ程近い頃、東京の某工場で乾物《かんぶつ》類を市販の屑《くず》ばかり集めこれを普通品で納入しておったことがある。すべてが万事こんな始末でありながら、物品廉売の食費補給のと、大きな口がよく利《き》けたものだ。

さていささか脱線しかけたが再び食事のことに戻って、一人につき食費をいくら徴収しているかと言うに物価の高くなるまでは寄宿女工一日につき金九銭というのがほとんど例外なしの全国的原則であった。だが、物価騰貴以来給料と共に、多少訂正されて今は区々《まちまち》である。しかし先ず一日十二、三銭という処が多く、法外に高い処でも十五、六銭を出でないだろう。寄宿女工は無論この食費以外には一厘の出費も要《い》らないのである。

通勤者の食料はどうかと言うに、これは元々通勤者に喫食せしめないのが通例であったところを、明治三十七、八年にもなってから優遇の一端として解放したもの故、ちょっと寄宿工に比し高いのが例だった。寄宿女工が九銭の頃通勤者ならびに男工は先ず十五銭見当の工場が多かった。しかして今はどうであるかと言うに東京某工場の一例を示せば寄宿女工、通勤女工、通勤男工と段々高くなって行く。そして寄宿女工は寄宿の食堂で食券なしに食べ、通勤者は食券によって通勤者の食堂で食べる。

	朝	昼と夜中	夕	合計一日
寄宿女工	……	……	……	十六銭
通勤女工	五銭	八銭	五銭	十八銭

通勤男工	六銭	八銭	六銭	二十銭

会社はこの職工の食費について多額の補給をしていると言う。しかしながら前記の参考資料で見ると左様多額の補助もしておらぬようだし、それだけ給料を廉《やす》く使っておいて食料の補給をするって随分虫のいい話ではないか。そんな面倒なことは計算だけでも難しい。食費の実費を遠慮なしに取って、給料は当り前はらったらどういうものだ？ もっともこういう七面倒な雑務を多く作らぬと、縁引き関係で無闇《むやみ》と多く集って来るはなたれ事務員の仕事がないが——。かりそめにも何々専務殿の奥さんの従兄《いとこ》のそのまた従弟《いとこ》のまた従弟ででもあってみれば勿体無《もったいな》くも職工はさせられない。

前に引例した東洋紡中、U工場の当時における徴収食費が判かったから書き加える。

	朝	昼と夜中	夕	合計
寄宿女工	……	……	……	十五銭
通勤女工	六銭	七銭	七銭	二十銭
通勤男工	七銭	九銭	九銭	二十五銭

右の表で見ると皆目《かいもく》食費の補給などはしておらぬ。それどころか一銭一厘強口銭《こうせん》を取っているではないか。しかるに途方もないことを言って世間を瞞着するとは実に憎むべき輩《やから》だ。

社員もまた工場で飯を食べるが、職工と同じものを食べる処は由来稀《ま》れだ。別米、別鍋、別菜の処がある。現に上記モスリンなどにおいては職工と僅か二銭違いで、社員には倍額以上のご馳走を出した。余りに待遇差別が甚し過ぎるのである。

東洋四貫島ではこれを「並菜」、「特菜」と称え、すなわち社員はこの特菜の方を食べて職工は並菜に甘んじねばならぬのだ。しかして両者の質量と、価格の公平ならざることは言《い》うを俟《ま》たない次第である。

飯を喰うのが生命《いのち》がけだと言ったら、誰がそんな馬鹿らしい言葉を真《ま》に受けよう、しかしながら諸君が麴町区上六番町に素晴らしき洋館の大邸宅を構え、豪奢な生活にふけっている青木五兵衛氏を社長に戴く亀戸の、東京モスリンへ行ってみたまえ、それはあながち誇張でないことを証明してみせよう。

食事時間になって運転が停まると、女工たちは体を払う時間も手を洗う間もなく一散に食堂へ駈けて行く。その態《てい》は棉埃《わたぼこり》だけ別に、寄席《よせ》がはねて大勢の客が下足場《げそくば》へ一時に殺到した有様を想像されよ。送電の都合などで時たま規定時間より早く運転の停まることがあって、女工たちは遊んでいても仕方がないゆえ食堂に押しかけるのである。すると意地の悪い炊事夫は、

「豚め！　まだ早いぞ。」と呶鳴《どな》りつけて食堂に入れない。

「ええ！　豚でも馬でもいいよ、大きにお世話だ。」

ここで二、三の罵詈《ばり》が交わされる。するとそのすきに他の女工は素早く中へはいり、ならべたおかずの皿を取って行くのだ。と、一人がやればあとの者は真似てうわっと一遍に押しかけてはいる。そうなると炊事夫はもう止めることが出来ないゆえ詮方《せんかた》なく食堂へ入れてしまうのだが、今度はおはちを持って来た女工に飯切から飯を入れてやる処で殺到する。

その折り炊事夫は実に汚い床机《しょうぎ》を、女工の頭の上で振りまわして追っ払うのであった。すると床机の脚が彼女の頭へあたって、御飯をついだおはち持ったまま石畳の流《なが》し許《もと》へぶっ倒れたことがある。

第九　工場設備および作業状態

二十六

工場の設備　建築様式は、およそ各工場または室別に防火壁で区切られた半耐火式一階建で鋸歯《のこぎりば》状屋根によるを普通とするが、ごく初期の建造にかかるものは二階ないし三階である。すなわち東洋紡績三軒家ならびに四貫島工場のごときがそれだ。

床《ゆか》は往時石畳を敷いた工場が多かったが現今は許可にならぬ所からして板にする傾向がある。もっとも技術管理の幼稚な関東方面の工場は別として、しからざる工場では機械のフレームの脚だけを敷石にするのであるが、東紡、鐘紡等の新しい工場へ行ってみると床が整然たる一水平面にあって実に綺麗《きれい》だ。のみならず作業能率と男女工の疲労の点において大いに良好なものがある。それに較べて主脳技術者の低脳な工場へ行くと床面は凹凸《でこぼこ》し、すべての点において面白からぬものがある。

繊維仕事の関係上、「採光」は良く行き届いていて、特種の作業部門を措《お》いてはいかに大工場といえども晴天の日に薄暗いようなことはない。夜の照明は電燈を用いるが、小ランプを数多《あまた》点じるものと、大ランプを処々にぽつりぽつり点《つ》けるものと二種ある。いずれにしても充分な照明を与えていることは目が高い。これに引きかえ寄宿舎の点燈燭光《しょっこう》に至っては実にひどく見すぼらしく、十五畳のだだっ広い部屋に十燭光のコード一尺というものを用いているところさえある。寄宿舎とは寝る場処だからランプの必要はないとさえいった社長が東京にある。

「防火設備」はとにかく相当行き届いている。「非常バケツ」や「手押喞筒《ておしポンプ》」は言うまでもなく、スプリンクラー(自働散水、警報、喞筒運転装置)とハイドランド(自然水圧ホースの備え付け)のない工場は全くない。それから工場内での喫煙は厳禁し、犯した者は即時解雇の厳罰に処する。

「手洗場」や「湯呑場」はまことに行届いた処と、ほとんど有名無実で貧弱きわまる処とある。

「通風装置」ならびに「換気装置」もある処とない処とある。

原動機は蒸汽機関四分、電力四分、水力一分、瓦斯《ガス》機関一分である。

「伝動装置」は架空式によるものが多く、ロープ、ベルト半々である。暗渠式《あんきょしき》による場合もある。しかしながら近頃は一台単独電気運転式による方法が漸次さかんになり、危険な「伝動装置」を用いぬ工場が出来《しゅったい》した。

「危害予防装置」は或る程度まで機械についている。それは歯車のカバーという位なものが――。しかし「自働停止装置」を取付けている処は極めて稀だ。プラット式力織機などには杼《ひ》の飛ぶことを防ぐためのオートマチック・シャットル・ガードを、いたんだまま再び取付けぬところさえある。

各機械の間は非常に狭隘《きょうあい》であって、巨《おお》きな荒い機械は別とし重要な仕事の際機械の間を二人すれ違って通ることの出来ない工場が多い。

「暖房装置」はこれを用いぬ処断じてなく、八分通りヒーチング・パイプによるが、ただ蒸汽を鉄管に通すのみのやつと、ノッズルより生《な》ま蒸汽を噴出せしめるのとある。新しい工場では予《あらかじ》め温めた空気を、床下《ゆかした》の通風路から輸送するように出来ているが、これは極くすけない。

「噴霧装置」は綿糸および麻の場合、織布部には必ずこれを設備し、先進工場では紡績部といえども少数取付けられている。しかしてボール・ダックス式による場合とターボー湿潤装置による場合と二様に分れる。

「運搬装置」は主として「小トロッコ」によることが多く、巾員《ふくいん》一呎《フィート》くらいなレールが工場内に敷設してある。しかして大工場では場外に出でて普通のトロッコを用いる。二階建て以上の工場では昇降用に「ホイスト」と称する一種のエレベーターを使用している。トラベリング・エプロンを装置している工場はまだ見受けぬ。その代り高い処から袋へ入れた管糸を辷《すべ》り落とす方式はかなり広く用いられている。延棉《ラップ》を搬《はこ》ぶために架空式を採用している工場はままある。

しかしながら概して言わば相当重きものがあるにもかかわらず、グレンのある工場は皆無であって、整経機の荒巻ビームなどは四百封度《ポンド》もあるが、これをやはり手で運搬するのだ。

非常口その他の危急避難設備は極めて行き届かず、五、六百人もはいるような大工場といえども非常口は唯だ二、三カ所しかなく、しかもそれには閂《かんぬき》が嵌《は》めて錠前までおろしてある。

高層建築の工場といえども何らそれに適応した装置をつけず、平時の昇降用に供される巾せまき梯子《はしご》があるのみだ。

二十七

湿度、温度、音響、塵埃 前に言ったよう棉繊維に湿気を与えるとその強度を増し、作業が容易で能率の増進が計《はか》れるという論拠からして保健の点などはいささかも考慮におかず、綿糸紡織工場では甚だしい湿度をもたせるのが常だ。ことに織布工場は甚だしく、向うが霧のために霞んでさえ見える程だ。

噴霧器の数はおよそ床面八坪くらいに各一個を、十呎《フィート》以上の高処に取付け、そのボール・ダックスと称するものの噴出口《ノッズル》からは百封度《ポンド》以上の高水圧で、三十二分の一吋《インチ》ないし十六分の一吋孔口から間断なく水を吹き出すのである。しかしてこれがほとんど細霧状となって空気に飽和して行くのだからたまらない。

織布部で恰度《ちょうど》その噴霧器の真下に台を受け持った女工さんなんかは、過度な湿気のため実に悩まされるのである。機械がいつも運転していればいいが、故障で一時間も停めようものならたちまち赤錆《あかさび》が来てしまうのである。そして着物や頭髪は年中しっとりしめっている。

女工たちはよく「冬は極楽夏地獄」というがこれは冬季工場生活の暖かさを僅かばかり誇張しただけの言葉で、およそいずれへ行っても平均温度六十五度以上、酷寒の時といえども五十度を降るようなことは滅多になく、気張ればちょっと汗ばむのである。だから年中単衣《ひとえ》の工場着一枚きりだ。そのかわり場外へ出ると一時に寒くてやり切れない。

かくのごとく冬季暖房のおかげで寒さ知らずに働けるに反し、夏季になって温度の上騰を見ることは甚だしい。なにしろ密集した人体の熱と、機械の熱と、原動機の熱と、太陽の射熱とが加わる故、その焦熱地獄の苦しさは想像以上だ。その上、鵜《う》の毛《け》のような棉繊維が汗でべたべたと顔に喰《く》っ着《つ》くからやりきれない。ことに「糊場」では右四つの上さらに蒸気を使い「瓦斯《ガス》焼場」では点火瓦斯を使うのだから全く言語で表現し得ぬ苦悶がある。糊場なんかでは百十度以上に昇って余りに暑いため、小便が皆目《かいもく》出なくさえなってしまう。

左に東西某二工場における大正十二年八月十五日の温度表を示そう。

第一表　紡績部　或る常備温湿計一個にて(東京)

場所	午前九時			正午			午後三時		
	乾	湿	%	乾	湿	%	乾	湿	%
工場外	90	80	59	94	84	60	94	84	60
混棉	86	87		90	83		90	82	
打棉	90	81	62	91	82	62	92	80	53
梳棉	92	84	64	99	90	64	97	86	57
同上	89	81	45	98	89	64	97	85	54
精紡	101	86	47	103	88	47	105	87	40
同上	97	85	58	91	86	58	105	88	52

合糸	99	83	62	93	84	43	95	85	60
撚糸	99	89	41	96	85	57	100	81	38
綛場	89	82	49	93	85	66	94	84	78
瓦斯焼	97	88	46	100	89	58	103	90	52
水気	84	80	72	91	82	62	90	82	66

第二表　織布部　常備温湿計数個の平均なり(大阪)

場所	午前六時 温	午前六時 %	午前九時 温	午前九時 %	正午 温	正午 %	午后四時 温	午后四時 %
第一工場	88.5	80.7	91.0	80.4	94.2	77.4	94.7	76.9
第二工場	85.4	77.9	92.2	77.6	94.6	78.4	95.3	75.8
第三工場	85.7	78.8	91.3	78.9	93.5	75.3	94.0	74.9

前の二表を対照してみるに、紡績は湿気がすけなくて自然であるが織布はほとんど温湿飽和状態にあって不自然、まことに保健上よろしくないと言わねばならぬ。

次に音響の劇しいことは紡績工場の特長であって、二、三の作業部門を除いてはいずれも喧囂《けんごう》を極めたものだ。

機械の音を細かく分析すれば一軸ごとに、一歯車ごとに、一槓杆《こうかん》ごとに、一風車ごとに異っている。しかしながら工場ではそれら無限にひとしい雑音の単位が一種の渾然《こんぜん》とした綜合音響となっており、よく一台の機械の音を聞くことが出来ない。従って普通に談話の出来ないのは事実であり、始めてはいった者などは馴れるまで全く閉口のほかない。

しかしてこの音響の強度は、どれ位なものであるかというに、何ら準備がないから常識で説明するほかないが、先ず製缶《せいかん》カジヤへ行って大きな厚い鉄板を先手ハンマーでなぐり、一時耳が聞こえなくなった程度のものを十と仮定する。(これは山国で一丁《いっちょう》以内の距離へ落雷した場合でもほぼ同じだ)すると織布部などでは七ないし八くらいな強さである。織機工場の音を五分間諸君が聞いてみたまえ、しばらくは耳が鳴って聾になる。で、新入者などはその強音の中で十時間以上もいる故、聴覚が損じられ、すけなくとも一カ月くらいは明け暮れ耳が鳴って仕方がない。そして永久に聾になったのかと思っていると、ようやく抵抗力が出来て聞こえるようになるのが普通だ。

もしその工場に私設電話がありとすれば、受話器をぴったり片方の耳へ当てて、片方の耳は手の平で塞《ふさ》がなかったら聞こえない。しからばその工場内ではどんなにして言わねばならぬ用を弁じるかと申せば、口を耳にひっつけて大声に呶鳴《どな》るのである。であるからその習慣がついて男女工の声は非常に高いのが普通である。

右について専門的立場から職工の聴覚試験を行なうと随分面白かろうと思うが、遺憾ながら今は研究の余地がない。

それから汽笛は作業中鳴ってもほとんど聞えないし、最高度の雷鳴も判らぬ位だ。

塵埃については言うまでもなく戦慄すべきものがある。何しろ棉繊維一本の大いさは〇・〇〇〇五――九吋《インチ》、長さ〇・八――一・八吋という微々たるもの故、いくらでも飛放題である。おまけに工場は運転のため風があるからあたかも煙のようにふわふわと飛散する。そしてその数は平均紡績工場の空気一立方呎《フィート》につき三百万ないし四百万であり、職工が十時間中に吸入する量は〇・一二グラムであると。これを左の表に作って比較すると面白い。

紡績工場	〇・一二グラム
製粉工場	〇・二三
鋳物工場	〇・一四

粉や鉄よりも、無論綿は遥かに軽いから同じ一グラムでも嵩《かさ》が高いのに、他の工場とほんの僅かしか重量が違わない。これをもって見てもいかに紡績工が多くの塵埃を食べるかが窺《うかが》われる次第だ。

右のような塩梅《あんばい》ゆえ機械および工場の掃除は随分やかましく、一日に三回くらいは是非ともやらされるがその度ごとに普通の人家の大掃除以上の塵が出る。そしていかにしてもこの塵埃を吸わねば仕事が出来ないのだ。この項については余りひどすぎてもう何とも言うことが出来ない。とにかく、粉《こ》な雪《ゆき》が吹雪《ふぶ》くのと同じで、初手のうちはとても呼吸が苦しいったらない。

二十八

紡績工場の作業システムに「標準動作《モーション・スタディー》」というものがある。これはテーラーの科学的管理法に端を発するものであって、よく言う米国の一煉瓦積工が右へ積むための煉瓦を左へ置いて一々持ちかえたのに反し、今度改めて始めから右へ置いて持ちかえる手数省いたら、一日に何千枚とか多く積み得たというような事柄を、紡績技術に応用したものだ。

(1)――杼換え、管換え。
(2)――杼換え、管換え。
(3)――織り前しらべ。
(4)――管の口出し。
(5)――織り前しらべ。
(6)――杼換え、管換え。
(7)――杼換え、管換え。
(8)――織り前しらべ。
(9)――経糸の手入れ。
(10)――経糸の手入れ。
(11)――織り前しらべ。

第一に鐘紡がこれを始め、次ぎに東洋紡績が真似てから段々ひろく行われるようになった。先ずその大体を左図について説明しよう。これは織布部における標準動作のうち「細物四台持ち女工」がその力織機間を常に矢のごとく歩き廻るのであって、一つも無駄のない動作を示し制定したのである。今番号順に彼女のなす仕事を言えば右の通り。

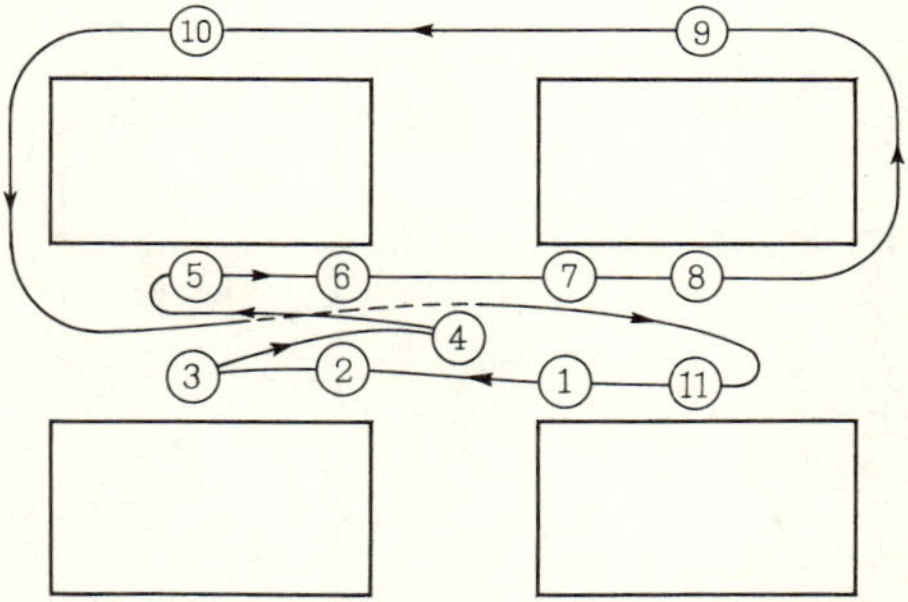

第四図

そしてこの図面で見て上の二台と下の二台を交互にかくのごとくに行なうものである。だから布の織れる方の織り前の手入を二回する間に、後部の経糸《たていと》は一回手入れする訳となる。もしこれを無標準動作で動作することにしたなれば、大抵の女工は「織り前しらべ」ならその仕事だけを先ず四台一時にやってのけ、次ぎに「杼換え、管換え」の作業にとりかかるであろう。そうすると歩くことに無駄が大分多くなり、加うるに唯だ歩くために歩いている間は機械の運転状態に気を附けぬこととなる。

それから今一例として「注油」の標準動作を挙げ

てみよう。

元来「力織機《パワー・ルーム》」は畳一枚ほどの小さき機械ゆえ、運転とめて油さすことは容易である。しかしながら運転を停めることはなるべく避けた方がいいから、出来得る限り運転中に注油してしまい、どうしても停転せねばさせない部分に限り、これは休憩時間中の停転を利用して注油するのである。

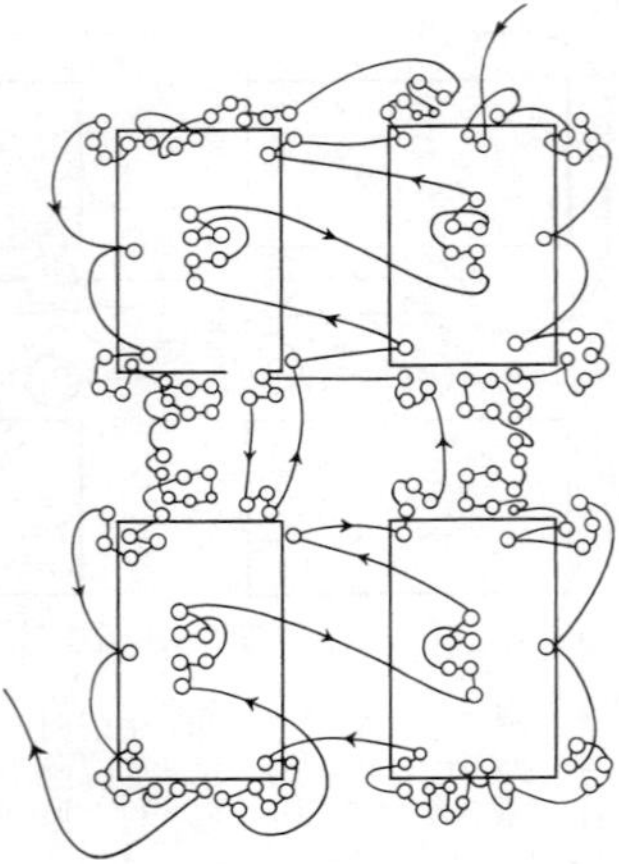

第五図

織機はその構造とライン・シャフトの関係上四台が一組になっている。であるから注油の場合も図のごとく四台ずつを一区として、数多《あまた》の油孔へ最も都合よく注油器を差し向けるように考えられる。もしこの数多い油孔を順序なく思い出すままに油さして行った日には、二倍以上の時間を費したうえどうしても落度が出来るのを免がれない。

標準動作とは概略上のようなものであるが、実はもっともっと難かしい。ことが専門的にわたる故どうにも説明のしようがないが、前の「杼換え、管換え」といった中にも分析すれば十数段の動作を含んでおり、一々これを女工に強制するのである。また男工とてもこの通りであって、原料がなくなって掛けかえる台へは、何分間前に機台と何吋《インチ》の距離へどっち向けに原料を置き、どうしてこうしてああすると、ピンからキリまで規定が設けられておりすべての作業はその型へ嵌《は》めねばならぬ。実にかくせざれば大量生産が成り立たぬのだ。だが、何万人寄せてみても一人々々異なった個性をもった人間がはたしてそれによく堪《た》えられようか？

工場とは永遠に、科学と創造の矛盾を繰り返えす処であった。

近代工業は徹頭徹尾「加工」に過ぎない。工匠は永遠に創造の喜びを失い、マシン油と燃料より以上のものを喰わねば動かぬ、彼ら資本家より言わしむれば「不経済な機械」に過ぎないだろう。

第十　いわゆる福利増進施設

二十九

医療機関について　工場に医局の設けがあるということは、言うだけ野暮《やぼ》なほどきまったことだ。で、これだけはどこへ行ってもある。しかしながら外の商売医者や病院でさえ先ず患者の懐《ふところ》を窺《うかが》ってから脈を把《と》り、着物を見て聴診器を当てる世の中だもの職工より偉いと思っている筍子《たけのこ》医者め、どうして直接金も取れない患者なんかを真心から診《み》るものか。実際どこへ行っても彼らの不親切には呆《あき》れる。いや別段親切にやってくれなくとも当り前に取扱ってさえくれればいいのだがまるで話にならぬ。それは俺たちが機械を分解したり組立てたり、油さしたりグリスつけたりする方がどれだけ誠意があるか。さて一体どんな病院や、医局があるかというに、極く小工場を除いては大抵入院出来るようになっており、処によっては伝染病隔離室を建てているものもある。また鐘紡には既に高砂、茅ケ崎に肺病患者の保養院を設けている。

医員は医専出身格のところが普通だが偶《たま》にもぐりもいる。看護婦は比較的多くいるが免状もちは一人ないし二、三人くらいで、あとの多数は見習を使用する処が多い。

診料および薬価は寄宿女工無料、通勤者実費または廉売ないし瓶代を徴収するのであって、市価より遥かにやすく医者にかかれるのは事実だ。そして通勤者は大抵その家族をも同一に取扱う場合が普通だ。ただし薬価無料主義の処といえども特別薬および材料を要する場合は実費を取る例が多く、薬局に不備なる点の多きことは事実だ。一例を挙げると東京モスリン亀戸工場のごときは近時薬価を全廃して無料主義を採っているが呼吸器病必需薬ファゴール、強度の胃腸病に配合するロートエキス、ならびにホミカエキス等にことかき処方箋が用をなさなかった例がある。それから職工の家庭へ応診する工場はすけなく、たまにあってもどうも医師が職工を軽蔑しててきぱきせぬようである。この点、鐘紡だけは流石《さすが》にちょっとほめても差支ない。

三十

保育場　「保育場」と「幼稚園」はある処とない処とあるが、ある処では大抵その種類が二様に分れている。その一例を挙ぐれば、工場に托児所(保育場と称える)を置いて社宅に「幼稚園」を置く工場が大阪にある。しかしてこの二様に分けた目的というものは保育場で通勤工の子供を預り、幼稚園では子供を集めて遊ばせるのだ。これはまことに結構なようだが、怪我《けが》にも彼らの親切気から始まったことでなく夜業のとき子供がいると昼間わいわい騒いで主人夫婦を眠らせないところから、工場で居眠りして仕様がない。ここで一策を案じ出したのが例の「幼稚園」なのである。

保育場は工場の敷地でなければならぬ訳がある。それは休憩々々に母が哺乳せねばならぬ故であって、このため社宅では一々女工を出門させる訳に行かぬから已《や》むなく場内に取り入れたのである。工場内のはどうしても場所がら空気も悪く子供のためによくない傾向のあることは免れない。壁一重なかにはごうごうごうごうと大きな機械が怪物の喘《あえ》ぐように音たてて運転している。工場の窓を開くとそれがよく見える。樹木も草花も辺《あた》りにはない。実に女工の子は子守唄の代りに機械の騒音を聞き、母の懐《ふとこ》ろで温かくねむる代りに保育場の籠の中で泣き疲れて寝なければならない。豊かな情操を養うことは出来ないのである。

女工の母《かあ》ちゃんは蒼《あお》い胸をひろげて、墨染の衣に赤ちゃんを抱えながらたった十五分の休憩にお乳をくれるのだ。可愛い坊やがどんなに泣いたとて荒くれな汽笛は一秒も容赦せず、囂々《ごうごう》と吼《ほ》えたけって早くはいれと急《せ》き立てる。左に東京某工場における「保育場規定」なるものを引用して、同工場の托児組織説明に代えよう。ちなみに同工場は無社宅であるから場処は場内の一つ処だ。

第一条　本園ハ当会社職工ノ幼児ヲ預リ善良ナル習慣ヲ養ヒ智育ノ発達健康ノ保全ヲ助成シ父母ヲシテ意ヲ安ジ各々其《おのおのその》業務ニ精励セシムルヲ以テ目的トス

第二条　本園ハ職工救済ノ趣旨ニヨリ社費経営トシ人事係ノ所属トス但シ衛生ニ関スル事項及一般ノ取締ニ関シテハ業務分掌規定ニ依リ当該各課コレヲ管掌《かんしょう》ス

第三条　本園ニ左ノ係員ヲ置キ幼児保育ノ任ニ当ラシム

保育教師　二名

保姆《ほぼ》　若干名

小使　一名

第四条　本園ヲ乳児部、幼稚部ニ分チ乳児部ハ生後七十日ヨリ一年六ヶ月幼稚部ハ学齢迄トシ定員ヲ左ノ通定ム

乳児部　五拾名

幼稚部　拾五名

第五条　幼児ハ左記各号ニヨリ収容保育スルモノトス

(一)　乳児部ハ体育ヲ専《もっぱ》ラトシ幼稚部ハ年齢ニ応ジ談話、躾方《しつけかた》、手工、唱歌、遊戯ノ初歩ヲ授《さず》ク

(二)　保育時間ハ午前五時半ヨリ午後五時半迄トシ会社ノ休日ハ休園ス、但シ時宜《じぎ》ニヨリ夜間預ケヲ為《な》スコトヲ得

(三)　日ノ長短ニヨリ適宜ノ間食ヲ給与ス

(四)　会社ノ賄《まかない》ヲ受ケントスル者ハ一食金弐銭トシ牛乳使用者ハ現品ヲ持参スベシ

(五)　幼児ヲ入園セシメントスル者ハ保護者同伴人事係ニ申込ミ承諾ヲ得別ニ定ムル入園証ヲ差出ベシ

(六)　幼児疾病《しっぺい》ニ罹《かか》リ伝染ノ恐レアルカ又ハ保護者ノ看護ヲ要スト認ムルモノハ全治

迄休園ヲ命ズ

（七） 保護者心得事項左ノ如シ

（イ） 工場休憩時間ノ外入園スベカラズ

但シ事情止ムヲ得ザルモノハ此限《このかぎり》ニアラズ

（ロ） 園内ニテ直接間食物ヲ与フベカラズ

（ハ） 園内ニテ折檻《せっかん》スベカラズ

（ニ） 名義ノ如何《いかん》ニ拘《かかわ》ラズ係員ニ金銭物品ヲ贈ルベカラズ

（ホ） 前各号ニ違背シタルトキハ入園ヲ拒絶ス

附　則

一、本規則ハ専務取締役ノ承認ヲ受ケ改正増補ヲナスコトヲ得

二、本規則ハ大正八年三月一日ヨリ実施ス

以上

そうして保育料は二、三年前頃までこれを相当額徴収した処がかなり多かったが、近頃はとにかく無料ということだ。序《つい》でながら、ここにずっと以前に工場で書いた叙事風な詩の習作があって、女工の「母」と「愛児」のことがよく出ていると思うから、三、四年も前の旧稿のままで引用しておく。

「一番」の汽笛《ぶう》が鳴る……

けたたましい音たてて

まだ明けやらぬ朝の平和をかきみだす夫婦笛《みょうと》が——

千日前の宵《よい》は

工場町四貫島の曙《あけぼの》だ！

武士の子は刃《やいば》の音に眼を醒《さ》まし、貧乏人の子は茶碗の音で眼を醒ますというが
女工の子はまた
汽笛の音に起き出して合奏する

びっくりし飛び起きた母親は
黒い上衣《うわぎ》に黒いはかま
禁慾の着物を逆さまに
髪もときつけず白粉もつけず
行くよ！　自由と美の廃墟へ

背中の子供は
鐃鉢《にょうばち》のように泣いて伴奏する
母親は一度子供に接吻して保育場へ預け
廃墟の中へ、死せる暴君の御通夜《おつや》にはいる
そうして「三番」の汽笛一声

暴君の亡霊と組んでダンスおどる……

汽笛が鳴ったら
亡霊とおどる甘さにすっかり酔うて
乳房の辺まで汗ばんだ母親は
始めて我が子のことを思い出して保育場へ行く

だが暴君の亡霊にしゃぶられた乳房は
蒼ざめて胸は痩せこけている
汽笛、入場、タタ、タタ、タタ……ダンスは続く!

ひるの汽笛が鳴ったのか?
母親は食堂にかけて行き
南京米《なんきんまい》の飯を喰う
そしてまた保育場へ——

お乳をくれようと思えど、不義の果ては乳田の旱魃《かんばつ》

乾葡萄《ほしぶどう》に似た乳房を
小児は獅噛《しが》んで泣く――

詮方《せんかた》なく母親は煉乳をときにかかったが
攪拌《まぜ》ているうちにかかれの汽笛！
――入場、抱擁、ダンスは面白い
しばらく続く……

三時の汽笛が、ちょっと休めというて鳴る――
保育場へ、哺乳、早魃、汽笛！
――入場、ハンドル、クルクル、タタ……

疲れたお前はもう駄目だ！　早く新手《あらて》と入れかえろ！
六時の終業汽笛が吹鳴《どな》ると母親は
子供を抱いて我が家へ帰る
そうして翌日の準備に寝なければならない
子供は泣く……

死んだ暴君の亡霊！　機械の情夫に愛を奪われて——
工場の横手の六軒家川へ
子供の自殺が流行《はや》り出すぞ！

三十一

扶助、保険、金融等　扶助は「相互扶助」と「会社扶助」の二様に分けることが出来るが、主として後者であって前者の設けある工場は至ってすけない。

工場の規定による業務上の事故に対する扶助は、協調会の調査にかかる六大会社のものを左に転載しよう。

項目	工場法施行令第六条ノ場合
施行令ノ最低限度	一日ニ付賃金ノ二分ノ一但三箇月以上ニ渉リタルトキハ其後ハ三分ノ一
甲	三箇月迄日給ノ二分ノ一以上四分ノ三以下其後三分ノ一以上二分ノ一以下
乙	日給全額三月後ハ二分ノ一以上
丙	日給全額二箇月以後ハ十二割迄ニ増給スルコトアリ
丁	日給全額
戊	六箇月迄日給ノ二分ノ一以上其後三分ノ一以上
己	日給全額

同第八条ノ場合	同第九条ノ場合	同第七条第一号ノ場合	同第二号ノ場合
賃金百七十日分	十円	賃金百七十日分	同百五十日分
勤続五年未満ノ者日給百七十日分同五年以上ノ者二百日分以上同十年以上ノ者二百五十日分以上	二十円	二百五十日分以上	二百日分以上
三百日分以上九百日分以内	十五円以上五十円以下	三百日分以上八百二十日分以下	二百五十日分以上六百二十日分以下
三百日分以上四百日分以下	五十円	三百日分以上四百日分以下	二百二十日分以上三百日分以下
三百日分以上	二十円以上	三百日分以上	二百日分以上
百八十日分以上六百日分以下	五十円以上八十円以下	百八十日分以上六百日分以下	百六十日分以上五百日分以下
負傷　七百日分以上 疾病　六百日分以上	負傷　三十円以上 疾病　二十円以上	日給三百日分以上ヲ手当トシテ支給シ、尚終身本人ノ生計ヲ扶助ス女子ニシテ既婚者ナルトキ、又ハ其後会社ノ許可ヲ得テ結婚シ一家ヲ為シタルトキハ無料ニテ社宅ヲ貸与シ又ハ相当家賃ノ金額ヲ補助シ且ツ附添トシテ世話人一名ヲ雇入ルル金額ヲ補助ス	

同第三号ノ場合	同百日分	百二十日分以上	百五十日分以上四百二十日分以下	百二十日分以上二百五十日分以下	百五十日分以上	百日分以上三百日分以下	百五十日分以上
同第四号ノ場合	同三十日分	三十日分以上	三十五日分以上二百三十日分以下	三十日分以上百五十日分以下	三十日分以上	三十日分以上百二十日分以下	三十日分以上
							会社ノ労務ニ服スルコトヲ欲セズ治癒後退社スル場合ニハ百五十日分以上ヲ支給ス但最低額ヲ五十円トス
同第十四条ノ場合	同百七十日分	百七十日分以上	百八十日分以上七百五十日分以下	規定ナシ	二百日分以上	百八十日分以上	規定ナシ

右の社名が判然しないのは甚《はなは》だ面白からぬ次第だが「己」が鐘紡なることだけ、当方蒐集《しゅうしゅう》の材料と合致している点から明らかである。しかしながら右のものはいずれも「規定」であって、これをこの通り厳守しているや否やはすこぶる問題だ。内外綿会社、東京モスリン等で業務上、工場側の落度から生命をおとした職工を私は数人知っているが、百円の香典料《こうでんりょう》しか出さなかった例がある。あるいはまたとにかく規定を設けておきながら少しも実行せず、指一本くらい落した者には薬価とその半癒までの給料のほか、一厘《いちりん》も扶助しない工場がまだ多数あることを見逃してはならぬ。

相互扶助的なものは前も言った通りに甚だすけないが全然その例がないこともない。しかし根本において職工の発意によるものは皆無で、いわば何かことのあった場合会社の負担を軽くするため、会社側がこれを先きに立ってやるのである。今、東京某工場の「救済会規則」中から扶助の項目を抜萃《ばっすい》してみよう。

第九条　本会普通会員にして疾病又は負傷に因《よ》り療養の為《た》め三十日以上引籠《ひきこも》りたるときは左の見舞金を贈与す

　見舞金　金参円以上金弐拾円以内

前記の見舞金を受けたるものにして尚《な》ほ引続き療養の為め引籠れる時は其《その》後三十日毎《ごと》に見舞金を贈与することあるべし

第十条　前条の期間は九十日限りとす

但し場合に依り此《こ》の期間を伸長することあるべし

第十一条　会社より入院を許可せられたる者には手当として一日金五銭を支給す

第十二条　業務上負傷し又は疾病に罹《かか》りたる時は其負傷又は疾病の治癒後に於て遺留せる身体障害の程度により左の区別により救済金を支給するものとす

一、終身自由を弁ずること能《あた》はざる者

　金七拾円以上金百五拾円以内

二、終身労役に服すること能はざる者

　金五拾円以上金百参拾円以内

三、従来の労務に服すること能はざる者

　金参拾円以上金百円以内

四、（イ）健康旧《もと》に復すること能はざる者
（ロ）外貌に著しき醜痕を貽《のこ》す者
（ハ）身体を傷害し旧に復すること能はずと雖《いえど》も引続従来の労務に服することを得る者

金五円以上金七拾円以内

五、身体機能に軽微なる障害を貽す者

金壱円以上金拾円以内

第十三条　有夫の普通会員にして分娩したるときは産婆又は医師の証明により左の見舞金を贈与す

見舞金　金五円

第十四条　本会普通会員にして疾病の為《ため》会社を解雇せられたる者には左の見舞金を贈与す

一、工場法施行規則第八条（自第一号至第三号）に因《よ》る者、会社給与金の十分の八

二、業務に耐へざる疾病に因る者

金二円以上金拾円以内

第十五条　本会普通会員中寄宿職工にして疾病に罹り医師の診断により帰休を必要とせられたる場合は金二円以内の手当金を支給することあるべし

第十六条　本会普通会員にして水火震災其他の災厄に罹りたるときは左の見舞金を贈与す

見舞金　金壱円以上金五円以内

第十七条　本会普通会員にして業務上に非《あら》ざる死亡の場合は遺族に左の弔慰金《ちょういきん》を贈与す

弔慰金　金拾五円以内

第十八条　本会普通会員にして業務上に因り死亡したるときは遺族に左の弔慰金を贈与す

弔慰金　金七十円以上金百五十円以内

第十九条　本章に規定せる救済事項に該当せずと雖も必要ありと認めたる場合は相当の救済金を交附することあるべし

平職工に対して病気欠勤の場合日給を与える工場は極めて稀だ。それに反して雇員ならびに社員には月給なる故これを支給するのであるから、待遇差別の甚しさ、不公平さには唾棄《だき》したいものがある。

それから保険に加入せしめているような処は余り例がない。

金融機関については寄宿女工に極く小額の小遣銭を勘定まで貸すような例は、一、二これを見受けるが、一般的にはこの便宜がない。それで不時に金の入用なとき貯金のない者は甚だ困るから米を受けて売ったり、食券などを割引して金に代えることが普通なされている。それから後に述べる指定下宿の委任前借りなど、随分悪いことが止むを得ず行われて、諸種な弊害がともなったものであるが、それは「指定下宿」の章で詳述する。

それから男工が阿弥陀籤《あみだくじ》なんかをやって金を都合することもある。また頼母子講《たのもしこう》(無尽《むじん》)は最も普通に流行するところと言わねばならぬ。

第十一　病人、死者の惨虐

三十二

ここは水多き難波の市、正蓮寺川の河畔《かはん》には三層楼の大工場が巍然《ぎぜん》として聳《そび》えておった。これぞ名も美《うつ》くしく「浪華紡績」と言う。はるけくも生駒《いこま》の連山より出《い》ずる旭光《きょっこう》に新らしい避雷針が燦然《さんぜん》として黄金に輝き、六甲の山なみへ夕陽が入るとき再び光って威力を示し、富の集まりを象徴して無言のプロパガンダーをする。

夜になって工場の電燈がつくと、流《ながれ》もやらぬ河の面に映じて、灯の小波《ささなみ》は美くしかった。広い正蓮寺川の唯中に島が一つあってそこに女工の寄宿舎を建てた。そして女工は陸橋と河橋を二つ渡っては毎日工場へ通うのである。搾取の城を築くに、何とした要害の地であろう。ここに悪魔の城廓は築きあげられ、鬼畜の装置は据《す》わって資本主義の礎《いしずえ》が固められたのであったが、その富の殿堂は束《つか》の間《ま》に大地震のため、根底から破壊されてしまった。遥かに遠い濃尾の地殻から大蛇ののた打つような地波が起ってがらがらっと工場は崩壊する。煉瓦の崩れる音、機械の壊れる音、蒸汽の洩れる音、非常汽笛はもの哀れげに鳴り響くのであった……。

女工の悲鳴がその間を切れ切れに聞こえる……。

煙突は怒濤《どとう》に飜弄《ほんろう》される舟の帆柱のごとく、今にも倒れそうに、そして折れそうに揺《ゆ》らぐ。防火壁は倒壊し、煉瓦と金物と死体は雑然としてその後に残った。レールは折れ支架は飛び、軸は飴《あめ》のごとく曲って、精巧なりし機械の跡形もない。

破壊された鋳物《いもの》の下敷になった少女工、煉瓦が胴腹《どうなか》へはいり、軀体《からだ》を半分埋められた男工、または口に鉄棒の貫いた老婆、脚のない者、手のない者、首の失える者、砂にまみれた肉片、その凄惨たる光景は戦場よりも酷《ひど》かったであろう。

随分時間が経ってから掘返して取り出された屍《しかばね》は、ざっと菰《こも》を掩《おお》ってそこらに列べられたが、いずれの肉が何人に属するのか、またはどの首が誰につくのか判らない。手足のついた者でも、顔面が潰《つぶ》れて何人たるかわきまえることが出来ない。

電報で呼び寄せられた父兄たちは、どれが肉身の者か判別がつかないで唯だ惨状に泣くのほかなかった。

ああ！　戦死以上の殉業者よ！

これは明治三十四年の出来事であるが、今はほとんど廃寺になった正蓮寺の境内に、さびしくその記念塔が一本残っているのみだ。三百人の霊は安らかであるか。

その後浪華紡績は三重紡績に代り、東洋紡績に名が代ったが、工場は修繕改築されて相変らずそのフライヤーの音と共に、女工の不幸と逆比例に黄金を産み出すであろう。が、「奴隷の島」は彼女に渡る瀬もない。

次ぎに大阪紡績三軒家工場の大火である。

明治二十五年十二月三十日の払暁《ふつぎょう》第二工場から発火し、火はフレームに積った綿を伝ってたちまち一階の天井へ燃え移った。一階の天井は直ちに二階の床なるが故、油の浸んだ板は一たまりもなく勢づいて燃え始める。そうして焔《ほのお》は立ち処に三階まで昇って全工場は猛火に包まれた。そして、二階で作業中の女工が、階下が火事だと知った時にはもう火の海でおりることが出来なかった。原動機はなかなか停まらない。ロープやベルトに火がついて、「火の車」は物凄く唸《うな》って回転する……。

一階につき一カ所しかない非常梯子《ひじょうばしご》は、幅が狭いため役に立たない。で、二階以上にいる者は見る見るうちに猛火に包囲されねばならなかった。このとき非常汽笛は断末魔の声を挙げて鳴る……。その中で火に焼かるる女工たちは、

「助けてくれイ……、助けてくれイ……。」

「あつい！　あつい……。」と悲鳴を張りあげる。だが救助の術《すべ》もない高層の建物――。

「おおおい、おおおい……。」

なおもこう狂い叫ぶ女工の背後へ猛火は渦巻いてのさばりかかるのであった。下から仰ぎ眺めていると頭髪に火がついて狂乱しながら焼け死ぬ態《さま》が手に取るようである。なかには焦熱の苦悶から逃れようとして三階の窓から飛び降りる者があった。しかし空中で数回もんどりうって地上へ落ちた時は既に絶命の他はない。おまけにそこも火の海だし、飛んだ圧力だけでも生命はないはず。

その時の死傷者も数百人にのぼったと伝えらる。しかし右の惨劇に対しては紀念碑一基あることを聞かない。それに引きかえ同工場の創始者山辺丈夫なる者はその銅像さえも工場門前に建てられている。そして紡績界で成功せんとする小技術家連は、これを「紡績の神」と尊崇して朝夕礼拝するとか。

大火と地震――これを世人は天災と言うだろう。しかしながらあながち単純に天災と言って片附けてしまって、良心の苛責《かしゃく》を感じないであろうか？　両者ともなるほど表面の形ちは奇禍であるが少しく内省すれば虐殺と何らえらぶところがない。多額のコンミッションによって不正を通したであろう不完全な建築、または避難設備もつかぬ高層な工場、いずれが資本主義の罪悪でないと言えるだろう。

大正十二年九月一日、突如として関東一円を襲った大地震は東京と共に富士紡押上、大日本紡深川、栗原紡織の三大工場を灰燼に帰したほか、死の谷小山《おやま》以東の大小工場をほとんど倒壊せしめてしまった。それは天が我ら人間に向って血の啜《すす》り合《あい》をするような浅間《あさま》しい行為を再びせぬよう、啓示するかのごとく見えた。主なる罹災工場を挙げると、

富士紡――小山工場、押上工場、川崎工場、程ケ谷工場、小名木川工場
日清紡――亀戸工場
鐘紡――東京本店
大日本紡――深川工場、橋場工場
東洋紡績――王子工場、栗橋工場
相模紡績――平塚工場
東洋モスリン――第一工場、第二工場
東京モスリン――吾嬬工場、亀戸工場
栗原紡織合名会社――工場
東洋麻糸紡績――横浜工場
日本製麻――赤羽工場
小田原紡績――工場
東京紡績――工場

服部商店――横浜工場
東京毛織――大井工場、千住工場、王子工場
（以上職工数千人以上のもののみ）

右多数工場の死傷者は災後未だ日浅き今日、その数を知ることが出来ない。しかし圧死者および焼死を遂げた者、負傷した者がどんなに尠《すくな》く見積っても五千を下ることはなかろう。

地震そのものは勿論不可抗な自然の威力である。しかしながら積み上げた煉瓦の下敷になったり、据え付けた機械の間へ挟まったり、または焼き殺されたりしたのがことごとく不可抗なる大自然の法則に従ったものであるや否やを考える時、私は尠からぬ疑問を起さないでいられない。要するにそれは狡猾《こうかつ》飽くなき資本主義者がもの言わぬ自然への罪の転嫁に他ならんのである。そりゃあれだけの大天災で一人も人畜に被害を及ぼさんというようなことは期し難い。しかしながら人間本位な、最上人命の尊ばれる世の中だったら尠くとも今回より遥か少数の死傷者でことが済んだであろう。

富士紡小山工場のごときは一たん逃げ出した女工を「お前の体は金を出して買ってあるのだから自由な行動はとらせない。」とて、厳重な監視づきで倒壊工場の炎々と燃えあがる工場脇の空地へ拘禁しておき、遂に避難時を失して延焼建物のため四方から挟み

焼きにしてしまった事実がある。

また大日本紡深川工場のごときは震前すでに危っかしくて中にいたたまらぬような古き煉瓦建の三階工場に、重い機械を据《す》えて運転さしておったのである。工場の煉瓦壁には幾つもの亀裂が入っていたが、毫《ごう》もそれを修理することがなかった。

こんな危険きわまる工場を何故建て直しておかなかった？ 建てかえる金がない位いなら大きな顔して営業するな――。しかしてこれに何ら危急避難設備がついていなかったのだ。

右の他どこの工場へ行っても三百人も五百人もが一堂にはいって働く大工場内へ、ほんの申し訳的に一、二カ所の非常口しか設けてなかった。しかもその非常口は扉を閉ざして閂《かんぬき》をはめ、ご叮嚀《ていねい》に錠前までおろして全然非常口たるの効果を収め得ない装置になっているのだった。

自然は気まぐれに大地を揺がし、風をも吹かす。しかしながら錠前と、人を埋めるために煉瓦と石材を与えたことがなかった。

三十三

それはもうよほど以前大阪に虎疫《コレラ》が猖獗《しょうけつ》をきわめた或る夏のことである。下らん所に面目を重んじたその工場は、始め一人の患者を工場医に隠匿せしめたのが元で、あたかも水面に油を注いだごとくたちまち戦慄《せんりつ》すべき病菌が全寄宿舎に蔓延《まんえん》したのである。このとき会社は所轄の警察署と結托して、隔離室ちょう〔という〕名目の許《もと》に三十間《けん》とはなれぬ同敷地内にバラック建の病舎を急造し、灼熱《しゃくねつ》するトタン屋根の下に荒筵《あらむしろ》を敷いて、二重三重と患者を押し込めた。そして一人の臨時医師を増員して防疫にこれつとめたのであるが、この際真正《しんせい》患者と診《み》たものは全部助からぬものと断定し、余計な費用や手数をはぶくため、医師を買収して毒薬を調達させ、患者の飲み薬の中へ混ぜたのである。

薬を飲むや、たちまち患者は七転八倒《しちてんばっとう》の苦悶を始めて遂にばたばたと虚空をねめて息ひきとるのであった。するとそれを薄々覚《さと》った他の患者は、口を緘《つむ》って薬を服《の》まない。すると会社は荒くれな人夫に命じて手足をおさえ口を割り、否《いや》でも応《おう》でもそれをのませねば措《お》かないのである。

いよいよ服ませ終って苦悶が始まるともう臨終を待つどころか、そのままバラックから文字通り引ずり出して「死体室」という小舎《こや》へつれて行き、そこで棺桶《かんおけ》ならざる釘が出てグリスのついた機械の空箱へ詰め、車に乗せては火葬へ運搬してしまうのだった。親が来たら無論伝染病ゆえ警察の命令で直ぐ焼いたと言ってしまうのである。こうしてそも幾百人の女が無念を呑んでかえらぬ幽鬼に旅立ったことぞ――。

それからこの話はまだ日も浅い四年前のこと、岐阜の日本毛織工場で流行性感冒があったときだ。そばについていて怠たらずに手当すれば充分癒《なお》るものを夕方の看護きりで誰も行かずに朝まで放って置く故、病人はあずり廻って、しかも血みどろになって死んでいるのであった。それを「死体室」へ屠牛か何かのように札をつけて放り込んで置き、打電によって親が来るとしばらく門で待たせているうちになかへ電話かけて引き合せの用意をする。死体室から引出し、慌《あわ》てて一間に安置して燈明《とうみょう》をあげ、「泣き婆《おんな》」を一人つけてから「さあお通り下さい。」と出る。

こうして彼女たちは「末期《まつご》の水」も飲ませてもらわずに、恨みを呑んで幽鬼とならねばならなかった。

私は大阪における一流会社某工場の「死体室」という小舎を見たが、それはまあなんという酷《ひど》い処だったろう。恰度《ちょうど》例えて言うなれば便所の端に掛け出しをしたような処で、家庭養蚕地の蚕糞《こくそ》をチヂと一緒に捨てる場所と同じであった。それを見た私は実際「地獄」という感じがした。

東京にはまた工場で葬式をいとなむ場合、仏を棺桶に入れたままで棺巻き一つせず、これを車に乗せてむき出しのまま人夫にかつがせて砂村の焼場へ棄てに行く工場がある。

第十二　通　勤　工

三十四

諸君はここまでの間にも随分耳新らしい社会語を多く発見されたことと思うが、またしても私は「指定下宿」という熟語を紹介する必要に迫まられた。

各工場が男女工待遇差別の非を悟って、追々男工寄宿舎を設けるようになって現今では大分すたったし、なおまた存続するものも男工寄宿舎の競争と一般労働者の生活の向上に促がされて余程改善を計《はか》ったようであるが、往時はこの指定下宿なるもの随分ひどいことをやったもんだ。

先ず「指定下宿」とはいかなるものであるか？　それを述べよう、通勤工虐待としての指定下宿を。

労働者専門の「労働下宿」は主に関西の産物であって関東には余りその例がないようだ。つまり「指定下宿」とはその労働下宿の一種なのであるが、そのまた下宿のうちでも紡績職工専門である場合が多い。今その五、六例を挙げれば左のようなものだ。

工場名	下宿名	在所
内外綿	鳥文	北伝法
同上	船公	南伝法
同上	沢井	春日出
西成	蔭山	南伝法
神崎	新田	川辺村
四貫島	福永	四貫島
同上	富田	四貫島
同上	青木	四貫島
三軒家	川本	三軒家

しかしてこれら指定下宿なるものは「何々師団指定御旅館」というようなのとは趣が違い、色々と収賄運動を続けた結果会社から数多《あまた》の「特点」を獲得したのである。そのうちでも最も大きなものは「勘定取立」の代理だ。下宿は実にこれあるがために労働者の懐《ふとこ》ろに寄生していながら尠《すくな》からぬ収入を得て行くのであった。例うれば女郎屋か銘酒屋のおやじのようなものか――。

下宿の家は区々《まちまち》で一定していないが、どこへ行っても人間の住むような家ではなく、中には全然物置場であった処を何ら改築もせずそのまま使っているところさえある。それで屋根裏に頭がつかえて充分背を伸ばすことが出来ず、年じゅう中腰でおらねばならぬ怪《け》しからん処さえあった。こんな按排《あんばい》であるから窓はなく畳は黒く、通風も照明も無論あったものではない。

止宿の方法を大体において「雑居」と「別間」とに分ける。すなわち雑居とは前の汚い部屋へ誰彼の容赦なく雑然と入れる追い込みであって、これは言うまでもなく一つの床に二人以上寝なければならないうえ、蒲団《ふとん》は昼夜、のべつに使用されるのである。別間というのは一定の宿料以外に二円なり三円なり部屋代を払う。そうして二、三畳の狭い部屋を一室借りきるのであるがこの部屋たるやすこぶるつきなものであって魔窟の性交室に異らない。

下宿の食物はまた実に悪い。それを朝食べて出て午《ひる》は弁当を運んでもらい、夜はまた帰って食べて夜業者は出しなに弁当持参で出勤するのだが、下宿の親父は客である止宿人を一向人間のように思わない。主人と召使のごとく心得て下宿人に南京米《なんきんまい》を食わせておきながら、自分は別鍋の日本米を食うといったのが多い。そして客を呼びすてにするのである。しかしながら職工もから意久地《いくじ》なしで、この横暴飽くなき主人に向って「旦那」とか「にいさん」とか「大将」とかの敬語さえ使うのであった。

下宿に風呂を備えた処は無論ない。食堂といったものもほとんどなく「立食」せねばならぬような処もあった。

この指定下宿は一工場にすけなくも三軒以上、多い処になると十軒もあるのだった。それ故、止宿人一人につき日々相当な利益を見る処から必然的に同業者の劇甚な競争となって止宿人の引《ひ》っ張《ば》り凧《だこ》をやり、果ては流血の大喧嘩《おおげんか》をやらかした例《ため》しはかなりに多い。それからまた指定下宿と工場の人事係は巧みに結托して、直接工場へ志願に行ってもなかなかこれを採用しなかった。そして人事係は、「船公へ行き、下宿屋からやったら入れたるわ。」といって、彼の客引をするのであった。

工場からは大抵この指定下宿へ向けて、その宿泊職工を毎朝遅れさせないよう一定時間に叩《たた》き起《おこ》し、追い出してくれる駄賃として一人につき三銭ないし四銭の手当を支給した。それで、下宿の親父はなお更忠義ぶって職工を酷《ひど》い目に遭わせるのだった。

三十五

勘定取立の代理　指定下宿たる者はその止宿人としからざるとにかかわらず、工場在籍者の勘定取立を代弁する特権をもっている。この点、第三者たる者のよく考えねばならぬところで普通の場合権利の委任ということは本人がいない時とかまたはおっても特に本人から依頼した場合にのみなされるのである。しかるにこの指定下宿の場合の「委任」はたとい表面の形式が本人の依頼になっていようと、内実は被委任者の強制なのである。実に不都合極まる委任制度であり、会社がこの委任制度を容認した処に怖るべき職工虐待的意義が含まれているではないか。

工場へ入社して下宿についた者は、否応《いやおう》なしに工銀受取方の全部を下宿のオヤジに委《まか》せてしまわねばならない。下宿はそしてそのうちから宿料を差引いて残余の金を本人へ手渡すのだが、後に述べるような悪制度があるため実は一文も本人の手へは渡らない。それは文字通り下宿に「奉公」したようなもので、この点女工寄宿舎の諸悪制度より以上ひどいのだ。

貸金制度　下宿屋はどこへ行っても皆な金を貸す。しかしその金貸たるや完全無欠な抵当入りであって、その抵当が件《くだん》の勘定受取権なのである。下宿と関係のある職工には、会計が断じて本人に勘定を渡さないのである。

私は、毎日十四時間も働いてなお勘定日に一文の金も懐《ふとこ》ろへはいらないものだから、氷水一ぱい飲むことが出来ない。そこで親父《おやじ》の許《もと》へ借金に行くのであった。

「にいさん、毎度すみませんけど一円貸したっとうくんなはれ。わい、氷水のむ銭もあれしめへんにゃよって……。」

「お前、帳〆《ちょうじめ》からずっと休んでたやないか？」

親父は言う。

「へえ、ずっと休んでまんにゃけど今日一《いち》ん日《ち》出ましてん。」

「ほおか！　ほんなやったら通帳持って来てみい。」

私は屋根裏の部屋まで引きかえして、工場の通帳を持参する。

「……ほんに一ん日働いたるなあ、二歩《にぶ》居残してけつかるな？　ちょっと待ちや……。」

こう言ってオヤジはかねて職工係が報告したであろう日給帳を調べ、算盤《そろばん》をはじいてから帳〆以後宿料ひいて一円の「預け」があったら、始めて私の要求に応じ一円を貸してくれるのである。ところがこの「一円」たるや前利子《まえりし》の月一割という法外な高利故、実は九十銭しか私の手へは渡らないのだ。だが段々信用が出来てくると二十円でも三十円でも黙って貸し、これを「足止策」にするのである。

職工は借金がないと、直ぐ出たり退社したりするから、信用がおけるものならどしどし貸付けて貫目《かんめ》をつけるのだ。下宿では一定期間止宿しておった者は、いくらの貸金をふんだくられても差支えないという成算を立てて貸すのであった。だから借金のない者は一人もない。ところがこの方法のめぐらされるのが独り止宿人ばかりにとどまらず、通勤者全般に及ぶのであったから通勤工のすべては年中下宿屋の債鬼に苦しめられておった。

既に述べた通り一般通勤工は他に適当な金融機関がない処から、どうしても給料のうちから下宿の高利を払っても前借するのほかない。で、来るは来るは、それは下宿人以上に金借りが来た。この者はみな最前のように前利子一割で取立権を委任して借りねばならんのである。

私が内外綿にいたころ船公指定下宿へ、実に四十七家百人以上の男女工がこの高利を借りに来た。そのほかに下宿人は三十人以上いたのであるから、帳場で毎月末に取扱う金はかなり多額にのぼった。

物品の立替と顔利き　指定下宿には右のほか日用品およびその他あらゆる物品の代弁販売と、商店の顔利きという悪い習慣がある。勿論これが文字通り正当に行われるのだったら一つも悪いことはない。しかしながらそれらの物のことごとくに口銭《こうせん》を取るのだから、職工は市価より遥かに遥かに高い代価を支払わねばならぬ。

先ずいずれの下宿へ行っても石鹼《せっけん》、手拭《てぬぐい》、足袋《たび》、麻裏、ズボン、シャツ、煙草、酒等は沢山常備してあって、止宿人はすべてこれを用いなければならない。前に挙げた九軒のこれら諸物価を調べてみると市価より高いこと二割という平均を見た。煙草でさえも当り前で一割の口銭をはねるのであったから他の品は推して知れる。

その代り裸一貫で飛び込んで行っても入社さえ出来れば仕事着一通りは立て替えて働かせてくれるという便利がある。しかしそんなことをしたが最後之助《さいごのすけ》、頭の上る気遣いなしだ。しかしてこれらの下宿では「入宿以来四ヵ月間はどんなことがあっても出られない」という規則を公然ともうけ、万一出る場合には規定宿料の倍額くらいを要求する。故にはいったらなかなか出ることが出来ないのである。実に監獄部屋《かんごくべや》は北海道まで行かずとも、大阪の真ん中にこれを見ることが出来る。

職工が気張って働く一方で借金を拵《こさ》えなかったら下宿の儲《もう》けにならぬ。それで万が一にもそんな真面目な人間に出会った場合には手をかえ品をかえてこれを誘惑し、やれ着物を作れの時計を買えのげんい妻世話しようのむこはんい持てのといって堕落へ導き、商店の顔を利いては口銭をとったうえ借金を背負わされるのであった。

小遣銭がなくて日用品さえ購《あがな》うことの出来ない通勤者の家庭も、またこの下宿の物品代販と顔利きを利用するのは言を俟《ま》たぬ。そのためにはちゃんと米や醤油《しょうゆ》まで備えてある。しかしながら箆棒《べらぼう》に高いことは話しのほかだ。でも職工はそれを立替えてもらうより他に道がないとしたら、余りな通勤者虐待と言わねばならぬ。これ皆な指定下宿と人事係の結托するところによる。

指定下宿の横暴、風儀等につき　この指定下宿の経営者は、大概土地の無頼漢なのであるからその尽す暴虐は限りない。しかしてこれに大抵番頭が一人おり、これがまた乾分《こぶん》気取りのならず者である。

そもそも絹のしとねに美人を擁し、朝太陽の昇るまでも寝ている者があるのに、冬の四時半なんていう夜中のようなうちから起きねばならぬのが間違っているが、とにかく疲れた職工は容易に一度の鈴では起きて来ない。こういう時に番頭は二度まで呼ぶがそれでも起きなかったらどかどかっと別間の夫婦者の部屋へでも踏み込み、容赦なく蒲団《ふとん》をはねめくるのである。病気で休もうと思ったとて図緇休《ずるやす》みだとぬかしてなかなか承知したものではない。腕力にかけて叩き出すのは当り前のことだとされている。

愛人のある女工は寄宿舎の不自由をきらって、でもまあ外出の制限がないだけ幾らか増しな下宿によくつくのであるが、亭主や番頭はたちまちにこれをひっかけねば措《お》かない。

「……でも何々さんが怒ったら怖いわ。」

「あんな奴、愚図々々ぬかしよったら殺してもたるが。」

こんな調子で、もう目茶苦茶《めちゃくちゃ》だ。

ここでは姦通が当り前のことである。私の知った範囲内でも三軒の下宿屋で百人足らずの男女間に二年ほどに十二件の姦通があった。そして滑稽なのは嬶《かかあ》とられた男が一升のあやまり酒によって握手するのであった。下宿の番頭や亭主が我が妻と不義を働いていると判っても、怖ろしさに無力な男工は見ぬ振りをせねばならなかった。

それから下宿ではよく博奕《ばくち》を打つ。オヤジから盛んにこれをすすめるのであるから、そこに色んな弊害の起きることは言うまでもない。そうして負けた場合には勘定から差引かれてしまうのであった。

以上概略ながら指定下宿のどんなものであるかを説明したが、これは資本家と同程度に憎むべきものであって、全然労働者の血を二重に啜《すす》っている寄生虫である。否、むしろ吸血鬼の類いだ。

かつて私は日給三十八銭の頃、二十七銭の下宿賃を取られ豚のように軽蔑された。そこのオヤジは、三、四人の妾《めかけ》をもって豪奢な生活を送りながら子供は中学から専門学校へ入れて、なお巨額の金を溜めたのであった。そして今や安治川に素晴らしきレストランを開店して十数人の奉公人を召使いながら偉そうにおさまり返ってる。馬鹿を見たのは俺たち兄妹だ。

「おい兄妹たち！　けっして御身《おんみ》はあすこの料理を食べてはならんぞ！」

夫婦共稼ぎをしながら一家を持つことの出来ぬ、貧民窟のくみあいよりも劣った職工が、この指定下宿には必ず三組や四組ごろごろしているのだった。また、夫婦づれして方々の工場を転々して歩き、此方《こっち》の下宿から彼方《あっち》の下宿へと、家も故郷もなく渡り歩いている無籍者のような職工もいた。これを「渡り鳥」と言うのであった。

第十三　工場管理、監督、風儀

三十六

有難いことにも各お役所ではしばしばわれわれの労働事情や生活状態を用紙一枚によって調査して下さる。そしてその結果もし悪かったら改善の道を講じて下さる積りらしい？　三拝九拝してお受せねばならぬところだが、おらあ真《ま》っ平《ぴら》ご免《めん》こうむりてえ。お役人様の調査なんてものは事務所へ来て工場長に問うたり、そこらのでも事務員などがいい加減な時間潰しに作りあげた表などを見てそれが「実調」なんだから呆《あき》れる。お役人様が、たといわたいらと一緒に一度や二度くらい食堂のご飯を食べてみやはったかて、とても実相が判るもんやおまへん。

何でも六、七年前のことであったと記憶するが、内務省だったかそれとも農商務省だったか憶《おぼ》えぬがとにかく全国の職工に用紙を配布して質問を発したが、誰一人そんなものに真面目な回答を与える者はなかった。てんで初手からそんな遊閑《ゆうかん》階級のひまつぶしみたいな洒落《しゃら》臭《くさ》いてんごうを馬鹿にした俺たちは、「将来の目的は死だ」とか「崇拝人物石川五ヱ門、「稲妻お玉」、「宗教は生殖器崇拝教」というようなことばかり書いてやった。それから降って大正十年東京市社会局でも女工生活の改善資料を得るためとかいってこんな企《くわだて》をしたが、資本家の手先が監視して真実のことなどかかせるものか。それに第一女工などには回答用紙に自分の思ったことを何んでも認《したた》めるという文化的な表現力が欠けている。だからこうした調査のやり方は、根本的にその方針を誤まったものといわねばならぬ。また大正十二年十月には兵庫県、翌十三年十月には全国各府県で「労働調査」というものを執行したが、そんなたわいもないことで労働界の精しい実情が調べられると思う、お役人様のノホホンさ加減が嗤《わら》いたい。有名な実業家でフランスの平和会議にまで日本を代表して行った喜多又蔵氏の経営にかかる兵庫県猪名川染織所において、この細井和喜蔵がどう調査されたかを一寸《ちょっと》お話しよう。

そもそも小生を調査すべく兵庫県から任命されたものが色染部阪倉主任という工場の支配階級であって、原籍と現住所と学歴を訊《き》いた以外のことは、皆な彼が勝手にペンを走らせて認《したた》めてしまった。こんな調子で五百人程の男女工はことごとく工場監督によっていい加減な出鱈目《でたらめ》、それも資本家にとって都合のいいように作った用紙で報告されてしまったのであった。

東京モスリンへは時どき文部省の嘱託だとか養子だとかいう人間が工場教育を視察に

来て一場の講演をして帰るが、若干の袖《そで》の下《した》に与かるであろう処からして実に鼻持のならぬことを言う。さきに文部省嘱託稲垣某が東京モスリンで話したことを聴くに、「皆さんは貧乏な家に生れておきながらこんな美しい処に住まわれ、雨が降っても傘を持たずに学校へ通って勉強が出来るというのはひとえに会社のおかげでありまして、何という結構な、幸福なことです。」と言う。

工場監督官に一言を呈す

言うまでもなくこんなことは立法の不備であってあなた一人の罪ではありません。しかしながら私は言います。そもそもあなたは工場を監督するなんて該博な能力をおもちですか？　私の見た処によりますと、日本に今一人も工場監督官として尊敬の払える人はいません。工場とは科学と神秘の相錯綜した永遠のスフィンクスです。で、これを監督するにはその本体全部を識り尽くさねばならぬはずです。しかしあなたにして電気技師であり、エンジニヤーであり、紡績技術者であり、織匠であり、心理学者であり、社会学者であり、十歳の少女労働者であり、五十歳の老年工であることが出来ますか？　無論そんな真似の出来るはずはありません。

あなたが一年に一回や半年に一遍《いっぺん》工場へやって来て、ぐるぐるっと参観しただけで、あの機関があぶないとかあの装置がいけないとかどうしてわかりましょう。それを識《し》っているものは唯だ、そこで明け暮れ働く職工自身をおいて断じてあり得ません。だから工場法規の厳守は、どうしても労働組合の監視によって徹底させねばならんと思います。

工場監督官の行動がほんの名前だけに過ぎず、実際は何の役にも立たないのである。従って私らくろうとの目から見れば一向危険でもない処をさも危っかしく言いふらしたり、危険この上もない箇処をも気附かずに見逃したりする場合が多い。滑稽と言わねばならん。こんな具合だから少しご機嫌を取っていい位な説明でも与えておけば、不正な工場設備も難なく検査が通るのである。資本家にとってはまことに好都合だが労働者にとっては困る話しだ。

私は大阪にいるころ府の保安課からボイラーの検査に来た場合、某工場がどうして誤《ご》魔《ま》かしたか知っている。また工場監督官が廻って来ると「それっ！」というので幼年工の作業を休止する一流会社も聞いている。それからもし人が年齢を尋ねたら必ず工場法規定の最低年齢を答えるように常々言い含めて、十歳未満の子供を使用している工場が東京にあることも知っている。

『工場監督年報』に発表されるすべての調査はことごとく資本家の報告によってなされたものだ。そんなものを世間は信用するのか——。私は日に何百枚となく各庁へ届くであろう資本家の報告書に、一枚として真実を語るもののないことを断言して憚《はばか》らない。

紡績会社と警察署、巡査、刑事と職工の関係を少し語ろう。

募集地で分署や駐在所《ちゅうざいしょ》などを巧みに金力で取り入れ、目に余る点も大目に見てもらうような例は既に述べた通りしばしばあることだし、場合によってはこの権力を借りて募集の手段とするようなこともある。それから、管轄区域内の工場に不正があった時、これを有耶無耶《うやむや》に済ますようなことは珍らしくない。常に警察は資本家の警察であるごとく、決して弱者に公平であり得ないことは近頃の労働争議に明らかである。

大正十年の夏、東京府下の某署はその改築落成式を挙行したが、その余興に遊園地から芸者の寄附を受け、これを新築成った署の楼上でおどらせた。こんな警察だから大抵なにをするか分っている。その夏某署管内の大工場に争議が起った時、これを会社は公表せずに葬ろうという処から口止料《くちどめりょう》に数千円を投げ出したら、まことにまるくおさまった事実がある。

それから警察では正業に就《つ》いている女工をあたかも淫売婦のごとくに考えているのか、

言語に絶した取扱いをする。左にこんな例がある。

時は今年六月である。東京モスリン亀戸工場竹の十九号室で部屋長竹熊ツタが現金六十余円を何者にか窃取《せっしゅ》された。寄宿舎では時々こんなことがあるが、大抵とられた者が悪いという筆法で内密に人事係が裁いてしまう習慣だ。しかしながら近頃余り盗難が頻発するゆえ、一度訴えておいた方がいいと言うので警察署へ訴えたら、早速刑事がやって来て取り調べの際、平野タケ子という工をとらえて散々打擲《ちょうちゃく》しながら言うのであった。

「おい！　お前この着物をどこから盗んで来た？」

「いいえ、盗んでなど来やしません。働いて拵《こさ》えたのです。」

「生意気なことを言うな、女工がこんな絹の着物などいるものか、たしかに盗んだに相違なかろう？　どこで取ったか白状しろ。」

こう言ってはしたたか打つ。

「お前、この時計はどこでかっぱらった？」

「いいえ、あたしが買ったのです。」

「女工に時計や指環《ゆびわ》がいるものか。」

「お前、このオペラバッグはどこで万引きして来た？」

「あたしの金で浅草へ行って買ったのです。」

「強情《ごうじょう》はるとためにならんぞ！　人間はこんな物を持つようになってはおしまいだ。これは令嬢か淫売婦の持つものじゃないか？　お前らの持つものじゃない。さあ早く皆を言ってしまえ。」

彼女は余りのくやしさに泣いた。

「こら！　白《しら》っぱくれてどうあっても白状しないな。よっし！　そんなら仕方がないから連れて行ってやる。」

刑事はこう言って引《ひ》き摺《ず》るように拘引し、ついにタケ子を一昼夜の拘留に処した。

一方その部屋のうちタケ子の友達は皆な彼女が品物を買った店も知っておれば、時計や指環も現に保険証までついているのを知っている故、団結して工場長に彼女の赦放を迫ったのである。ところが一方ふとした証拠から真犯人はあがったのであった。それは驚くべし、女工の監督の任に当る「世話係」の一人であった。しかも彼女は寄宿舎主任の妾《めかけ》という話しだ。

警察では翌日タケ子を放還するとき、「こんな間違いのあったことや、そのほか警察のことを喋《しゃべ》ったら承知しないぞ。万一お前が人に話したら再び、今度はほんとうの監獄へ入れてやるからそう思え。」と言って威嚇《いかく》したのであった。そしてその真犯人の世話係は何のこともない。こんなにして前記タケ子が嫌疑をかけられた原因は、多くの衣裳《いしょう》や装身具を所持していたからであったのだと。

女工がオペラバッグを持って耳隠しに結《ゆ》っちゃ悪いと、いつの昔に誰がきめたか――。

三十七

女工――「彼女たちの空虚な魂を満たすに足る何ら高尚な精神的慰安がない故、おのずと醜悪低劣な現実的恋に、その遣《や》る瀬《せ》ない魂の避難所を見出すのだ。従って彼女を肉的堕落の深淵から救いあげるには高尚な娯楽機関の設置が急務である。芸術的趣味の涵《かん》養《よう》がいい。」とこんなことを言う政策家がある。しかしながら彼らの言う「高尚な精神的慰安」とか「醜悪低劣なる恋」とか「堕落」とかは、どれ程の倫理的根拠および比較的論拠があるものかそれを疑うのである。

恋が醜悪だというなれば独り女工の恋ばかりに限らず、すべての恋は醜悪であらねばならぬ。また現にすべては醜悪だ。その醜悪な人間社会で彼女だけが何故に清浄であらねばならんのだ。社会はそんなことを彼女に要求する権利がない。

女工が堕落しているとはそもそも何に比較して言った語か？　いかにも厳粛らしく装《よそお》った一般上層社会の内幕がどんなに醜悪なものであるかは想像以上であろう。仏蘭西《フランス》の社会主義作家オクターヴ・ミルボーの『或る小間使《こまづかい》の日記』などを翻読するに、全くこれら偉そうに言っている上層社会の腐敗糜爛《びらん》した態《さま》が、到底女工生活を十倍あわせたって届かぬ位に発《あば》かれて来る。また日本の現実にしたところが曰《いわ》く何々事件、曰く何処《どこ》其処《そこ》心中、曰く何角関係といった調子で、全くどうも他人のおせっかいをした明くる日は、もう自分が人の女房を横取るとか、娘を孕《はら》ませるとかいった始末じゃないか。ここにおいて下層社会の風儀が乱れているとは一体何を標準にして言ったのだか、私はその諒解に苦しむ次第である。労働者はカーレル・チャペックの「ロボット」じゃない。

さて紡績工場では裏面において職工の結婚による足止策《あしどめさく》を講じるような場合があるにもかかわらず、表面はこの「風儀」ということをなかなかやかましく言う。そして前に述べた通り男女の寄宿舎は全然別に建てられており、たとい兄妹といえども女工寄宿舎へ男工の兄が、男工寄宿舎へ女工の妹が、互に行き来して語らうことは出来ない。女工寄宿舎は「男禁制」であり男工寄宿舎は「女人禁制」の山である。

しかしながらこれほど皮肉な滑稽はまたとない。工場では女工と男工が終日尻《しり》くっつけ合って働かねばならないのだ。しかもそれは文字通りそうであってことに織布部などと来ては女工が織り前へ向かって作業している時、うしろを男工が通る折り普通の大人なら必ず二人の尻がぴったりとかたく喰《く》ッつき合《あ》ったうえ恰度《ちょうど》性器の部分へそのサーフエース・ローラーと称する摩擦の多い、しかもびくびく打《う》ち顫《ふる》うように運動した転子が密着し甚だしく性的昂奮《こうふん》を覚えさするのである。それからまた地を匐《は》ったような諸機械はこれを男工が修理するとき、いつも女工の裾部へ視線が注がれざるを得ない。

こんな有様でありながら、男女の宿所を分けて禁慾を強《し》いたところでそれが何の役に立つ、実に滑稽な矛盾たるを失わない。

彼女が眩惑《げんわく》そのもののような自己没却の機械的労働から解放されて寄宿舎へ帰り、幾らか落着いて周囲を見廻した時、そこは不自然にも同性ばかりの鼾《いびき》で蒸せかえっている。しかも爛熟しきった大美濃《おおみの》柿《がき》の熟柿《じゅくし》みたいに堪《た》え難い香りが――。彼女たちはこの寄宿舎で、どんなにか強く異性に憧憬《しょうけい》をもつことだろう。

それからまた何ら異性のことなど考えない少女のうちからこうした生活に慣らされてしまって成長した女たちが、「恋」と「性」に全然無知識であったためとんでもない失敗を演ずることは数多い。

敢《あえ》てブローニングを真似する訳じゃないが恋愛は至上至高だ。しかしながら「恋愛」が至上だからといって恋愛に関連したすべての事柄が皆な至上だとは言えない。何分にも紡績は女の多い処だから妻子ある社員が一女工と恋するような場合が随分ある。私はその恋を乱行だとはちっとも言わないが、どうも彼らはその責任を持たないからいけない。何《なん》とか彼《か》とかうまくたらし込んで歓楽だけを味わい、歓楽の後に来る当然の結果としての苦痛が振りかかって来れば直ぐ逃げ出すのである。

募集人を始め工場長から組長職工に至るまでが、いずれも女工をひっかけることはこれまでの章で附けたりにたびたび述べた通りであるから更《あらた》めて重説するのを避け、ここではそれと仕事上の関係を一言しておく。

監督者はこれと思って目星をつけた女工が意に従わないと直ぐ仕事上で圧迫し、受負者なら大変わりを悪くする。日給者ならえらい仕事をさせる。それで大概な女は少々嫌いでも従がってしまわねばならんのだ。

上役はどこの工場へ行っても下役を呼びつけて小言《こごと》いう権利がある。夜業の折などはこれといって定《き》まった仕事のないところから怠屈《たいくつ》まぎれに上役たる者はよく女工を呼びつけ、遂にはそこで半ば強姦的に醜行を演じてしまうようなことがある。往時は随分これが劇しかった。現今でも全くその跡を断つことは出来ない。

しかしながら各会社の根本方針としてかくのごとき問題は余り利害に関係せぬこと故、断乎たる処置方針などは定っていない。私の同郷人で数十人の女工を色々な手段で弄《もてあそ》び、うち数人に妊娠までさせておきながらそれは会社員としての地位昇進上何らさまたげにならぬのみか、かえって手腕家だという好評をすら重役間に受けて今職工係主任を相勤め、近々退職せんとする紡績紳士(?)がある位だ。

三十八

一九二三年末だ無頼漢と関係のない工場は皆無だ。紡績工場には何らかの名目でゴロツキが傭《やと》ってある。また土地の親分なる者へ月々手当金を与えている工場は尠《すくな》くない。そしてこれのため善良な職工がどれだけ危害を蒙《こうむ》ることか知れない。時たま健全な組合的運動が烽火《のろし》を挙げても、この目茶苦茶者のために直ぐもみ消されねばならなかった。

無頼漢は各会社工場によって名目必ずしも一定しないが、おおむね関東では「外勤係」など言い、関西では「督促」と称《とな》えるようである。

一例を引けば内外綿会社第一紡織工場の所在地大阪伝法には鴻池《こうのいけ》という大親分があり、その幕下《ばっか》に少数の中親分があってそれぞれ数多《あまた》の乾分《こぶん》をもち、丸場を筆頭に多数工場に入り込ませている。工場では入墨《いれずみ》した者を一切使わないと規定しておきながら、この乾分たちにのみ除外例を適用して拒まずこれを入社させる。いざという場合金によって会社の手先になる可能性が多分にあるからである。また故郷と親分をもたぬ渡り者の男工中には、土地の親分を崇拝して進んで自から盃《さかずき》を受けるような者がいる。

内外綿に小さなサボタージの起った時であった。午後六時から夜業に出るべき女工たちは、一声《いっせい》に欠勤届を出して寝間から出ないのであった。督促は、「皆な気に入らんことがあったら何ぼでもきくよってにとにかく起きて出えや、仕事さえしてくれたら出来るだけのことはしてもろたるが。」こう言って部屋々々を促し廻るのだったがこれぞ会社の十八番だと知っている彼女たちは一人も起きて出なかった。すると二度ほど起して廻った督促は、今度はいきなり部屋へはいって彼女たちの蒲団《ふとん》を引っぱがし、文字通り腕力をふるって叩《たた》き出《だ》した。そうして工場では無頼漢の総動員を行ない、女工一人につき監視一人をつけて怠業を防いだのであるが、監視のゴロツキどもは酒気を帯びて工場へはいり、ドスなどを抜いて威嚇《いかく》した。

大正十年の夏東京モスリンで、五千人の罷工《ひこう》を覚悟して工場委員制度以下六カ条の要求をなした時である。外勤係の親分外山某なる者はピストルを衝《つ》きつけて善良な男工を威嚇した。またその幕下の者どもは私を殺そうなど言って騒いだのである。それから女工を集めて労働劇を演《や》った時なんか「青二才で新参《しんざん》のくせに何でも出しゃばる。」と言って私の姓を大声に呼びながら、大勢で、まさに化粧中の楽屋へ暴《あば》れ込《こ》んで女工たちの着物を破った。

それから同工場の紡績部主任夷比奈某は、これまたピストルを携帯して入場し、部下の職工を狙った。そしてことの隠蔽をはかるため口止料三百円を重役が出した事実がある。

かくのごとく「暴力是認」の工場管理法は、けだし我が大日本帝国の専売特許であろう。

いま泉南に争議中の三紡績があるが、いずれもこの種の無頼漢の跋扈《ばっこ》に尠《すくな》からず悩まされているということである。(大正十二年十一月)

三十九

工場における作業監督の一様式として「工場調査」なるものがある。これは小工場に余り見受けないが大工場ではたとえ調査といわないまでも、何らかの名前でこの事務が行われている。東洋紡の例をとって説明すれば、この工場調査を「事務調査」、「経済調査」、「機械調査」、「工場整理調査」、「人事調査」等に分け、人間と機械を科学的に取り調べるのである。と言うとまことに体裁がいいが、実はこうしてあらゆるもののアラをほぜくり出し、各人の個性をして工場制定の「型」に打ち込んでしまおうとするにほかならない。すなわち作業上のみならず、すべてのものの「標準化」を理想としているのだ。で、標準動作の監視機関と見做《みな》してもいい。

機械に至っては、実に紙一枚の誤差を発見しても点数一点を減じ、直ちに組の成績へ加算する訳になっている。だが精密を要する機械に対してはそれが当然な事柄かも知れないが、やがてはこれを人間にまで及ぼして来るのだからむしろ罪悪といっていい。

調査員は女工の服装調査をやる。そして前に述べた規定の服装より少しでも違反しておれば――それは帽子をかぶって来ないとか靴下を履《は》かないでじかに足袋《たび》を履いたとかいった些々《ささ》たる落度まで一点として記帳し、人員対パーセントに割り出して等級をつけ、その組の成績に差し加えるのである。それからまた工場内の整理調査になると、床の上へ一本の木管を落していても一点として記帳せられ、一介の糸屑が附着しておってもやはり一点として成績へ加味せられる。その厳格なことといったらない。

一体、これ程まで彼女たちに服従を強《し》いねば秩序が保てないのだったら、全く情ない次第だと思わぬのか？

工場管理者は多数の男女工が自発的に工場をよく治めて行くことを欲しない。そうして徒《いたず》らに封建制度の遺物たる「服従」を第一の信条として工場を治めて行こうとするのだ。ここにも創造を重んじない邦人の欠陥が見える。

第十四　紡織工の教育問題

四十

従業男女工の教育程度が、他の工業労働者と比較して非常に低いことは、同工業発達の蹟《あと》と労働組合運動との逆比例によって明らかに知ることが出来よう。まことに我が紡織業は資本主義的爛熟の頂点にありながら、その圧制かぎりなき治下においてその反動思想をほとんど見ることが出来ないのである。いま二、三工場の調査によって男工および女工の修学程度表を挙げると左の通りだ。

就学程度	男工 実数	男工 %	女工 実数	女工 %
義務教育中途退学	二二〇	一五・五	三〇〇〇	四一・六
同　卒業	四八〇	二三・九	二六四〇	三六・六
高等小学中途退学	一五五	一〇・九	八一	一・一
同　卒業	二七四	一九・三	七九	一・一
中学程度以上の諸学校へ入学せし者	四三	三・一	五	〇・一

不就学	二四五	一七・三	一四〇五	一九・五
合計	一四一七		七二一〇	

表の示す通り実に彼らの教育程度は低いのであって、我が手紙さえも書けぬという情けない人物がまだなかなか多い。一体これは何人《なんぴと》の責任であろうか？　この書物を読んで下さる人々には、言わずと知れた事柄である。

女工四千人を有する某工場の教務員が、寄宿舎各室へ用紙を配り、「何でも思ったことを書いて下さい。」と言って心理調査の資料を得ようとした。これはいずれ後ほど精しく述べるが、とにかくそうして蒐《あつ》まった数は全員の一割にもなお足らぬこと半数であった。しかもその中、大部分は既製の俗歌ならびに諺のたぐいで、彼女の創作らしいものは僅かに数え唄の焼き直し位しか発見することが出来なかった。で、女工たちには自分の意思を発表する力がほとんどないといっても過言ではない。

これに比して男工はややましであるけれども、しかしなお自己を表現し得る者は極めて少数なることを免れない。彼らの中にはなかなか技術熱心な者があって機械の勉強をしようとするが、工業書の多くはルビなしの漢字である故、これに閉口してせっかくの研究心も中途で挫折するような惜《おし》いことがままある。

初心の男工が一等困難を感じるのは機械の名称だ。数百ないし数千の附属品より構成されている多くの機械、その部分々々はすべて原語を使い語学の素養も何もない頭へもって行って天辺《てっぺん》から注《つ》ぎ込《こ》み式にこれを教えるのだから一と通りの苦心では憶えきれない。日本あり来りの名前で呼べば誰にも解《わ》かることまでわざわざむずかしく英語で呼ぶ習慣、というよりも規則なのだ。杼《ひ》と言えばわかるものをシャットルと言い、加減螺子《かげんねじ》と言えば直ちにその用途を指して合点が行くのにアジャスチング・スクルウと知ったかぶりに原語を使わねばならぬのが大工場の掟《おきて》であった。そうして「加減螺子」と呼ばずにアジャスチング・スクルウと呼ぶのが、よき技術家であり偉いと思われるのである。

同じ労働者でも東京の工場では地方の工場より進んでいそうに思われる。しかしその東京の工場で縦断的（策戦上こうしたのであって、無論第二期の運動によって資本家との手は切ってしまい横へ転向するはずだった）組合のオルガナイザーであり工場の委員制度の要望者である最も穏健な運動者を目して、仲間はこう言った。「彼は当会社を赤化させに来た憎むべき奴だ。」と。しかもそれは一人や五人の言葉でなく、職工大会公選にかかる組合長以下、理事格幹部一同の吐く言であった。これが遺憾ながら紡織職工の教育程度のサンプルである。

四十一

紡織工場の教育的施設として先ず第一に挙げねばならぬのは私立小学校である。この小学校が女工募集と密接なる関係を有し、義務教育未了の少女工を多く使用するため詮《せん》方《かた》なく起ったのである由来と、その精神なるものは既に募集の章で併説したから、ここでは主として組織について述べよう。

校舎は大抵寄宿舎の傍《かたわ》らにあって、居室と別に建てられたものが多く、教室の構造などは公立小学校と変らない。そうして裁縫教室は、また別に日本間となっていることも外《そと》と同様である。筆墨紙、教科書等はすべて会社から無料で供給されるが、手習草紙などに至っては古新聞紙の綴りを当てがっているような処もなかなか多くある。

教師は概して小工場一人、大工場一人以上で、これが傭《やと》いきりにしてあるのだが、なかには人事係の事務員などが代用している処もある。しかし百人程の生徒に専門で三人かかってた工場も私は観《み》た。

授業時間は退場後二時間が大体において原則となっており、七時始りの九時放校である。そしてその間休憩なし、もしくば五分間休憩の二科目制が採用せられている。そして夜業者は午前、昼業者は午後であることは言うを俟《ま》たぬ。

尋常科《じんじょうか》は先ず強制的に入学させて工場長が卒業式を行ない、次ぎに希望者を高等科に入学させるのであるが、その組織はすべて尋常科同様である。ただしこの高等科は相当有名な大工場にのみ設けられており小工場では尋常科をもって終りとする。

規定だけで見ると、一、二工場では進んで高等女学校を設置し、授業時間を一時間延長してかれこれ高女教育に近い科目を修得せしめている。

技芸教育としては裁縫、活花《いけばな》、茶の湯、作法、割烹《かっぽう》、絞り染、造花、刺繡《ししゅう》、洗《あら》い張《はり》、ダンス等のうち半分くらいは大概教えるはずになっている。しかしてこれらの設備には色々変ったのがあるが、ダンスや活花等のごときは娯楽の意味を兼ね有するものである。お互に男女が温かい心持になって心と心の抱擁を許さぬ鉄鎖の掟《おきて》は、彼女たちが裁縫稽古の材料不足に困っても男工寄宿舎あたりにゴロゴロしている独身男工の着物ぬうことを禁じている。

割烹の稽古を希望する者はいずれの工場でも相当多く、従って志願者全部を収容しきれぬような場合もあるとのことだ。そしてこの講習は居室と別に建てられた実習室によって材料会社持ちで行われ、時々工場長や事務員の試食を仰ぐという。

くわしくは失名したが東紡四貫島、帝国製麻大阪工場、倉敷紡万寿工場等には「自修舎」というような一棟《ひとむね》の長屋があり、志望者で工場、寄宿舎、学校の成績良好なる者のみ数名を撰んで入舎せしめ、市場の買い出しから客を迎える処まで自習させている。そして一交代ないしは一カ月位で他の組と入れ替わるのである。この自習舎に入る期間内、東紡のごときは一戸につき一人一日の給料づき公休を与えている。

一部の技術家の間には、女工の普通教育にまぜてその必要なる紡績術、または機械術の一斑を教えねばならぬとの議論がしばしば持ち出される。

次ぎには男工の教育機関を挙げねばならぬ。男工の寄宿舎は前にも言った通りほとんどこれが門外にある故、小学校の訓導《くんどう》あがりなど専任の寮長を置き、これに普通学の教授を担当せしめている処が多い。男工の教育については普通学よりもむしろ技術教育に重きを置き、国語、数学等ほんの工業学の予備知識として教える位である。

技術教育としては言うまでもなく紡績術および機織術を授《さず》け、この講師には工場の上級技術家(社員)が当っている処が多い。紡織術の中に機械製図科を編入した処では、それに必要な製図器機一式を貸与している。

中等程度の職工の教育機関として有名なものに鐘紡の「担任講習所」または職工学校と東洋の「助役学校」がある。これは各社が実地上りの職工長に更《あらた》めて技術教育を施し、実地の学理化をなさしめる工業補習的意義と学校出の青年をよく実地的に訓練して学理の実際化を図る実習的意義とを併有するものであって「学理と実地、この両者が完全に融合したとき始めて工場は良くなる、能率があがる」ちょう《という》信条の基に設立せられたものだ。そしてこの設備には各社ともなかなか多額の費用を投じるのであって「職工教育費」ちょう《という》名目のもとに上下半期の決算報告に登る数字中、半ばを占めるものはすなわちこれだということである。ちなみに鐘紡が毎半期職工教育費として当てるものは大約一万五千円ないし二万円也という。いま荒ましその組織を述べると鐘紡の担任講習所は事実上の本社工場所在地である神戸市兵庫にあり、東洋紡の助役学校は四貫島工場の所在地なる大阪市西区四貫島に、それぞれ独立の校舎をもち高工教授の資格者が専門に教鞭を採っている。

鐘紡における従業員の入学資格は左の通りだ。

主席工助手(実地上り)――三ヵ月の講習を修了して主席工に昇進。

主席工待遇(中等学校出)――三ヵ月の講習を修了して四等担任に昇進。

担任待遇(高等工業出)――三ヵ月の講習を修了して二等担任待遇以上に昇進。

右のうち同じ中等学校出身者といえども、中学出と普通工業出とは後者の方が昇進が早いのは至当な話しだ。実地家はこの学校へ入《はい》る資格というよりも、むしろ強制されるのである。こうして全国各地に散在する工場からそれぞれ入学した職工は、寄宿舎に収容されて極く短い時間だけ本工場へ出勤して研究し、後の時間大部分を修学に費すのであるが、会社はこれに「出張歩増《ぶまし》」までして給料を支給する。

次ぎに挙げるのは諸種の会だ。いま私の知っているだけをここに列記すれば鐘紡兵庫支店の鐘紡婦人会、同熊本支店の主婦会、同博多支店の婦人会、大日本紡橋場工場の婦人会、同津守工場の婦人会、同郡山の衆生会、東京モスリン亀戸工場の衆生会等はいずれもいわゆる教化、ならびに修養的意味に会社が組織した縦の婦人会であって、重《おも》に交代休日などを利用して外来講師の講演をなすのである。この講演会にはしばしば坊主が現われる。

それから男工の間にも青年会などが天降り的につくられている。名称は修養会、研究会という類のものが多く会の性質は女工のそれと全く同一だが、女工が無会費主義なるに対し男工の場合は若干の会費を徴収する。左に一例として東洋紡績四貫島工場「嫩葉《わかば》会《かい》」の会則を掲げて説明に代えよう。

嫩葉会々則

第壱条　本会は嫩葉会と称し東洋紡績株式会社四貫島工場寄宿舎収容の男工を以《もっ》て組織す

第弐条　本会は男工寄宿舎内に設置し入舎の男工は本会に入会するの義務を有するものとす

第参条　本会は会員相互の親睦を計《はか》り智徳技能を涵養《かんよう》するを以つて目的とす

第四条　本会の事業として左の事項を行ふ
（一）必要の書籍を購入し会員に繙読《はんどく》せしむる事
（二）時々名士を聘《へい》し精神修養又は技術に関する講話を乞《こ》ふ事
（三）有益なる娯楽器具を備付くる事
（四）時々会員の談話会を開催する事
（五）春秋二季運動会を催す事
第五条　本会に左の役員を置く
一、会長　　一名
一、幹事　　若干名
第六条　会長は寄宿舎々監之《これ》に任じ幹事は各室長を以て充《あ》つ
第七条　役員の任期は其《その》職の去就と共にす
第八条　会長は本会を統轄し会務を整理し総《すべ》て本会を代表す
幹事は会長を補佐し本会の事業遂行に関し評議し一般会員の世話を司《つかさど》る
第九条　本会は当工場の社員を客員とし参加せしむる事あるべし
第拾条　本会の事業遂行に関しては役員評議の上決定するものとす
第拾壱条　本会員は会費として毎月金二拾銭宛《ずつ》納入するものとす
但《ただ》し一旦納入したる会費は如何《いか》なる事故あるも返戻《へんれい》せず
第拾弐条　新に入会する者は翌月より会費を徴収し退会者は其月の会費を免除す
第拾参条　本会は毎半季に一回総会を開き其期間内に於ける事業の概況並に会計報告をなすものとす
第拾四条　会員中負傷又は疾病《しっぺい》に罹《かか》りたるときは役員評議の上救済することあるべし
第拾五条　会員入会後満一ケ年以上にして退会

するものは役員評議の上相当の金品を贈呈す
第拾六条　会員にして必要の書籍を購入せんとする時は事情により之に要する金額を貸与することあるべし
借用希望者は事情を具し返金方法並に保証人(幹事に限る)を定め会長に申出づべし
第拾七条　本会の事業遂行上有益と認むるときは他の団体に加盟し又は援助する事あるべし

次ぎには機関雑誌の発行を挙げねばならぬ。これは既に募集の章で女工募集の宣伝的機関として述べておいたが、半ば教育機関としても意義をもっている。ただしその教育たるや「笠きて通れ」式の彼ら資本家に「御都合よき教育」なることは知れた話しだ。序《つい》でに手許《てもと》へ蒐《あつ》まっているものだけを挙げておく。

名称	形式	発行会社
『鐘紡の汽笛』	菊倍判二十頁月刊	鐘紡
『女子の友』	半裁新聞型月刊	同上
『日毛クラブ』	菊判五十頁内外月刊	日本毛織
『東紡時報』	半裁新聞型八頁月刊	東洋紡
『第一時報』	同上四頁月刊	内外綿第一
『西の宮報知』	同上	同上第二

『津守だより』　同　上　八頁月刊　大日本紡津守
『橋場だより』　同　上　同上橋場
『明紡だより』　同　上　明治紡績

右のごとき定期刊行物のほか、不定時に出す処のパンフレットもしくばリイフレットなんかがかなり多く蒐まっているが一々ここに数えたてる要もない。

それからまた各工場では我が社発行の刊行物以外に、そとの雑誌業者や布教団等から多種多様の雑誌類を買い込み、これを各部屋に配っている。その重《おも》なるものとしては宇野利右ヱ門氏一派のまことに結構なやつがある。すなわち工業教育会の『相愛』、『勤労』、紡織雑誌社の『つとめ』、工手の母新聞社の『工手の母』、世話婦向としての『女工訓育者の友』等はいずれも大阪から発行されるのであって、それら御用雑誌の発行部数は各五千部をくだることがない。このほか名古屋からも『工手の友』が出ているし東京には大仕掛けな『労力新聞』や『人と人』があってこれらのものは一斉に労働組合や婦人運動の宣伝書を撃退している。

女工寄宿舎に新聞雑誌閲覧室があるけれど、ここに備えつけられているものは前記の諸雑誌くらいである。東京モスリンにおいてたまたま或る先覚女工が普通市販の雑誌を出してくれるように請求したらようやく二、三冊の婦人雑誌が陳《なら》べられたのであったが、その中の一、二雑誌に拙文が載っていたら、工場長なる者はその頁を破棄してしまった位である。もって工場の教育的施設の一般を窺《うかが》うべしだ。

四十二

前節では驚くべき大仕掛けなブルジョア・カルトの外廓を述べたが、ここでは実例を引いて少しくその精神に立ち入ってみたい。

［イ］ 工場歌その他

職工教育は一言にしていうなれば従順な小羊を養成するにあることと社会欺瞞への看板にほかならない。今日の全無産婦人にとって茶の湯や活《い》け花《ばな》がどう生活と関係があるのだ！　十時間以上もぶっとおしに働いて文字通り麻のごとくに疲れた体では縫《ぬ》う手をもちながら自分の着物さえ縫い得ないで外へ出す有様じゃないか。であるからすべての教え事は女工各自の希望に任せ、放任しておこうものならたちまち習い手がなくなってしまう。これが実際だ。そこで大概な工場では半ば強制的に何科目かを修得せしめている。ことに東紡四貫島のごときは、その現象が最も著しい。

現在の小学校(敢《あえ》て小学校ばかりではないが)では決して児童にほんとうのことを教え

ていない。弱肉強食を肯定して一人の成功者を出すために数百数千の人が犠牲にならねばならぬ謬《あやま》った矛盾を指摘しておらない。その教育であるがしかしまあとにかく流石《さすが》の紡績も私立小学校の教育だけは外《そと》の公立小学校と大差ない。樵《きこ》りの労働中本を読んで勉強し、勤倹して金をためて自ら大工をやり家を建てた二宮金次郎《にのみやきんじろう》の載った修身書も同じである。ところが講演になるとまるきりほかと違うのだ。おかしいことにも東京モスリンではこの講演会を残業と見做《みな》し否応《いやおう》なしに会場へ押し込んで聴講時間中の歩《ぶ》をくれるのであった。左にこれら講演会の実例を二、三挙げておく。ただし皆ダラダラした飴《あめ》ん棒《ぼう》式講釈の要約である。

第一例　工手教育会々長村井基一。「今日の世の中は昔と違い、お天子様やお大名が政事を摂《と》っておいでになって、我々は何《なん》でも彼《か》でもそれに従わねばならんのではない。実に我々が我々の政事を摂ているのである。小にしては村会議員、大きくは国会議員、これ皆な我々が選出したものであるから……。」(大阪府下伝法町永楽座において四貫島、西成、内外綿三社合同の講演会)

第二例　東洋紡績四貫島工場朝日寮々長梶山泰助。「欧米先進国の職工は、なすべきことをはきはきなした上、言いたいことを要求するが、日本の職工は口の方が早くていつも責任が伴わない……。」(朝日寮において)

第三例　失名氏。「科学道徳《モオラル・サイエンス》」という演題の許《もと》に、既製道徳をすべて真善なるものと固定してしまい、これを微細にいわゆる科学的に説明して凡庸なる聴手を肯《うなず》かせる。(朝日寮にて)

第四例　文学士小林愛雄。「日本の職工は時間の盗癖がある。例えば仕舞う十分前に手を洗うとか、または門をはいってから食事を摂《と》るとかがそれである。しかし西洋では断じてそんなことを見受けぬ——資本家も労働者も今は利害をそとにしてひたすら国家のために働かねばならぬ秋《とき》である……。」(東京モスリン亀戸工場において)

第五例　女工訓育雑誌『つとめ』大正十二年九月号の巻頭言。(全文)

足ることを知れ！‖幸福はここから生れる‖

不平とか不足とか言うものは、何人でも持っているものである、けれども何ごとにも不足や不平を言っていれば限りがないのである。

では何故そうしたものが起るかというと、それは人々が足ることを知らないからなのである、では足ることを知るのに一番手近な例を挙げてみよう。

ここに二人の娘さんがあるとする、そして両親が「お前はもう一人前なのだから親に頼らず一人で働いて生活してみよ」と言渡されたとする、すると二人の娘さんは食物なしでは生きていられないから一生懸命になって働くことになる。

ところで人は皆な智識の分量が同じでないから、この二人も違った才能智識を持っているので、同じ仕事をしても、大分それに差が出来てくる、一方は五寸の才能を持っていて、一方は一尺の才能を持っているとする、と一尺の人は五寸だけ勝《まさ》っているのであるから、どうしても物質上にも差が出来てくることは明《あきらか》なことである。

そして二人とも同じ衣食住をして行こうとすれば、五合より入らない器物に一升の水を入れるように水は溢《あふ》れて五合だけこぼれてしまう、そのごとく五寸の智恵で一尺の智恵を持った人のごとく生活すればそこに不平も不足も起るのである、人と人との間にはこんな差があるのであるから自分の分を知ることが必要である、自分はこれで沢山であるということを忘れないようにしなければならぬ、こうした心掛で仕事をしたならばその人はきっと不足や不平を知らない、幸福な生活をおくることが出来るのである——と。念仏でも唱《とな》えたくなる。

工場の理想を表象し、職工教育の標準を示したものに工場歌がある。

第一例　東洋紡績尾張工場

（一）正義を助け邪を懲《こ》らす　尊き神の守護《まもり》あり
高く聳《そび》ゆる金城の　光かわらぬためしあり

清く咲くなる白梅の　愈々香《いよよかんば》しとこしえに

(二) 歴史は古しわが工場　憲法発布と同じ年
御代明治より大正と　いや年々に進みつつ
大地と共に窮《きわ》みなく　栄えゆくこそ嬉しけれ

(三) たゆまずめぐる数万錘《すい》　いそしみ励《はげ》む数千人
たぎる血潮の火と燃えて　協同研究たのもしや
皆な君のため国のため　会社父兄のためぞかし

(四) 先進国と誰かいう　彼らを残してわれ待たず
経験進取おこたらぬ　温故知新の四字を見よ
東西南北叱咤《しった》して　わが旗風に靡《なび》かせむ

(五) 正しき道を示しつつ　われら立たずば如何《いか》にせん
弱きを助け導きて　われら立たずば如何にせん
任務は重し東洋に　われら立たずば如何にせん

第二例　東洋紡績津島工場

(一) その名も高き藤波の　高根にならぶ煙突は
これぞ東洋第一の　我が工場の紡績ぞ

(二)　嗚呼《ああ》いさましの千余人　汽笛の音に臥床《ふしど》出《い》で
機械を友に働けば　黄金の花も美事さく
(三)　伊勢の夕凪《ゆうなぎ》暑き夜も　日々のつとめと厭《いと》いなく
心すずしくつとむれば　社運も日々に栄ゆなり
(四)　幾千万のその錘の　紡《つ》む白ら糸の一筋に
協《かな》わす女の力にて　錦の紅葉《もみじ》身にぞ着る
(五)　伊吹おろしの寒き日も　君と親とのあたたかき
おもいではげむ手に　国の宝もつくるなり
(六)　思えば人の働きの　貴きことも知られけり
わが身の光り国の富　はたらく腕に出でてけり

第三例　東洋紡績知多工場

(一)　皇国《すめらみくに》の神代から　肇《はじ》め給いし織り紡ぎ
たましい宿る偉業は　工の業の肇と知れ
(二)　木《こ》の花《はな》さくや浪花津《なにわづ》に　根ざし培《つちか》い枝しげり
名も東洋と実りきて　栄を千代に伝えなん
(三)　労資の楔《くさび》ゆるみなく　睦《むつ》みの風は温かに

宮の基《もと》いにいそしみつ　誓いぞ堅き知多工場

第四例　浪速紡織堺工場

（一）茅海の波水清く　その名も高き大浜の
静養場の別天地　此処《ここ》に集まる六百の
同胞兄弟うち揃い　朝な夕なも休まずに
協心戮力《りくりょく》和合して　職にいそしむ製織所

（二）空飛ぶ鶴も舞い戻り　共に舞いまう三羽鶴
声価は日々にひろがりて　世界の人を清めなす
清き我らのこのタオル　織りなす我らのこの腕よ
益々はげみ注意して　高く輝けその名をば

（三）機械の中に働くも　心は常に清浄に
日々に貯え励みつつ　この身やしない世を益し
御国の誉《ほまれ》いたすべく　我が大浜の健男女
勉《つと》めや人々我が友よ　励めや人々我が友よ

第五例　大日本紡津守工場（惟徳会歌）

作歌　文学士　上山善治
作曲　御影師範教諭　菅井重五郎

(一)
万代不易の大御代《おおみよ》に　生れしわれらがこの幸《さち》を
いかで報いん労資よ　身を粉に骨を砕きても
尊皇愛国たからかに　叫ぶことこそ芽出度《めでた》けれ

(二)
世は荒涼の風さむく　難波海神荒るるとも
見よやわれらが真実の　理解の船は勇ましく
天《あま》つ御空に輝きて　理想の岸に進むなり

(三)
智慧の眼光暗くして　世は乱雲のしげくとも
正義の燈火うちかざし　皇国の御ために
進むわれらが鴻業《こうぎょう》は　協調一致の力なり

(四)
覚めよわれらが労資よ　御国のためにいざ立ちて
互に手をとり生業に　励みて御代の御光を
輝かすこそうれしけれ　いざや進まんもろともに

第六例　東京モスリン亀戸工場

文学士　小林愛雄作

（一）花の名どころ　亀戸に
香《にお》う梅より　なお清き
操《みさお》を誇る　三千の
心は一ツ　へだてなし

（二）ここは吾妻《あずま》の　森近き
河のあたりの　大工場
心のかじを　定めつつ
真白き綿を　紡くところ

（三）花の都の　かたほとり
堅き実結ぶ　大工場
皇国の富の　一トはしと
貴き布を　織るところ

（四）ここよ朝夕　おだやかに
塵の巷を　よそにして
事業の栄　永久に
希望の光　照るところ

小林文学士といえば「女工の芸術的教化」とか言って東京の各工場を廻っている音楽

家だ。よくもまあこんな馬鹿げた歌を作って大枚の作歌料をふんだくったことだ。東京モスリン亀戸工場は市電柳島の終点を降りて妙見橋を渡り、左に同社吾嬬《あずま》工場を眺めて水草一つ目高《めだか》一ぴき浮かばぬ泥河べりを行き、三つ目の橋畔にある工場だ。そのあたり一帯は砂塵と煤煙で濛々《もうもう》としてほとんど自然の跡形を見せぬ荒地である。「花の名所《などころ》亀戸に」第一番の第一行からして少しも現実にふれぬ遠き過去をうたっている。亀戸に花があったのは東京でなくして江戸時代だ。

第二番の「ここは吾妻《あずま》の森近き河のあたりの大工場」がまたすこぶるふるっている。吾嬬に森があったのはこれまた数百年の昔で今は一本の立木さえ発見することが出来ない。ましてこの吾妻の森のあったと思しき地点には同社吾嬬工場が運転しているのである。こんな歌は愚作というよりもむしろ作になっていない。

しかしながら真実わが胸を打つようないい歌をもたぬ彼女たちは、声高らかにこれをうたっている。

［ロ］　技術偏重主義の無能

‖工場における支配階級に呈し、技術教育に言及す‖

亜米利加《アメリカ》は大層教育の進んだ国であるから、大学が沢山ある。しかしてその大学の学長というものは、非常に権威のあるもので、吐く一言一句は、彼《か》の民主々義政治における立法上にまで影響を及ぼすという程だ。

その米国の或る大学々長に、日本の某大学々長が左のごとき質問を発したことがある。

「大学校とは、一体何をなす処であるか？」と。実に素敵な質問である。すると彼は、何の雑作もなく「大学とは、人をつくる処だ。」と即答した。

「人をつくる」何でもない言葉のようだが、よく咬《か》み締《し》めてみると意味深い金言である。

右は大学の話しだが、独り大学に限らずあらゆる学校は、学問、技芸を教えたり、研究したりするのも勿論《もちろん》だが、それよりも先ずもって立派な人間を拵《こさ》えなければならない。学問一方にのみ偏した教育は片輪である。学問は「人たるため」にするのでなければならない。決して学問のための学問というようなことがあってはいけない。しかし日本の教育は、遺憾ながら、どうやらそんな傾向がある。

これを技術教育において、最も著しく見ることが出来る。いわゆる「技術偏重主義」だ。工科大学、高工、普通工業、職工徒弟学校、果《はて》は工業補習教育に至るまで、人をつくることを忘れた教育のための教育をやっている。技術のみを重んじ、人格を軽んじた技術偏重主義の教育だ。さながら藁人形《わらにんぎょう》に技術教育を施しているの観がある。吾人《ごじん》はこれを技術偏重主義という。

技術とは一体、誰が行使するのであるか？「人」である。技術家である。技術が主で、人が属だというようなことは絶対にない。人が主で、技術は人の属である。かくあるなれば、技術を享《う》けてこれを行使する技術家……すなわち人を本位にせなかったらどうして完全なる生産が行なえようか。

生産は人が技術を行使して成すものである。

技術教育の問題は、教育問題に包含さるべきものであって、吾人の与《あずか》りしる処でない。ここでは唯、それらの教育を終えて、現にその修得せし技術を行使している者、すなわち工場における中産階級――監督階級について言わんとするのである。

彼らの多くは、技術そのものをもって技術家至上のものと心得「人」について考えたことがないであろう。その社会常識に暗いこと、驚くべきものがある。工場に数多《あまた》人を使役し、監督の地位にあるものが、『コットン・ヤール・ブック』を買っても、『日本労働年鑑』は買わない。これが偽《いつわ》らざる告白であろう。『タガート・コットン・スピンニング』や『ナスミス・カリクレーション』はもっているだろうが名著『英国労働運動史』は、その邦訳すらもたない。立憲的工場管理法をもって空想扱いにする。余りに技術一方に偏している。従ってそのよってなす工場管理方法は必然的に人間をうとんじ軽率に取扱って真の産業発達を阻害している。生産不振――能率低劣――実にこの処より出発しているのである。

吾人は工場を愛し、日本の産業を愛するが故に、この技術偏重主義の邪道より一日も早く目醒め、もっと積極的な労働を営まなければならぬ。

技術家たる前に、先ず人たれ！　一個の人間として確立していないような技術家が、いかに気張ったとて決して生産のあがる訳がない。

人は人によって使われ、技術に使われるものでない。故に人を使わんとするなれば、先ず自己が人たらねばならぬ。換言すれば、技術偏重主義者に人は使えない。「人」なる礎《いしずえ》の上に「技術」なる家を建設してこそ、始めて完全なる技術家といい得るであろうが、人として確立せざる人形に技術を吹き込んでも甚《はなは》だ貧弱なものである。こんなものは真個の技術者でなく「技術家らしき素人《しろうと》」である。かかるものに、一小部分たりとも工場の管理権を賦与しておく時、部下となって働くもの、どうして精神的に働こうか……不平！　怠惰！　反抗！　能率増進は夢にもよらぬことである。

社会において、中産階級は最も健全であり、中産階級者の多い国ほど文化がひろく行き渡っているという。工場においてもいわゆる中産階級は常に一歩進み、労働者を指導教化せねばならぬ。工場改更の文化的使命を帯ているであろう。

労働が、分業によって著しく単調化され、創造のよろこびを喪失した今日の工場において、このまま押し進めて行って生産のあがるはずがない。最後に取り残されたる唯一つの方法として、作業をもっと科学的ならしめて、労働者は工場の単調と労働の苦痛を、そのなす文化生活によってのみ、よく償還するのである。

いかに経済組織が改革されてもこれまで進んだ科学が再び後返りはしない。「労働の芸術化」というようなことは、永遠に行われないであろう。

技術偏重主義は、独り工場の中産階級ばかりでなく、労働者にもこれを観ることができる。醒めよ！

技術家たる前に先ず人たれ！　人が技術に呑まれるようなことがあってはいけない。吾人は真に産業の発達を希願《こいねが》うが故に、従来のごとき技術家を叩き起こす。しかして目醒めたる集りによって、愛する我が紡織業が、世界第六位ちょう《〔という〕》低き地位より、世界第一に昇らんことを祈るのである。日本の紡織業が、人類文化に貢献すること、最も大なれかしと惟《おも》う。

技術偏重主義の無能！　吾人は、かかる羈絆《きはん》より脱せざるものを、堕落せし人々という。文芸復興は神に人間が隷属し、人間は罪の子である、神の奴隷である、としたヘブライズムから人道主義へ解放して一個の人間として独立させた。

今や技術家の文芸復興期である。技術家は技術の奴隷より解放されて、一個の「人」たらねばならぬ。人に還れ！　吾人は声を限りに叫ぶであろう。（『労正会々報』第一号より）

四十三

新入工の養成については別段にこれという組織なく、経験工の側につけておいて自ずと習得せしめるいわゆる「見習法」と、別に養成機関を設けて組織だった教育的にこれをなすのと二通りある。そしてこの前者は小工場に多く大工場ではもっぱら後者を採用している。

養成部の組織および養成方法については、東洋織布部の一例を挙げて説明に代えよう。しかしその方法になると技術的な部分が多く、いささか煩《わずら》わしい観があるが順序として略《はぶ》かずにおく。同じ女工というも化学工業その他に働く女工に較べて、いかに技術が複雑であるかをこれによって見られたい。

［イ］ 養成規定

一、織布整経部および織機部新入工女養成のため養成部を置く。

二、養成部係員およびその心得。工女養成のため次の養成係を設くること。

1、養成部主任。織布担任主席工務係これに当る。

2、専任助手。織布担任工務係もしくば工頭。(ただし工場において工女取扱に経験を有し、工女教育に趣味を有する者)

3、養成見廻り。見廻り工中品行、技倆優秀なる者を選抜して工頭待遇となし、寄宿舎と工場の双方に跨《また》がり新入工の世話をなさしむ。

4、師範工。台持工女中もしくば見廻工女中より撰びて任命し、主として養成室、または工場において技術教育の任に当らしむ。その出身地はかなり広く取り、いかなる地方より来る新入工に対しても差支えのなきようになし、寄宿舎においてはなるべく新入工と同宿せしむべし。（ただし整経部においては人員の都合により右係員に適宜取捨するも差支なし）

5、養成方心得。工女養成は一見平易なる事業なるがごときもその方法の適否、当事者の態度言行はその影響する所極めて大なり、けだし新入工女はあたかも赤子のごとく良否いずれ共容易に習慣を作られ易き者にしてしかも見聞する所皆初めての新事業なれば可否の判別をなす能力なくすべて当事者の言動をそのまま模倣するものなれば養成に従事するものはこの点に深く留意し粗雑倨傲《きょごう》の行為あるまじきは勿論進んで良習慣を馴致《じゅんち》することに力《つと》めざるべからず。

また新入工女は見知らざる新らしき団体に入るものなれば周囲の者をすべて恐怖の眼をもって見るの状態にあるは自然なり、この者に最初接するは実に養成の係員なるをもって当事者は努めて温和懇篤に教育を施し決して粗暴の行為あるべからず、すなわち以下規定する事項につき根本的に良習慣を作るべく努むると同時に、また一面工女は金儲けのために来《きた》れるということを思いその最も楽みとせる受負工女たることを一日も早からしむるよう絶えず考慮しかなり短期間に完全なる養成を行わんことを期すべし。

しかしながらかかる短期間にしかも工女不足の今日真に熟達せる工女を得ることは困難なればむしろ仕事を教ゆるというより悪しき習慣を付けぬようになし、工場に親しめ、工場生活に対して嫌厭の念を起さしめざるようになすことに留意せざるべからず、この精神は本人のためのみならず遠く故郷にある両親に対しても必要なることにてすなわち両親は吾《わが》子《こ》の工場生活に対し既に不安を感じ得るならん、この時に当り子供より楽しき便《たより》が通ぜられたならばいかに両親が安心するかに想到せざるべからず、この目的のために教室教育の際は学科以外に面白き講話、音楽、遊戯等を加味して勉《つと》めて望郷の念を起さしめざること必要なり。

三、養成順序。

1、新入工女のある時は助手は先ずその身長、年齢、健康程度、五官の機能を検査したる上、養成工女原簿に記入して入籍す。

2、すべて新入工はその素人たると経験者たるとを問わず一旦養成部に編入し、または養成台に附くるものにしていかなる事情あるも直接各組に編入せず、ただし帰省帰社の時は直ちに各組に編入すれども、帰後二週間以上に亘《わた》る場合は新入者と同様の取扱をなす。

3、経験者に対しては試問および実地試験を行い、その熟練の程度に応じて必要なる期間練習の上、受負として各組に編入する、すべて経験者に対する養成にはその精神的方面および新標準動作の教授に重きを置くものとす、熟練者に対してはその当日養成係より必ず精神注意事項および標準動作のことについて充分なる説明を行うべし、技術的基本動作の養成を不要と認むる熟練工女は第三期に編入し、標準動作習得の後ち各受負組に編入すべし。

4、養成期間。養成の進歩を劃するため養成期を三期に分ち、その三期間を大略左の通り定む。

第一期　一週間以上二週間以内

第二期　同　上

第三期　同　上

新入素人女工は第一期工と称し、漸次その進歩に従い第三期工女と称す、第三期卒業後といえども入社後三カ月以内は養成上において注意を払い、養成工として善導することに力めざるべからず、標準動作をして習慣性となさしむるのは実にこの時期なり。

5、師範工。整経部には師範工をワアピング、ワインダアと各一名を附す、(ただし工場の規模大小、および時期によりてこれを増減することあり)織機部に師範工を置くこと左のごとし。

第一期　二台に一名

第二期　四台に一名

第三期　四台ないし六台に一名

師範工はすべて腕章に金字にて「師」の字を帯ばしむ。

6、養成台。工場の都合により適当に定むべしといえども整経部にありては半台または一台、織機部にはなるべく各種の織機を備うべし、一カ所に数個の工場を有する工場においては養成部は一工場に纏《まと》めおくべし。

7、見習工勤務時間。
入社三日間　正午十二時退場（全給支払）
その後五日間　午後三時退場（同　上）
退場後は養成係付添いにて遊戯および音楽、または工場の勝手等を教え、あるいは洗濯、入浴等の世話もなすべし、以後はその工場操業時間と同様、（熟練者といえども入養者は前同様とすれども、受負に編入せし者は早退せしめず）。

8、賃金。織布部見習工は工場所定の日給を支給す、第三期工女は受負とすることあり、しかしその受負期間中の一日平均収入が前述日給より少なき場合にはその不足額は会社よりこれを補給す、第三期工女が他の組へ仮配または手伝いのため差遣《さしつかわ》する場合には、その時の収入は在養受負期間の平均とす、熟練者にして養部在籍のまま他部内へ派遣する者の収得はその部における受負と同様に取扱う、ただしもしこれによる収得高が日給による収得高より少なき場合には不足額は会社よりこれを補助す。

9、工場教育。
A、その順序および概要。新入素人工女は入場当日は工場全般に関する説明および心得を会得せしめ翌日よりは後章記載の事項につきて講話をなすと同時に、工場内においても後章記載のごとく簡単なる基本動作を第一期台について実習せしむ、第二期に移りては主として標準動作に関する各種の所置段取り等を習得せしむ、第三期においては基本動作および標準動作の適当なる応用により受負工として各部に配置さるるに充分なる技術を研磨習熟するに努めしむ、養成工女人員の都合により第三期見習女工の内技倆の相当に進歩せる者を仮配として各組に配置し、なるべく熟練なる工女の側に置き敏捷《びんしょう》なる作業を見習わしむることあり、かくして良く受負たるの資格を得るに及びこれを各組に配布するものとす。

B、工場における養成方の特に注意すべき精神的教育事項。(イ)一秒たりとも無意味に機械を停止することの恥辱たるを感銘せしむること(ロ)製額の増加と製品の精良とは二大信条たらしむること(ハ)協力相扶の精神を養成すること(ニ)上長の命令に服従し礼儀を正しくすること(ホ)物品を尊重する心を涵養《かんよう》すること。

10、養成室。養成室は必要に応じ運転を停め、工女に説明を容易ならしむるために工場と関係を断ち得る場所に設け、自由に運転し得る織機四台、筬《おさ》通し、疵《きず》戻き練習用模型台、渡し糸継ぎ台一台、黒板一枚、検査台一台等の設備を要す。(ただし当室における織機は目算に入れざること)

11、雑則。受負組に編入するに当りてはその当日または前日養成係は該工女に精神的注意事項、標準動作、その他必要なる事項を繰返し説明すべし、なお養成工務係は一般に工女としての注意、勤務、衛生、その他必要なる心得の訓話をなし、時としては在養中に習得せる学科につきて試問を行うべし、養成中はその進歩成績を一見判然たらしむるため見習工女の進歩成績表を作り毎日これに記入すべし、(ただし第一期、第二期、第三期はそれぞれ赤、青、黄色の色別をもって記入すべし)なお織機部にありては表に教育の実施を記入すべし、(この表は養成室または台の附近の見易き場所に掲示しおく)織機部における養成工女の織布織れ上りたる時は師範工および見廻りはこれを訓論室において、見習中の工女を集めこれを検査し欠点の種類および原因、処置等を詳しく説明すべし。

[ロ] 養成事項

織布部工女教室教育

工場内のみの教育は喧噪のため充分なるあたわざるをもってこれを補うため第一期、第二期(必要に応じ第三期)見習工女に教室講話を行う、その時刻は午前十時より正午までおよび午後一時より同三時までとす。新入工女は日々少数ずつ入社するが普通なるをもってこれを一々組別にして講話することは繁雑かつ実行困難なるをもって講話の際は新入工全部を集め講話の順序に拘泥せず中途より入社したるものは中途より聞かしめ聞かざる処は次回の講話にて聞かしむという風にとにかく講話項目の一循を修了するまで出席せしむ、(ただし講話項目を一循聞き終りたるものといえどもなお了解せざるものは引続き了解するまで聞かしむ)それがため時々質問をなし了解せるや否やを確むべし。

第一日

1、教室。教室は工場と離れたる比較的静かなる場所の光線のよく通る夏は涼しく冬は暖かき居心地のよき場所を選び外界の感化を与え得るよう相当の装飾を施し説明用としては織機一台、不良反物の切れ見本、地図(地方、帝国、外国)、黒板等種々の参考品を娯楽および慰安用として設備すべし。

2、織機養成工女教室講話室における講話の日割項目。(イ)上長の氏名、役名および服従と尊敬のこと(ロ)工場の勝手、建物、仕事場、事務所等の説明(ハ)対男子態度および女子操行について(ニ)織機室内の組織——工場別、役付男工の配置、朝の出勤に対する注意、退場時間の規定、早退、欠勤、急用、病気等の処置および面会に関する規定(ホ)服装について——衣服の撰定、帯の結び方、履物《はきもの》の注意、携帯品の禁止(ヘ)決心、勤勉、衛生上の講話および孝女偉人の話。

第二日

1、織機の種類。

2、工具の説明、買入れ保存について。

3、トップ・レールに附したる養成部掲示板実習項目の説明。

4、信号旗の使用法。

5、休憩の説明。

6、機械所要部の名称。(第一)ボールト、ナット、セット・スクルウ、ハンドル、ヤーン・

ビーム、リーズ・ロッド、ヘルド、ヘルド・シャフト、ヘルド・コード、リード・キャップ、リード、シャットル、シャットル・ボックス、コップ、木管、コップ差し、コップ箱。

第三日

1、糸の経緯《たてよこ》および番手《ばんて》の区別。

2、経糸の手入法。(イ)上糸と上糸の継ぎ方(ロ)筬糸《おさいと》または切れたる糸の継ぎ方(ハ)油墨糸の継ぎ替え方(ニ)運転中経糸の継ぎ替え(ホ)耳糸の継ぎ合せ方(ヘ)綾糸《あやいと》の手入法(ト)後《おく》れ糸《いと》の手入法(チ)糸継ぎの際結び玉の位置(リ)糸切れの許さるべき範囲。

3、経糸の引込み方法。(イ)リーズ・ロッドの通し方(ロ)同上結びつけ方(ハ)ヘルドに経糸を通す方法(ニ)耳糸の通し方(ホ)ヘルド切れの手入法(ヘ)リード破損の場合の処置(ト)リードに経糸を通す方法(チ)揚げ糸および後れ糸の処置(リ)遊び糸の引込法(ヌ)鋏《はさみ》の使用について。

4、機械所要部の名称。(第二)シャットル・ガード、ピッカー、スエール、ステッキ、ステッキ・スプリング、チェーン、ウェーチング・レバー、ウェーチング・ピン、ウェート、バック・レスト、プーレー、ベルト、フライ・ホイール、ブレーキ・ホイール、クランク・シャフト、クランク・ホイール、ブレーキ。

第四日

1、緯替方法。(イ)木管通し使用方法および理由(ロ)コップの口出しおよびコップの段取り

（ハ）汚れコップの注意（ニ）コップと木管との差替え方法（ホ）シャットルの入替え時機および方法と糸口合せ（ヘ）ボックスにシャットルを入るること（ト）運転の掛け方および停め方（チ）シャットルを落さぬこと（リ）緯糸尻の始末および屑糸の始末。

2、危険予防について。（イ）調車の落下およびベルトの切断落ちの注意（ロ）螺子《ねじ》またはキーのある部分を掃除する時の注意（ハ）機の後部を掃除する時の注意（ニ）ブレーキの利かぬ台の危険（ホ）経糸切れおよび糸屑もつれの時シャットル飛出しの危険（ヘ）機械の取付け弛《ゆる》みたる時または破損したる時の注意（ト）機械の調子不良なる場合にシャットルの飛出すことあればこの際における近傍工女の位置の注意（チ）コップ差しに鋏を掛くることとの危険（リ）硝子《ガラス》類散乱の危険（ヌ）歯車の危険および運転中動力部掃除の注意（ル）切りおろしの時ローラー入替の注意（ヲ）歯車に物を咬《か》ませたる時およびその他の注意（ワ）ウェフト・ハンマーの注意（カ）非常時の処置。

3、機械の名称。（第三）ウェフト・ホーク、テンプル、ブレスト・ビーム、サーフェス・ローラー、ツイッチ・ローラー、クロース・ローラー、ダウン・キャッチ、インターメデート・ホイール、ノッキング・オフ・レバー、ニッパー。

4、機械の名称。（第一、第二復習）

第五日

1、後部手入法。（イ）後ろに廻る必要と利益（ロ）縺《もつ》れを発見するためリーズ・ロッドを引くこと(ハ)節糸、瑯糸、油墨糸を後部にて切替えること(ニ)屑糸、綿屑糸除去の際は後部に引きて鋏み切ること(ホ)汚糸、油糸は切替えをなす(ヘ)糊粕《のりかす》付きは一部分の時は少し湿し爪《つ》ま先《さき》にて取ること(ト)全巾にわたるものの処置(チ)錆付油汚糸のための揚糸(リ)耳崩れの時の揚糸(ヌ)揚糸巻付方法(ル)黴付発見の場合の処置(ヲ)散油の場合の処置(ワ)糸屑、コップ、木管の散乱せぬよう注意すること。

2、疵戻き方法。(イ)経糸を継ぎ引通すことおよびこの糸の置き所(ロ)ヘルドとリードの間に緯糸を通し杼口を閉ずること(ハ)織物を規定の巾に裂くこと(ニ)歯車を戻くこと(ホ)テンプルを外すこと(ヘ)手を清拭すること(ト)シャットルを挟みて布を上ぐること(チ)ビームに巻戻すこと(リ)ニッパーの使用(ヌ)織りつけの方法および歯車巻戻しの調査(ル)経糸の弛みを張るに手拭いを用うること(ヲ)五、六本くらいの少しの疵戻き(ワ)十本くらいの戻き(カ)甚だ長き疵戻き。

3、杼打《ひうち》の処置。(イ)杼打のため甚だしく経糸を切断せる場合の信号(ロ)杼の抜き方(ハ)破損品の取調べ(ニ)切断せる経糸の結びつけ(ホ)織付け。

4、織前調べ。(イ)テンプル下の注意(ロ)二本並びの説明(ハ)諸種疵の説明および綿布等級の説明(ニ)一本の経糸切れの処置(ホ)二本以上の経糸切れの処置(ヘ)汚れ油付錆付糊粕付の処置および原因の説明(ト)耳の大切なることおよび崩れの処置と説明(チ)多くの揚糸を引込む場合の処置(リ)正品と二等品との会社の利益損失について平易なる説明。

第六日

1、織飾および織切。(イ)その大切なること(ロ)太糸を織飾に用うる場合歯車の巻き方(ハ)複雑なる織飾は見廻りに依嘱すること(ニ)一反下し二反下しそれぞれの織飾をする位置(ホ)織付の場合の織飾の位置(ヘ)部名機号の記入のこと(ト)各種綿布織飾切断の実見。

2、切り下ろしの処置。(イ)クロース・ローラーの用意(ロ)同上取扱い(ハ)切替時の方法(ニ)色糸コップの段取り(ホ)巻付けを固くすること(ヘ)停転せねば切替のできぬ場合(ト)再び部名機号の記入について(チ)切りおとしたる木綿の処置およびこれが運搬人により仕上室に搬入せられ検査等級決定、賃金記帳伝票受入の証印等の順序の説明。

3、掃除。(イ)掃除の順序(ロ)掃除の組分け時間(ハ)掃き寄せ置く場所(ニ)上り機の掃除(ホ)交代日またはその前日の大掃除(ヘ)油孔および歯車等の掃除。

4、助け合いのこと。(イ)平常運転中隣機の注意(ロ)掃除の時の助け合い(ハ)疵戻き杼打等の助け合い(ニ)機を離るる場合の助け合い。

5、揚り機および機掛。(イ)信号(ロ)掃除(ハ)経糸の切断および巻込み(ニ)ヘルド、リードの取外しおよびコップの準備(ホ)経糸尻の分け方(ヘ)ウェートの掛け方(ト)リーズ・ロッド入れの手伝および結付け(チ)経糸継ぎおよび引通し(リ)見廻りの来援ある場合の処置。

第七日

1、朝の段取り。

2、機械調子不良の時の処置。

3、シャットルの検査および手入、手続き。

4、停転時の処置。(イ)現今紡織業者の競争(ロ)停転の損害と恥辱(ハ)賞与方法の説明(ニ)経糸切れを継ぐ場合の停転時間縮小(ホ)緯糸切れを継ぐ場合の停転時間縮小(ヘ)一機手入れ中他機の注意(ト)切おろし織飾等の準備(チ)注油の場合の停転。

5、機廻り方。(イ)一台持(ロ)二台持——普通および並び二台持(ハ)三台持——普通および飛び三台持(ニ)四台持。

6、一般の注意。(イ)屑物の種別と屑糸減少(ロ)賃金支給方法受負等級進級の説明(ハ)退場の注意(ニ)休憩時間の合図の厳守(ホ)欠勤の害について(ヘ)衛生上の注意。

織、布、部、工、女、実、地、教、育

A、第一期。

1　糸継ぎの稽古。　(台につかず)

2　ヘルドの通し方。　(模型台)

3　綾糸の取り方。　(同　)

4　耳糸の通し方。　(同　)

5　ヘルドの手入方法。　(同　)

6　疵戻きの初歩。　(同　)

7　木管掃除方法。　（第一機）
8　コップの口出し。　（同　）
9　シャットルにコップを差すこと。　（同　）
10　シャットルを杼箱に入ること。　（同　）
11　緯糸の口合せ方。　（同　）
12　ブレーキの使用方法。　（同　）
13　運転の掛け方、止め方。　（同　）
14　危険予防のこと。　（同　）
15　経糸切れの処置。　（第二機）
16　布面の欠点の説明および処置。　（同　）
17　掃除の方法。　（同　）
18　杼打疵戻き。　（第三機）
19　後部手入方法。　（同　）
20　疵戻き。　（第四機）
21　織機および用具の故障および検査。　（同　）
22　織飾および切下し。　（同　）
23　注油に対する処置。　（同　）

B、第二期。(1)助け合いのこと(2)コップの段取り(3)朝の段取り(4)機の廻り方(5)揚り機および機掛けの場合の処置。

C、第三期。基本および標準動作の応用および習熟練磨。

整経部講話

第一日

(1)上長の氏名、および服従と尊敬のこと。(2)工場の勝手建物仕事場事務所等の説明。(3)対男子態度、女子の操行について。(4)整経室内の組織(イ)台数、錘数(ロ)役付男女の配置(ハ)朝の出勤に対する注意(ニ)退場時間の規定――早退、欠勤、急用、病気等の処置、休憩時間の規定および面会に関する規則、休日の規定。(5)欠勤の害と出勤の奨励。(6)服装について(織機部同様)。(7)整経室作業事項の説明。(8)購入品の説明。(9)危険予防上の注意および実地説明。

第二日　第六日

(1)養成方法順序の概要。(2)日給、手当等の説明。(3)受負賃金制度の説明。(4)機械、器具、信号の説明。(5)経糸番手の説明。(6)不正糸の説明および処置。(7)ボビン不正巻き方の原因とその害および予防について(ワインダー)。(8)ビーム不正巻き方の原因とその害および予防について(ワーピング)。(9)製品と屑物との説明。(10)クリヤラーゲージに関する説明。(11)メートル、ドラム、ビーム等に関する説明。(12)機械主要部分の名称および動作説明。(イ)ワインダーの部。フレーム、プーレー、ベルト、カワヨセ、チン・ローラー、ハンドドル、スピンドル、ゲージ、ガイド・スクルウ、テンション・リード、フック、スナール、コップサシ、カム、ボール、コップ、モッカン、ボビン、ノッター。(ロ)ワーピングの部。フレーム、プーレー、ベルト、ドラム、レール、トップ・クロス・ステー、フリクション・レバー、フート・ボード、トレードル・レバー、ヤーン・ビーム・レバー、アーム・ピン、ピン・ローラー、ボビン・ボックス、ボビン・ロッド、ハンドドル、フロント・コーム、バック・リード、ドロップ・ローラー、メジュアリング・ローラー、インジケーター、ウェート、ビーム、クリール、ステップ、スキヤー、ボビン。

整経部工女工場実地教育

A、ワインダー工女

第一期。第一日、糸継ぎの稽古(鋏《はさみ》の使い方)。第二日、同上。第三日、ノッターの使い方。第四日、同上。第五日、掃除の仕方。第六日、同上。

第二期。第一日、糸継ぎの稽古(鋏またはノッターの進む方向、途中切れの処置)。第二日、同上。第三日、不良木管糸処置および列替え。第四日、同上。第五日、同上。第六日、同上および巻返し。

第三期。復習または優良工女に付きて手伝いをなし敏捷なる動作に馴れしむ。

B、ワーピング工女

第一期。第一日、ボビンの運搬並列、ボビンの掛替。第二日、同上。第三日、同上およびクリールの掃除。第四日、同上。第五日、運転、巻付、糸継ぎ、ビームおろし掃除。第六日、同上および下口耳たれの予防、耳糸切れの予防。

第二期。運転、切替全般の事項。

第三期。台持切替または熟練工女に付きて手伝いをなし敏捷なる動作に馴れしむ。

C、捲返し、荒巻とも工女の技倆の進歩により第一期、第二期の期間を更に伸縮することあるは勿論なり、その際の実習事項は適宜上述の要項に準じて定む。

第十五　娯楽の問題

四十四

演芸場　工場において職工慰安としての催し物のうち、演芸物には芝居、活動、曲芸、ニワカ、浪花節《なにわぶし》等がある。そしてこれを寄宿女工のためとしてのみ開催する処と、一般従業員およびその家族全体に解放する処とある。回数は別段きまっていないがいわゆる待遇の悪い工場で盆、正月の二回、普通工場で隔月に一回くらい、最も職工を優遇するという鐘紡の大阪支店などでは毎交代休日必ず何かを演《や》って従業員やその家族ならびに来客までも無制限にこれを入場させることになっている。

娯楽場としては専用建物を有する処と、講堂兼用に大広間をもっている処とある。しかして全然これのない工場では臨時に食堂もしくば休憩所を使う場合が多い。

鐘紡大阪支店のものはアーチ型鉄骨の実に広大な長方形建造物で、これを中央から真《ま》っ二《ぷた》つに分って幕を張り、片方を食堂として毎日使い片方は専用娯楽室に当てているが、その半分だけでもらくに一万人収容の出来る大ホールである。（前坐席、後ろ椅子席）

その他の工場では百畳ないし二百畳敷き位な日本間にしている処が多く、概して正面に仏壇を設けた構造であり、これを女工の裁縫室に兼用する場合が多い。いま鐘紡熊本支店における大正十二年度八カ月間の催し物を調べると左の通りである。

一月度 {二日 落語、琵琶 / 三日 曲芸、男子ニワカ、女子ダンス / 十五日 活動}
二月度 {第一回 ニワカ / 第二回 講演}
三月度 {第一回 男女合併劇 / 第二回 世界館行き}
四月度　浪花節、曲芸、運動会
五月度　熊本県の衛生活動
六月度　活動
七月度　芝居
八月度　琵琶、講演

それから東京モスリンにおける映写会三回のプログラムを調べると、

第一回　新派悲劇孝行娘、ほかにデブ君の滑稽一巻
第二回　金色夜叉、実写

第三回　楠公父子桜井の別れ、恋し鳥

どこの工場へ行っても大概こんなものであるが、東紡、鐘紡などでは時に少女能狂言を催したり音楽の演奏をすることもある。

東京モスリンでは先年私に社会劇「三浦製糸場主」を女工たちと共に演《や》ることを許可したが、思いいたせばあれは怪我《けが》の拍子ででもあったのか？　というよりも工場の幹部なる者に脚本の筋を知った者がなかったのだろう。彼らには芝居といえば目出度し目出度しで大団円をつげる新派より他に想像がつかなかったのかも知れぬ。ともあれ、それは幸いであった。

鎮守社　いずれの工場へ行っても守護神として稲荷《いなり》その他の神を勧請《かんじょう》しておらぬ処はない。そしてこれは信仰的意味よりもむしろ娯楽的に設けられたものと見做《みな》すのが妥当であろう。この祭日には仕事を休んで酒肴料《しゅこうりょう》または菓子料を配り余興などして女工たちを慰めるのである。左に調査工場七つの名称を挙げよう。

内外綿会社第一紡織工場	豊川稲荷大明神
鐘淵紡績会社熊本支店	正一位稲荷大明神
東京モスリン会社亀戸工場	織姫神社
服部商店桜田工場	豊川稲荷大明神

東洋紡績会社四貫島工場　　熊高稲荷大明神
大阪織物会社　　織姫稲荷大明神
猪名川染織所　　正一位稲荷大明神

社《やしろ》は工場敷地内もしくば寄宿舎構内にこれを設け、ほんの二、三坪の上に数本の樹木を植えて小《ささ》やかな祠《ほこら》を建てている処があるかと思えば、なかには四、五十坪もの庭園風な大境内に田舎の村社を凌駕するような堂々たる社殿を建造し石燈籠《いしどうろう》狛犬《こまいぬ》各一対、石の鳥居二基、手洗鉢まで備えている処がある。そして私は、この御社の境内に個人または団体で朱《あか》鳥居、植木などが奉納されているのを見るが、そのあげ主は無論そこの男女工である。しかしながらその工場には職工の手洗い場さえ設けてはないのであった。女工の休憩所もない。だが稲荷の太鼓だけはとてもよく鳴る大きなやつがあった。

前記東京モスリン亀戸工場では旧東京キャリコ時代から隔年の十月三十日を期して織姫神社の祭典を執行する慣例だ。当日祭司は亀戸天満宮よりこれを雇って来、社長以下重役、工場職員、役付職工参列の上でいと厳かな祝詞《のりと》があげられた後、正門は従業員家族のために解放されるのである。

先ず門をはいって一条のトロック道に伝い、奥へ奥へと進んで行くと紡績工場や織布工場、便所、電動機室といった様々な建物の間に各部出品のつくりものがそれぞれ葭簾《よしず》張《ば》りの中に陳列されており、「第一粗紡科」だとか「後紡保全科」だとか、もしくば「第一織部」、「サイズ」、「ワンダー」といったような標札が立っているのである。そしてそれらのつくりものは懸賞づきで、入選の組は鼻高らかと等級を誇って有頂天になり、「一金五千円青木五兵衛」、「御樽十挺《ちょう》大野成一」なんて出鱈目《でたらめ》なビラを貼っている。そうかと思えば植木の陳列があって一《ひ》と鉢の残菊を代価一万円とつけ「ただし重役殿に売約済」と書いてある。こんな面白い小舎《こや》が縫う程ある中にこれまたいと滑稽な模擬店がまじっているのだ。すなわち大勉強の「丸毛屋うどん店」だとか「リング団子」だとか「織姫しる粉」だとかいう名前をつけて有志の女工が給仕女を相つとめている。

一方ではまた男工の神輿隊《みこしたい》が鉄力《ブリキ》、箱板、木管など工場用品のみで作った神輿を舁《かつ》いでエッサエッサと暴れ廻わる。八木節《やぎぶし》の連中はピーヒュルドンドンピーと踊り廻わる。安来節《やすぎぶし》もあれば芝居もあって、なかなか盛大なお祭りである。

だがこれを観せてもらって団子の一串もご馳走になった年寄りたちは、「会社なればこそ」と感謝せねばならなかった。

遠足および運動会　遠足会のことを大阪では「運動会」と言い、東京では「お花見」と称えて大抵な工場でこれを開催している。もっとも全然会社の費用でやる処と毎月若干の会費を積ませてこれに補助金を足して行なう処と、全く職工の積立金のみによって催す処と三様に別れるが、いずれにしても大阪は年に春秋二回、東京は一回の標準だ。

運動会はすべてその日帰りが原則となっている。従って大阪市附近に散在する工場としては奈良、和歌山、京都あたりが最もよく撰ばれる処であって、それ以上の遠方へは滅多に出向かぬ。私の知った分では一泊で伊勢参宮を試みた工場が唯だ一つしかない。

それから男工女工を同道せしめるものとしからざるものとは半々であって、前者に鐘紡、後者に東紡を挙げることが出来る。

内外綿の運動会には予《あらかじ》め行く所の行進曲を作り、楽隊入りでこれをうたいつつ道行くのであった。その数年前奈良へ行った時の歌の一節は左の通り。

春来とつぐる鶯に　　さそわれつつも来て見れば
早や盛りなる八重桜　　奈良の都は今もなお
におい残せるいにしえの　　歴史を語る千余年
（中二節数行失念）　　今日の一と日をよく遊び
来るあしたの我が業に　　つとめはげめよ国のため

この運動会は四月三日だったと記憶するが、直行の買切列車へ乗り込むべく西成線西九条駅へ行く途中われるような大声はりあげて歌い行く一行を町の人たちは侮蔑の眼で眺めた。この時寄宿女工は無料、男工は積立会費により、通勤女工は実費を徴収されたのである。こんな具合に弁当料を取るとか極めて些々《ささ》たることにまで通勤、寄宿の待遇差別を設けるケチな工場は今でも多々ある。

実際の運動会を開催することもたまにはある。しかしながらこの場合は日々工場において行ないつつある作業上の競技、例えば「糸継ぎ競争」、「コップ差し競争」、「篠巻持ち競争」、「ケンス競技」等をなして工場能率の増進に資せようとするような辛辣きわまる方法が講ぜられる。

東京のお花見は一寸《ちょっと》俗悪に聞えるがなかなか労働者気分が横溢していて面白い。工場側も男女通勤寄宿の待遇差別を余りせぬし総じて大阪の運動会のごとくかた苦しいところはない。皆な思い思いに変装して石油《せきゆ》缶《かん》など太鼓《たいこ》の代りに打ち鳴らしながら八木節でもおどりもって行くのである。また一、二の例外はあるだろうが大阪の女工禁酒主義に反して東京では飲酒することも各人の自由である。

だが配給弁当は実にお粗末以上なものであって、これが彼女たちに与えられた年に一等おごった、しかして唯だ一度のご馳走なのかと思えばひたすら長歎の他はない。一例として東京モスリンにおける二回の弁当献立を調べよう。

第一回——工場賄所調進の折詰。社票入りの紙に包んだ一重、縦六寸横四寸高さ一寸大の折箱を七分三分の点から仕切り、一方に赤飯、一方に副食物。

鯖《さば》の煮付け一切れ、牛蒡《ごぼう》の煮付け四、五切れ、キントン若干、蒲鉾《かまぼこ》一切れ、沢菴。

第二回——同上工場製の竹皮包み。

黒胡麻をふった三角形握り飯三個、眼刺《めざ》しの焼いたもの二尾。

他に配給品として酒一合、おでん。

右の配給品を儀々《ぎょうぎょう》しくも予め資格を得て交附された切符ひきかえで受け取り、各自向うまで提《さ》げて行かねばならんのである。そしてその切符はお花見前二週間くらいの精勤者に限って渡されるのであった。

先年鐘紡大阪支店の女工七千人は黒い木綿の工場服を着たまま、お揃いの麻裏草履《あさうらぞうり》をはいて二列に並んで道頓堀《どうとんぼり》から千日前へかけて大阪目抜の場所を曳き廻された。これが同社の「運動会」なのであった。「女工は着物なんか着る必要がない、女工らしく女工服を着て歩けば沢山なのだ。」こう言って管理人は黒い袴《はかま》のままで市《まち》を歩かせた。市民はどんなに彼女たちを侮辱の眼で眺めたことか。

四十五

前の節で娯楽的施設の大体を述べたが、会社の説明するごとく、政策家の教うるごとく、天降り設備の数々が真の娯楽とはなるものであろうか？　およそ人の好みは各人区々《まちまち》であって必ずしも紡績女工が浪花節《なにわぶし》と低級な安芝居を喜ぶ訳のものでない。故に数百ないし数千人の大勢に即して工場長、職工係主任級等、一、二人物の頭脳よりしぼり出したプログラムが満足して迎えられるはずはない。そもそも「労働者だから芝居も活動もよう観《み》ないだろう、よって此方《こっち》から観せてやる」というような調子で高い処から持って来ることは労働者を奴隷的に取扱っているのであって、労働者自身としてはこれを受けるなれば既に堕落だ。

労働者の賃金は彼が人間として文化生活を営むにあたって必要な物資を購入するに充分でなくてはならぬはずだ。しかるにその勤労による所得賃金で当然の娯楽費を割《さ》く余裕がないのは賃金のきめ方が間違っているのである。また企業者にそれだけの労銀を支払う余裕がないのだったら製品の売価が低きに過ぎるのである。

今日はちょっとした工場の一つもある処なれば大概常設館の一つ位はある。ましてや東京、大阪、名古屋のごとく工場の多い都会にはあらゆる娯楽機関が遺憾なく備わっているから、わざわざ工場で特別な方法を講じる必要はなかろう。浅草や千日前や大須は女工を抜いた民衆のために存在するのではない。よろしく工場当事者は娯楽的施設の完備などに汲々たることなく、町の娯楽街へ彼女を解放すべきである。安い賃金を出して飯を安く食わせたり、社宅を当てがったり、芝居を観せたりするより相当な賃金を出して何もせずに放任しておき、労働者の自治を尊重するのが時勢にかなった賢いやり方ではあるまいか？

前に言うのを忘れたが、工場で何か催し物のある日は屹度《きっと》寄宿女工の外出を禁止してしまい、強制的にこれを観せねば承知しないのである。本人に意思がないにもかかわらず観覧を強いることは、全然娯楽と相反するものと言わねばならん。

東京の某工場で一人の先覚女工が毎回催される低級な活動観覧を否定したら、世話係が彼女の部屋へ来て言った。

「Hさん、ひとが皆な行くのにいつもいつもあなただけ観に行かないでいたら、もし部屋に紛失物でもあったとき負わされますよ。」

これら演芸物をやるには主として特約の余興屋を連れて来るのであるが、女工の肩入がなかなか多い。またこの種の芸人のうちには性質のよくない女たらしも混っている。そうして舞台へは花が投げられるし、僅かな給料のうちから引き幕などの贈り物をする女工たちも現われて来る。

富士紡川崎、程ケ谷、小山等関東諸工場では小林愛雄文学士や東京音楽学校助教授弘田龍太郎氏を依嘱して民衆音楽および盆踊りの新曲を練習せしめたことがあって、『万朝報』や協調会の雑誌は非常にこれを誉めて報道しておった。私は遺憾ながら当時富士紡におらなかったのでその実際について研究するを得なかったが、惟《おも》うに小林文学士や弘田助教授はいわゆる文学士・助教授に他ならない。教育の章で例証した東京モスリン亀戸工場歌の作り主としては、何ぼ贔負目《ひいきめ》に見ても悩める女工たちの魂へ共鳴するような唄《うた》や踊りは出そうにない。実際彼女たちを慰めるような芸術を創《つく》ろうとするなら、セットルメント運動でもするつもりになって先ず工場寄宿舎へ住み込まねば嘘だ。小林文学士の作った商品の工場歌や花見唄が、その血までも搾《しぼ》り取《と》られて蒼白《あおじろ》くなった彼女の生活と何の関係があろう？　敢《あえ》て君が「工場芸術」を提唱しなくとも、女工たちは立派な小唄をもっているではないか。君の「工場音楽」で魂の荒《すさ》んだ女工たちが救われるとは余りに現代離れのしたロマンチックである。

第十六　女工の心理

或る特殊なる社会圏内にはその環境が育《はぐ》くむ処の特殊な心理的性質および活動のあることは心理学の部門が普通心理学から種々な分科へ分れて行くことによって明らかだ。

女工の心理を研究することは極めてむつかしい。毎日々々彼女たちと起《お》き臥《ふ》しを倶《とも》にして彼女たちの全生活を観、諸種な統計を取ったり小唄を研究したり、または医学的方面からその生理的現象を研究して、これが心理との関係をも考察しなければならない。こうしてようやく徹底的に探究し得たと思っても、元々彼女たちの年齢、外的生活様式等は固定したものでないから、常に水のごとく流動するだろう。しかしながらかく物事を七面倒に考え来るなれば到底研究も発表も出来はしないから、私は自身永年の女工との隣人生活から得た体験と、時どきに少しずつ研究しておいた小唄などによって梗概を述べてみたいと思う。

それから「女工」と言ったところで、当り前の人間であるから、普通心理の内容は勿論これに関係しているし、また婦人であるからには女性心理をも併有することは言《い》を俟《ま》たない。また幼年工には児童心理があるだろうし、老年工には老年心理があり、大勢一つ処に寄っているから群衆心理があり、また極度に眩暈《めま》ぐるしい機械作業はよく変態心理へ導く場合がある。

本稿は主として「紡績女工」について述べるが、女工(と言っても男と女とは相対した存在であって、全然女または男のみの問題があり得ないごとく男工をも含むが)は文化が非常に後《おく》れている。従って非文明的蛮人の心理が多分にある。尠《すくな》くとも彼女はいわゆる現代の仕事を営んではいるが、思想的に言うなれば現代の婦人としては、ほとんど落伍者の観がある。しかしまた、一面非常に健全な心理の存在を見逃してはならない。

元来女工心理の研究にかくのごとき研究方法は当を得たるものと言われないが、女工四千人を有する東京の某工場で、その教務員が寄宿各室へ回答用紙を配り、各自の思うところを述べしめたことがあった。その成績が左の通りだ。

成功をうたったもの	二
宗教	三
食物	四
淫歌	六
破婚的意味を有するもの	七

誇り	一九
孝行	一一
自卑	一一
男工軽蔑	一三
軍国主義的なもの	一四
傷める体を歎じたもの	一六
ホーム・シック的	一七
反抗	二七
恋歌	三三
資本主義讃美的	八〇
雑(無意味、意味不明、読下し不能等)	一九九
合計	四五二

この統計は、前にも述べたごとく女工の教育程度がいかに低いかを物語っているものである。そして右のうちほとんど全部が小唄または俗歌の形式に書かれておって、普通の文章らしいものは唯だの一篇もなかったのである。もって女性と歌の密接な関係を窺うことができるだろう。

四十六

女工の恋愛観　或る人は「愛とは与えるものだ」と言い、他の人は「愛とは奪うものだ」ととなえる。こうして愛の本質はなかなか難かしい問題として容易にその説の落ち着きを見ないのであるが、ここではそうしちむつかしく専門的に考えず、唯だ漫然たる最も概念的な意味で研究の歩を進める。

彼女たちの恋愛観は大体において正しいと思う。女工くらい恋愛を真剣に考えている女は、余り他の階級にあるまいと信ずるのである。勿論彼女たちの恋は無自覚だからよく破綻することを免がれないが相通じてから別れるまでは至極真面目だ。恋愛をおもちゃにするという娼婦型の態度は、ほとんどこれを見ることが出来ない。

彼女たちは粗野で、動作にも言葉にもいわゆる文化的な技巧がない。「愛」なんて言葉を使う者はそとでなら五色の酒でも飲もうかといった新しい女ほど進んだ女工だ。で、「あたしはもう貴方の所有《もの》、だから永久に変らないで愛して下さい。」と言う代りに、「あんた、末まで見捨てんとおいとうよ。」大阪なら先ずこう言うか、または無言で答えるという調子だ。

彼女は現代人らしい言葉と技巧と理窟をもたず、恋の前に直ちに火と燃えあがってしまう。そうして汗水たらして取った勘定を、色男に貢《みつ》ぐことは多くある例だ。

第二に、無闇矢鱈《むやみやたら》と新しかぶれした浮薄な男女が恋と世帯とを別々に考える(全然別々に考えぬまでも恋の責任をもたない)のに対して、女工にはそうした浮薄な精神が稀だ。あの「どんな男にも好かれて好いて、飽いて別れりゃ知らぬ顔」といった無責任きわまる享楽的な考えをもった労働婦人は甚だ尠《すくな》い。彼女は恋の後には必ず世帯がついいて、育児と世話女房が待っていることを忘れない。で、女工と恋したら恋の歓楽の第一歩からして世帯の話しをきかねばならない。従って恋を娯《たのし》むことは先ず不可能なのである。

女工たちは人間が何の仕事ももたずに、唯だ生きて行くことは神の前に大なる冒瀆だと心得ている。職工夫婦に共稼ぎの多いのは、必ずしも経済的苦痛ばかりと見ることは出来ない。半ばの原因はすなわちここに存しているのである。

いま私の頭へ浮んで来る十軒余りの家庭を統計にとった処で、半ば以上三千円くらいな貯金をもっており、良人《おっと》はそれぞれ組の役付工でかなりな給料を取り、妻君が遊んでいたからとて少しも生活に困らぬにかかわらずせっせと共稼ぎに余念もない。彼女は結婚後はたらかずにその良人から養ってもらうものだとはかつて夢にも考えなかった。そうして神妙にも「人間は働くためにこの世へ生まれ出たのだ」と百人が百人とも信じて疑わない。だから結婚をする場合に臨んでも「働く」という意識が頭を去らない。ここにおいて今日非難されている売淫的結婚は労働婦人に当て嵌《あは》まらないのである。彼女は神聖なる結婚を食べることと混同せず、劃然と切り離して考える。働いて、食べて、生きて、恋して、生殖するという本能的性質をもっているのだ。これは多くの恋愛論に照してもほぼ正しいようである。

とにかく、このように女工の恋愛観は一般的に健全だと言えよう。しかしてこれが無意識なる処により正しさがあり、彼女たち特有の心理的性質が存する。

近親愛　先ず彼女たちがその子供をどう取扱っているかを観《み》よう。無智なる者ほどより強く本能が働くことは言うまでもないが、女工たちは余り学問をしておらぬだけあって、本能の命ずるままに子を可愛がるのである。

子もちの通勤女工が毎日疲れた身をもって我が家へ帰るなり、直ちに着物も着替えずお襁褓《むつ》を洗濯する。夜分抱いて寝ると泣くので度々《たびたび》乳を与えるため碌々《ろくろく》睡眠が出来ない。でも朝早くから起きて工場の保育場へ伴《つ》れて行く。九時、正午、三時の休憩には欠かさず工場から出て、我が体も休めずに哺乳する。口で言えば簡単だが、実際盲目的な愛がなければとても出来ない二重の労働である。女工の母親は子のために自分のすべてを、それは健康をまで犠牲に供してなお嬉々としているではないか、理論的にむつかしく考え来るなれば非の打ち処もあろうが、この熾烈なる愛の前には誰人も有無なく感激してしまわねばならぬ。

友愛 女工の友愛については、私もこれが原因を知ることの出来ないような矛盾を見る。これは小さな友愛が働いて、大きな博《ひろ》い友愛を想像する理智に欠けたるか？

彼女たちの友達は多く寄宿舎なら一室、または同郷人をもって一グルウプを作るのであるが、そのグルウプ間は互いに非常な親睦を見るにかかわらず、他のグルウプに対してはどうも詰らぬ争いなどやらかして仲よく行かぬ場合が多い。

近頃大工場には別項のごとく養成部なるものが設置され、それぞれ専門の師範工が新入女工の養成方に当たるが、しからざらん普通の台持ち女工の見習いについて教え込む小工場では、実に新入工を可哀そうな程古参が辛《いじ》め倒《たお》すのである。傍観していてはらはらさせられる位だ。

「鈍くさいなあ！」と尖り声で吸《ど》鳴《な》りつけては、新入女工が何でも上達せねばならぬと一生懸命勉強している背《うし》ろから、その練習仕事をひったくってしまうのだ。

これは銘々《めいめい》自分たちがそうした邪見《じゃけん》な目に遭《あ》って仕込まれたが故に、一種の復讐的観念からと、一方上役に口答えすれば正しい理があっても取りあげられず、男工からはまた非常にがみがみ言われ通しで立つ瀬のない、彼女たちの鬱憤の晴らし場所、すなわちセーフチ・ヴァルブのようなものであろうか？

四十七

貞操について　世人は一般に女工といえば、貞操観念など更にない破廉恥な女だと思っている。一例を挙げると有田ドラッグの店頭には無節操に基づく有梅毒性婦人の職業別百分率を左のごとく掲げ、もって女工が一等無節操で淫蕩だと吹聴している。（勿論でたらめだろうが）

女工	九十人	芸妓	八十五人
仲居	八十人	農婦	七十人
町娘	五十人		

しかしながら女工とはこれほど貞操観念の乏しいものであろうか？　女工とは、かく淫蕩な婦人たちの群れだろうか？　私はそう考えないのである。彼女たちは小胆《しょうたん》で迷信深く、きわめて保守的であるから「貞操」という羈絆《きはん》を我が心で破るなど勇敢な行為は出来得ないのである。しかし女工がいわゆる堕落する場合はたまたまないでもない。だが、これは女工自身に貞操観念が欠けているからでなくして、他に大いなる原因がある。すなわち彼女を囲む環境がしからしめるのだ。罪は多く不徳な男工を始め、工場監督づ

らして威張《いば》っている彼女の隣りなる男性にある。

「甘い口にと乗せられて
　金は取られて捨てられて
　末の難儀を知らずして
　身は浮草や西ひがし。」
「のぼせちゃ駄目だよ会社の男工
　末にゃ茶のかす棄てられる。」
「惚《ほ》れてつまらぬ綛場《かせば》の検査
　綛目ばかりで実がない。」
「今夜当直××さんよ
　出してもらうなあとがある。」

以上四曲の小唄でも、堕落すまいと一生懸命心をひきしめている彼女に対する色魔男工の無責任さと、監督社員の裏面がよく判る。私の知っている工場では大分前のことではあるが実に道徳が頽廃していて、工場長が女工をげん妻《さい》にひっかけて弄《もてあそ》んだりなどした。従って下の社員は見よう見真似で、いずれも自分の地位を利用しておのおの好いたげん妻を拵《こさ》えるのであった。わけても織布部の工務係なんかは三人もの女を一時に孕《はら》ませてしまい、何らの手当も講ぜずにそのまま女をうっちゃらかした。こんな訳で女工の堕落は必ず他動的な場合が多い。

女はこうして実のない男に一旦貞操を蹂躙《じゅうりん》せられてしまうと、その反動としてぐっと心の持ち方が変り、段々「聖無頓着」な倫落へと引き込まれて遂には淫売婦らの群れに投じ、ナマクラ女となりさがる。これは公娼の前職業が十一パーセント紡織女工であったという統計が示している。しかしこの統計には私娼のことが出ていないから、私の推定としては、淫売婦の三十パーセントが女工の成れの果てだと思う。だが、これも彼女自からの意思でそうした魔窟へ落ち行く場合は極めて尠《すくな》く、多くは悪辣な誘拐業者の手にかかるのである。女工募集人や色魔の男工が散々っぱらしぼって弄んだ揚句、お仕舞いに女郎や白ら首に売り飛ばした例はかなりしばしばある。私だけでも数件知っていることは既に募集の章で述べた。

人々が女工を無貞操だというのは、多くこんな点ばかりを見て言うのではないか？

もっとも左のごとく不貞を歌ったものもある。

「主とわたしは二十手の糸よ

　つなぎやすいが切れやすい。」

しかしながら私の手許《てもと》にある多く蒐集《しゅうしゅう》した小唄のうちで、こんなのはたった三曲しかない上、作り替えとして「会社男工と輪具の糸は、継ぎやすいがきれやすい。」というのがある。これで見ても、やはり彼女たちが貞操の垣をよう越え得ないことが窺われる。

ここにこういう例がある。たしか大正六、七年だったと思うが、大紡四貫島の織布工場に大層別嬪《べっぴん》の女工がおって、保全の或る男工に許しておった。ところがたまたま琵琶《びわ》を習いに行くことになってせっせと師匠の許《もと》へ通っているうち、遂にその師匠のため半ば強制的に操《みさお》を破られたのである。それから二カ月も三カ月も過ぎた日であったが、工場の脇を流れる六軒家川へ彼女は投身して美しい死体を浮かばせた。ふとした機会よりお師匠との関係が知れたので、愛人の男工は咎《とが》めるともなく一通の手紙を送ったのであった。ところが彼女は自からの苛責に堪えずして稽古部屋のその時を細々と書きのこし、遂に右の始末に及んだのであった。

それからまた、一人相許した男があるにもかかわらず退《の》っ引《び》きならぬ事情で上役などに汚《けが》されると、愛人への申し訳けのために逃亡していずこともなく姿を消した女工を四、五人知っている。私は女工に貞操観念が乏しいとはよう思わない。

孝心　女工は皆な孝行娘である。半ばは強制的送金制度が手伝ってはいようが彼女たち十人のうち八人までは親のために働いているのだ。そしてそれを孝行として恨みには思わない。また彼女たちはどこまでも親を手頼《たよ》っている。後ほど挙げる「何の因果で」

という小唄の中に、「親に甲斐性《かいしょ》がない故に」とうたっておきながら、親を悪く言うては済まぬと思い返して、「親に甲斐性はあるけれど、わたしに甲斐性がない故に」と言い直している処などは最もよく孝心を物語っている。見るもいじらしい孝心振りである。

大正十一年六月度における大日本紡績橋場工場の個人送金高を栃木県で見ると、百六円五銭を最高に五十円、三十円、二十円、十五円、十円、最低二円五十三銭に至るまで実に百七人、金高にして合計二千四百二十三円五十銭を算している。これを一人当りに換算すれば実に二十二円六十五銭の多額にのぼり、当時の平均収得高二十四円三十八銭に対照してみれば収得高のうち、九割強は親許《おやもと》への送金となっている。そして残額の一円七十三銭と賃金以外に貰う若干の余禄のみが彼女の小遣、いな大遣ともなっているのである。これだけでも、私はもう感心を通り越してしまう他はない。彼女たちの多くは、唯だもう親のために、文字通り身を捧げているのだ。そしてそれを嬉《よろこ》びとする。

「辛《つら》い辛いと思えども
　ふた親思えば辛くない。」
「雨の降る夜と風吹く日には
　思い出します親の身を。」
「聞いて下さい××さん

親に孝行がしたい故
海山越えてはるばると
知らぬ猪名川で苦労する。」

四十八

叛逆性 傷める小羊のごとく温順な彼女たちにも、しかし胸奥深く反抗が宿っていることを知らねばならない。

「寄宿流れて工場が焼けて
門番コレラで死ねばよい。」
「工場は地獄よ主任が鬼で
廻る運転火の車。」
「籠の鳥より監獄よりも
寄宿ずまいはなお辛《つら》い。」
「偉そうにするなお前もわしも
同じ会社の金貰う。」
「偉そうにするな主任じゃとても

もとは枡目《ますめ》のくそ男工。」

右の小唄はいずれも女工らしい単純な表現ではあるが、細番手《ほそばんて》の糸で織るように、綿々と資本主義の暴虐に対する怨恨をうたっている。彼女は非実力本位な工場組織に、会社を嵩《かさ》にきて威張り散らす門衛に、同じ一介《いっかい》のプロレタリヤでありながら我れ独り資本家の養子にでもなったように思って同胞を辛《くるし》める主任、部長、見廻り、組長に、または文字通り尾のない狐なる女工募集人に、限りない反抗の矢を放っているではないか――。血もわかせずにこの凄惨な歌声を聞くことの出来る者は、衣服を纏う権利がどこにあろう。

四十九

怯懦性《きょうだ》　彼女は近代文明が建設した工場で、最新科学の粋をあつめた機械を取扱っているのであるが、妙に文明の利器を怯《お》じ恐れる性質をもつ。そうして物事をなすに当ってとかく臆劫《おっくう》で決断力がない。また常に悒鬱《ゆううつ》がちで明るい快活な処がないのである。

騒然たる工場で作業中、何かの拍子で常より異った音のする場合がある。または人の呼び声が不意に機械の雑音を破って起ることがある。こんな折りに、我が仕事に余念ない彼女は非常な驚き方をするのだ。ほとんど飛びあがっておっ魂気《たまげ》る。そして心臓は永く動悸を打って止まない。

女工たちは総じて外へ出たとき常にびくびくもので道を歩く。背《うし》ろからやって来る俥《くるま》にも、横に現われた自転車にも、一定の軌道をしか走ることのない電車にも、はらはらしながら進行せねばならなかった。それもし自動車の警笛が鳴り、オートバイの爆音が聞えでもしようものなら、忽《たちま》ちまごついてしまって意識の平衡を失う。で、俥夫《しゃふ》に呶鳴《どな》り散らされたり、向うから来る自転車が、よける方へとよけて遂には衝突するような不体裁をしばしば演ずるのである。または交通整理器のストップが向いている時に駈け出して、お巡査《まわり》さんに叱られる。

こんな具合で、道を歩くことさえも惧《おそ》れねばならんのが虐《しいた》げられた者のいじけきった心理なのだ。

船・くるまなど乗り物に暈《よ》うことは内臓の虚弱による生理的現象でもあろうが、半ばは神経が弱ってこれを恐怖するための動的抵抗力の減少によるものだろうと思われる。女工たちの中にはよく乗り物を嫌う連中がいる。運動会などがあっても、汽車に乗れぬから厭だとてよう行かぬ者がかなり多勢いるし、田舎から募集女工を俥や自動車で運ぶ時に、寒中でもよわない予防として幌《ほろ》をおろさずに曳《ひ》くという。私の知った募集人が但馬《たじま》の国から女工を伴れて来る折りには、雨が降ってもそのままで走るのだげな。彼は言った。

「伴れて来しなになあ、皆な暈うので閉口するわえ。それでなるべく小雨の降る日を撰んで、少々濡れたって構えへん幌おろさずに曳かせるんだ。そして汽車の中でげえげえやられると困るで新聞紙五、六枚ずつ渡しとくんだ。」と。

これらは「動」を怯懦《きょうだ》する非文明的心理の支配によるものである。

彼女たちには、また大体において明るい処を好まず、薄暗い処を好《す》くごとき傾向がある。或る工場の寄宿舎では二十畳に六燭光のランプが点《とも》してあったところ、待遇改善の一端として二十五燭光に変更したら、喜ぶかと思いの外かえって明る過ぎて寝られぬと文句を聞いたそうだ。夜分十時頃一声《いっせい》に女工寄宿舎の消燈する工場があるが、これはながち電力の経済ばかりでなくこの辺の関係もあることを証明している。

彼女たちは同じお汁粉を食べるにしても浅草あたりの明るい店へは滅多には入らず、食べたいのを我慢して本所《ほんじょ》の暗い家まで帰るという調子である。

それからまた、彼女たちは現金で物を買う場合、掛値がなくて比較的廉《やす》く、選択の自由なデパートメント・ストアへ行くことをせず、大概場末の小呉服屋で済ます。買いに行く時間がない程でもないのに。「三越へ行こうか?」こう言って誘っても、行こうと答える女工は百人に一人もない。

それ程ならいっそ工場の売店で用を達《た》せばいいのに、同じ品物でもやはり外の店で買うことを快《こころよ》しとするのだ。妙な矛盾である。

誰が言ったのか知らぬけれど女の嗜好品は芋《いも》、蛸《たこ》、南瓜《かぼちゃ》だというが女工さんの嗜好食物は芋、蛸、空豆である。彼女たちはどうも新しい料理を厭がる傾向をもつ。某工場で大英断をもって根本的食事の改善をはかり、カレーライス、カツレツ、肉フライなど簡単ながら洋食を供することにした。ところが、「ご飯は南京米《なんきんまい》の砂まじり、お香々《こうこ》ふたきれ食べられぬ。」と散々食物の難癖つけた女工たちの中、それを食べる者が半分しかいないのであった。かくのごとく、彼女たちは洋食を好かないのだ。カツレツよりもごった煮がいいと申す。女工に驕《おご》るのだったらアイス・クリームよりも氷イチゴの方が遥かに喜ばれるのである。

それからまた、女工は人を甚《ひど》くおそろしがる。たとい場末の小汚い蕎麦屋《そばや》へはいるにもせよ、人がおったら容易にはいらない。たまの交代日に外出して何か食べようと思っていたものが、どこへ行ってもすいた店がなかったので遂々《ついつい》食べずじまいに寄宿の前まで帰ってしまい、「思い切ってはいればよかったのに。」と後悔するような話しはままある。

私の処へ一人の中年女工が時々やって来たが、彼女はいつでも必ず「今日は電車が込んで込んで仕方がありませんでしたわ。」と言った。それが余り度々のことなのでつい私は可笑《おか》しくなって一日浅草まで同車した。するとやっぱり「よく込みますねえ。」と言う、思わずふき出してしまった。別段込みもどうもしていないのだ。

女工は身の廻り一切非常に地味なつくりをする。中流階級の家庭の三十以上の婦人と、女工の二十歳《はたち》前までと位はたしかに相違している。それで、従って甚だしく老《ふ》けて見えるのである。平均十くらいは外見だけ老けて見える。しかし心はからきし駄目であって、しかも少女のごとく無邪気なのではなく、大人的鈍感さを有するのだから始末が悪い。すべてにおいて派手より地味を好むのは、一に沈鬱な周囲との調和を保つための潜在意識からではあるが、また経済的観念にも多分に支配されていることを知らねばならん。他の女のごとく年々流行を追うて、物質享楽の充分に出来る者と違って、一遍《いっぺん》つくった着物は破れるまで着潰《きつぶ》さねばならぬ彼女たち賎《しず》が女《め》、かなしき運命がそう心理づけたのである。

五十

近代商工業主義に基づける社会ならびに経済組織は、必然的に婦人を家庭から工場や事務所へ追放した。そうして新しき女の怨恨かぎりなき家庭の牢獄は、日々破壊されて行きつつあるのである。かくして職業婦人が家庭と相容れぬ、むしろこれが破壊性を有することは極めて当然な話しであって、これは何ら心理的性質でない。

しからば本節の題目として掲げようとする「家庭生活の破壊性」とは、一体いかなる特種の心理であろう?

男工軽蔑の心理　彼女たちは毎日工場を共にして働いている男工を、非常に軽蔑するのである。或る特定仕事場の責任者に非《あら》ざる普通男工は、彼女たちに色々な手助けをしているのだから、もし彼がいなかった日にゃ女工ばかりでは受負仕事の出来ぬことを百も承知でおりながら、それでいて男工を糞かすのように言うのである。これは、工場の職工待遇方針そのものが、既に述べたように女尊男卑主義なることも多分に彼女を感化づけているが、また男工の非人格と彼女たちの無教育にもよる。しかしどちらにしても男尊女卑がいけないと同じように女尊男卑も余り見っともいい体裁ではない。

「男工串《くし》にさして五つが五厘《りん》

女工一人が二十五銭。」

「会社男工は厭ですよ

智慧ない金ない甲斐性《かいしょ》ない

甲斐性どころか家もない

あるのは借金色女
（または）行ってみりゃヤカンの蓋《ふた》もない。」

右の小唄《こうた》はいずれも極度に男工を侮辱したものであるが、こうは言うものの一つきつゝやせば潰《つぶ》れるように爛熟しきった性慾の放散所を、やはり最も手近い男工に求めるより他に道がない。気の毒な労働婦人よ、御身がどんなに大学生や博士に憬《あこ》がれを抱いたとて、少しも賢こくなろうとはせぬ永遠の無智と、白粉《おしろい》もつけぬ無技巧さでは提灯《ちょうちん》に釣鐘よりもなおおぼつかない。

さて男工と自由恋愛を構成した彼女は、自由に逢えぬ寄宿舎の桎梏《しっこく》から脱したいため、正妻になって恋の保証を得たいため、そうして安心が得たいため、ひたすら完成（結婚して世帯を持つことを恋愛の墳墓だなど考えはせぬ）へと急ぐのである。やがて社宅が借りられて、ここに神聖な共稼ぎの恋愛生活が始まるのである。

家庭生活の破壊性　これまでは至極芽出度《めでた》いのであるが、工場で猫のように彼女の小使しておった良人《おっと》も、さて一家におさまってみればやっぱり男尊女卑、家長権力絶対主義の日本の伝統に育《はぐ》くまれた暴君に他ならなかった。十時間以上も働いて一人前に余る仕事をして来た妻に向い、彼は啣《くわ》え煙管《ギセル》で用を言いつけるのだ。そのくせ彼の取る勘定は妻よりもすけない。

三度々々据《す》え膳《ぜん》に向って洗い物一つする必要のなかった寄宿舎生活に較べて、余りに家庭の仕事は多きに過ぎる。ここで彼女たちは熟練女工として充分なる自活能力をもっているだけあって、ぼつぼつ米の飯に飽きそめる頃から元の生活が恋しくなって来るのである。そうしてその結果が離婚するのではなくして当分のうち互に別れ別れとなって働くという口実のもとに寄宿へ立ち帰る。

何につけても臆病者の彼女が、不思議にもこれだけはかなり勇敢にやってのける。またはさんざん良人を罵倒して、ノラのごとく敢然と家出する女もある。かくして一旦つくったところの家庭を、日ならずして破壊してしまうのだ。私がその結婚の折り祝ってやった幾組かの夫婦で、完全におさまっている例はほとんど記憶にない位だ。

しかしながら子供でも出来ると、流石《さすが》にそれを見捨てるに忍びないらしい。それからぬか、この家庭破壊は大抵子なき前に行われる。

「意久地《いくじ》ないにも程がある
　わしの半分の勘定とって
　亭主呆《あき》れてもの言えぬ
　尻に帆かけて知らぬ顔。」

右の一曲はこの心理をうたったものである。かくのごとく、彼女は常に勘定の多いこ

とをプライドとしそれによって人間の値打ちを決定するのだ。そうして、

「おまはんよりわてえの方が勘定余計とるんやよって偉いがな。」と恩にきせる。

五十一

宿命観　彼女たちはその悲惨な生活を一時は呪うのであるが、やがてどうにもならない宿命だと悲しく諦めてしまう、無智に基づく宿命観をもっている。ほかの女が美しい絹の着物をまとうのに、自分は木綿しか着ることが出来なくても、何らそれを不思議とは考えぬ。「ほしくても買えないものは諦めよう。」こう運命的に考えてしまうのだ。そしてまた、そうなりとして心の安息所を見つけなかったら、とても生きては行かれないであろう？　かなしき諦めの哲学よ！

私は、女がいい着物を着て白粉をつけることが自覚だとは思いはせぬ。しかしながら彼女たちを真の自覚へ導くにはどうしても、彼女を虐《しいた》げる現在の諸制度に反抗せしめねばならず、かつその尊き反抗の第一歩こそはいと小さき些末な反感によるものだと信ずるが故に、最も女性の慾望をそそる衣裳についてよく言うのである。

「仕事もせずに遊んでいて、美衣美食を恣《ほしいま》まにする女たちがあるのに、貴女《あなた》は年中働いておってしかも取って置きの絹物一と重ね買えるでなし、一日に一食くらい好みの品

も食べられんような馬鹿らしいことを不都合だと思わない？」

しかし大抵な女工さんは、

「着物なんか要らないわ。」と答える。でもそれは淋しい答ではあるまいか――。

「辛棒《しんぼう》しましょう諦めましょう
辛棒する木に金が成る。」

彼女はこう歌って、

「山程ご無理なことにても
お主《しゅ》さんのためなら聞かにゃならぬ。」

とどんな酷い掟にもこれ服するのである。そうしてその結果は間違いなく金が成る。しかしそのなった金をぼるものは、女工よ！　御身でないことを知らねばならぬ。

五十二

愁郷病　山川幾重、遠く父母の膝下《しっか》を離れて来た彼女たちにホーム・シックな感情が多分に宿っていることは極めて当然である。

ほとんど故郷をもたぬ男の私でさえも、唯だ生国というだけの丹後が懐かしいのに、れっきとして親も家も兄妹もある彼女たちは、鉄格子つめたい寄宿舎の窓からどんなに懐かしく遥かな故里の空を眺めるだろう？　それも学校へでも来ているのならまだしも、日々の勤めは苦しい。現実生活に苦しみの多き者は必然に空想や追憶の世界へと心の逃避所を求めるのである。

「わしはいにますあの家さして
　いやな煙突あとに見て。」
「秋は淋しく紅葉に暮れて
　故郷恋しや月の影。」
「早くねん明けねんさえ明けりゃ
　飛んで行きます親の側《そば》。」

センチメント　愁郷病は元来センチメンタルであるが、また異った意味で荒《すさ》んだ彼女たちも非常にセンチメンタルな気分になることがある。水空清い平和な故里で愛の懐《ふとこ》ろに抱かれて林檎《りんご》のような頬で小鳥のごとく歌いながら生長せられるはずだった彼女たちは、渋柿よりもまだ蒼《あお》くなって痩せこけた自分を凝視した時、ほろりとせざるを得ないのである。

またはは幼《おさ》な馴染《なじ》みの村の青年と末で夫婦になるため、嫁入仕度の拵《こさ》えに別れを惜んでやって来たのであったが、彼女の帰りを待って朝夕耕作に余念もない許嫁《いいなず》けの青年には今は会わず顔さえもなく身は汚《けが》された。思えば傷ついた体が恨めしいのである。

女工は歎いてうたう。

「娘いまかと言われた時にゃ
わが身こころは血の涙。」
「わたしゃ女工よ儚《はか》ない花よ
霜にいじけた小さな蕾《つぼみ》
春が来たとて咲けもせず
小さい小さい片つぼみ。」
「わたしゃ女工よ儚《はか》ない小鳥
羽根があっても飛べもせず
空が見えても籠のなか
羽交《つばさ》折られた小さな小鳥。」
「わたしゃ女工よ春降る小雨《こさめ》
独りしょぼしょぼ音もなく
いつになったら晴れるやら
つきぬ涙で濡らす枕。」

五十三

女工の嫉妬心　女工は普通の女より以上猜疑心が深く、嫉妬心に富むのである。夫婦間においては言うまでもないことながら、その仕事場を同じゅうする場合など少し他の女と話しても妻君は眼の色かえて睨《にら》みつける。そうして家に帰ってからもいつまでもぶりぶり怒っていて、言《もの》もいわないという始末だ。

それからまた仕事の配給につき甚だしい妬《ねた》みをもってこれを見るのである。第三者が観《み》て公平だと思われるように配台し、または日給工なれば増給した時でも、彼女は決して公平と思わない。そしてそれが階級意識的な不平ではないのだ。単なるやきもちに他ならない。で、実際技倆があるために多く配台を受けた者でも、はたから甚《ひど》く恨まれねばならん。

次ぎに女工たちは、仕事上の話しやごくつまらぬ世間話などしても、これを直ぐ色恋の語らいだと思い込むのである。故に男と女は迂濶《うっか》り雑談も出来やしない。

敢て女工に限らず醜女《しこめ》には総じて僻《ひが》み根性をもった者が多いけれど女工のそれにはまた格別の趣きがあり、その根性悪さと来ては全く「鬼婆」という形容が掛値なしに当《あ》て嵌《は》まるようなのがいる。いま私のいる工場に一人頭髪のない女工がいる。その女は私らが彼女の背後で談話するのを余所目《よそめ》見て「あんたら、せえ出してわての悪口いうとうくんなはれ。」と気を廻すのである。そしてまた鉛筆などが紛失すれば、屹度《きっと》人にかくされたものだと曲解する。

それからまた、彼女たちは美に対する嫉妬心が甚だ多い。もし綺麗《きれい》に着飾ってお化粧した同性にでも出会せば凄《すご》い眼つきでこれを眺めるのだ。で、時たま身嗜《みだしな》みのいい女工でもはいって来ようものならたちまち彼女に罵詈《ばり》をあびせかけ、

「白粉の相場がくるう程つけたる。」

「ど厭らしいなあ。」などと言うのである。少し、柄の好い衣裳でも持てば「芝居者のような。」と言って相手にせぬ。

相思の恋人が仲睦《なかむつ》まじく紡績町を行く。すると女工らは広告楽隊でも通るようにこれを眺めるのである。しかし彼女の眺め方は決して並み一様の眼つきではない。青く光っているのであった。

それから朋輩が本を読んだり綺麗な言葉を使ったりすれば女工たちの多くはまた「生意気だ。」と言うし、上役と談話すれば告げ口したものと思う。

こうして彼女は観る者聞くもの触わるものを疑い、嫉妬をもたねばならないのである。これは、常に人から誑《たぶら》かされ、虐《しいた》げらるる者の歪んだ感情である。彼女の少女時代に、

はたしてこんな僻《ひが》み根性《こんじょう》が宿っていたものであろうか？　私はノーと答えなければならないのである。皆な工場へ来てからの悪い環境が彼女をそうしたのだ。

五十四

女工特有の表情動作　女工には女工特有の表情動作および言葉がある。表情については描写の大家でない私は、どうも巧く説明する術を知らぬ。けれども、彼女たちはどことなく一般婦人より一風変った表情をもっていることを見逃さない。左に主だった点を列記しよう。

一、彼女たちの顔は非常に暗い。

二、体は非常にいじけている。そして物事をなすに当っておっくうらしいしなを見せる。

三、ごく些細な事柄で怒った場合、普通人の倍くらい厭味《いやみ》な眼つきをする。そしてそれが対人的であった折りには、いつまでも白眼を三角にして相手を睨《にら》みつける。この睨むことは、実に彼女たちの表情中重きをなすものである。

四、別段可笑《おか》しくもない事柄を、実にキャラキャラと笑いこける。そうしてそのまた笑い方が一種特別にげさくなのである。

五、女工が外出する時には、滅多に手ぶらで歩かない。大抵手風呂敷をきちんと折りたたんで携帯するのだ。そうして格別風呂敷に包む必要を認めぬような小さい綺麗な品物でも、これを包まねば提《さ》げない。

六、彼女は人にひやかされた時など、よく「あんまり、しゅっと。」と言って中指と人差指の二本で、我が鼻の前を上から下へ斜めに掠《かす》める。

七、東京の女工は男工などが何か言ってひやかすと、「なま意気だ、こん畜生。」ととなえてその脚を上げ、さながら馬のごとく地面を後ろへ蹴るのである。そしてばしっと板裏の音を立てる。

八、または前記に加えて一層極端に、袴《はかま》の前をめくって太股《ふともも》を少し出し、右手でぴしゃりと自分を打ち叩く。「なま意気だ！」と掛け声をして――。

九、紡績機械は主に横へ長い台であって、これを守《も》りする女工は蟹《かに》のごとく横這《よこば》いに歩かねばならぬのである。それ故、甚だしく外輪《そとわ》に歩行する習慣がつく。

十、毎日の立ち仕事は坐る習慣を大いにさまたげる。よって彼女たちには長坐が出来ない。小《こ》三十分で大概脚を横へ出して居ずまう。

十一、工場、ことに織布部では耳に口をくッつけなかったら話しが出来ぬ故、外へ出てまでこの習慣性がぬけぬ。そうして声が高く悪くなる。

十二、運転中声を出さず、互に口許《くちもと》の動き具合によって談話する癖をつけているから、実際に発音する以外、大きく口を動かすこと。

十三、手真似にて話し合う。

工場に発達する社会語　彼女たちはまた一種変った言葉を創り出すのである。左にその最も一般的なものを列挙しよう。

お顔――人受け(――が好い)

あんまり――余りに……の他、否定詞に使う(――しゅっと)

しゅっと――否定詞の一種

親婚――またはシンネコ――文字で表わせば親懇の意に使いホネー・ムーンではない

ごますり――告げ口(××さんは――や)

偉い人――上役の謂《い》い(――が来た)

煙突――身長の高い形容

渋ちん――吝《しわ》ん坊(誰々は――や)

提灯持――恋の使い(誰々の――)

竹棒かつぎ――同　上

すずめ――雀のごとく喧《やかま》しいとの意で輪具女工のことなり

からす——鴉のごとくばたばたするの意で織布女工のこと
おやま——女郎のごとくぞろぞろしているの意で綛場女工のこと
がわたろ——いつも水の中にいるより来た言葉にて染職工の謂い
油とり——怠けること（誰々は——や）
けつ割り——辛棒せぬこと（誰々はもう——った）
デモクラ——デモクラシーより来る語であるが解釈は民主主義と違い不平という程の意（あいつ——起しとる）
サボル——サボータージの片言なれども個人的怠業を指す（俺——ってやろう）
ぼんやり——茫然を転じて鈍直の意に用う（あんた——やな）
だんない——大事ない、かまわぬの早音
よう言う——否定詞、そうでないという程の意（本とうに——わ）
あかんたれ——駄目な人間（あんたは——や）
新米——新入素人工のこと（——がはいった）
新工《しんこ》さん——同　上
えこひき——不公平の意（誰々は——する）
蜻蛉《とんぼ》——男子の頭髪を分けたる様

八割り――女子の七三を言う（――に結っている）

ぱんと割れ――同　上

八兵衛《はちべえ》――月経のこと

尾のない狐――募集人

油男工――汚い男工のこと（――めが）

黒ん坊――原動、電気、鉄工等の職工を指した語（カジヤの――）

言い渡し――訓諭の謂い（今日――がある）

お話し――訓諭、演説、講演

蛸《たこ》つる――お目玉のこと（とっと――れてな……）

右のほかテクニックに至ってはほとんど片言《かたこと》ばかり使うのである。例えば杼《シャットル》をサイと呼び、機関《エンジン》をインジと言い、男巻《ビーム》をビンと称するがごとくである。また機械部分の名称や作業動作の名づけ方に至っては原名、訳名、俗名とそれぞれ異っているうえ、一つの品も地方々々によって著しくその称え方を異にする。原名の Held はこれを正訳すれば綜絖《そうこう》となるのだが京都府地方では「綜《へ》」、大阪附近では「カザリ」名古屋以東では「綾」と称えているのである。またハーネス、アソビなどともいう。

右のほか「花が咲く」だとか「亡魂」だとか「二本通し」だとかいう全く字義と異っ

た言葉があるけれど、これは作業上の名称ゆえここに言うことをさける。

五十五

負傷時の心理状態　工場法における職工扶助規則からも「自己の重大なる過失云々」が取り除かれるようになったごとく、負傷にいわゆる過失というものは断じてあり得ない。もしここに出すべからざる部分へ手を出して負傷したとするなれば、それは「過失」でなくして「故意」なのである。

彼は過まって歯車に手を咬《か》まれた。しかしこの場合彼を喰う歯車装置そのものが既に大なるあやまりではあるまいか？　故に「自己の過失」とは徹頭徹尾意味をなさない。

工場では故意に怪我をさせられる場合が多いのである。何となれば「危い」と知りつつそこへ手を出して仕事をすべく労働者は命令されているからである。

一昨日工場では毛斯綸《モスリン》水洗器の傘歯車《ベビルホイル》に頸巻《えりまき》をまき込み下顎《したあご》全体を取られた男工があった。これを評して人々は「頸巻など巻いていたことが過失だ」と言うのであるが、実際その工場は寒くて頸巻でも巻かねばやりきれなかった。管理者は危険と知りつつ彼に毛斯綸の皺《しわ》を伸ばすよう言いつけておったのであった。それが何故に男工彼の過失であるか？　過失はたかが物質なる毛斯綸の皺一つに対して、人命の危険を犠牲にして顧みない暴虐な制度それ自体にある。

負傷と心理とは極めて密接な関係があって、愉快な時と不愉快な時と、その負傷率は甚だしく後者が多く、また平和な家庭もしくば集団から出る者としからざる者とはこれまた後者の方はるかにその負傷率が多いのである。

それからまた機敏な人間と鈍感な性格者とは自ずと異り、たとい鈍感な者でも一度大負傷せば再びやらぬ予防性を備えて来る。

永年工場生活をしていると「機械は危険なものでない」という風に習性づけられて来る。で、第三者の思うごとく本人としては危険を感じていないのだ。そうしてどんな危っかしい場処へでも平気に臨み、その結果が取り返しのつかぬ大怪我である。

無智なる職工はとかく、危険な場処へわざと立ち寄り、巧く難関を切りぬけることなどに優越感を覚えるのである。また管理者は、運転停めてやれば難なき事柄でも、不停転にてこれを行うのを賞揚する結果、職工間には自然そうした悪例が培《つちか》われるのである。かくて彼らは身の破滅を知らない。

疲労および活動力と負傷の関係その他　負傷の率は身体の疲労程度および活動力の鋭鈍によって異るものであって、四季に分かてば夏、秋、春、冬と累進的に負傷率が高まって行く現象を呈している。

左は紡、織、染と三通りの仕事場を有し、職工大約四百人を使役する工場における一カ年間の、工場負傷延数である。

	月次	受診延数	計
夏	六月	二〇	五五
	七月	一六	
	八月	一九	
秋	九月	一八	六三
	十月	二一	
	十一月	二四	
春	三月	三六	九五
	四月	二九	
	五月	三〇	
冬	十二月	四二	一一一
	一月	三〇	
	二月	三九	

右の工場は山間僻地にあって建築等もほとんどバラック式であり、きわめて外界の温

度に支配され易いからこう極端な差を示すのでもあろうが、とにかく大体の標準を置くことができる。

またこれを時間別に研究しても始業より終業までは累進的に負傷率が昇っている。これ人間が疲労するにつれて身心とも次第に活動力が鈍ることを示している。また夜業と昼業とは、夜業の方がはるかに負傷率が高まるのは当然の勢いである。

左に男女工約八千人を有する工場の負傷に関する統計を示そう。ただし第一表は十七ヵ月間、第二、第三表は二十三ヵ月間の記録である。（協調会発表）

第一表　職業別負傷と原因

職別＼原因	保全中	作業中	運転中の掃除	運転の際	運搬	傍からものが飛んで来て	注油	通行	その他	合計
機織	九	二三	二	二	三	一一	―	一	一	五一
準備	一	五	一	―	二	―	―	―	―	九
仕上	三	一八	七	三	一〇	一	―	―	―	四四
梳綿	二九	一二	二六	―	―	―	―	二	一	七〇
整綿	一二	八	九	―	四	―	一	一	二	三七

精紡	撚糸	前紡	撰綿	シルケット	ミュール	暖房係	瓦斯焼	ローラー場	原動	試験	合計
一二	九	一一	六	二	一九	｜	三	｜	一	｜	一一七
八	七	七	｜	｜	二	｜	一	｜	｜	｜	九〇
一一	一八	一一	九	｜	一四	｜	｜	二	二	一	一一三
｜	｜	二	｜	｜	｜	｜	｜	｜	｜	｜	七
九	七	五	｜	三	四	｜	二	｜	｜	｜	四九
一	｜	｜	｜	｜	｜	｜	｜	｜	｜	｜	一三
一	三	｜	｜	｜	一	｜	｜	｜	二	｜	八
一一	九	｜	｜	一	三	｜	二	｜	｜	｜	三一
二	五	一	｜	六	一	三	｜	｜	｜	｜	二三
五五	五八	三〇	一五	一二	四四	三	八	二	五	一	四五一

第二表　種類別実数およびパーセント

傷名	実数	パーセント
挫傷	五九三	三七・七

打撲傷	四三三	二七・五
切創	一七八	一一・三
擦過傷	一六五	一〇・五
刺傷	一三三	八・五
火傷	二七	一・七
捻挫傷	一六	一・〇
眼内	一四	〇・八
骨折	五	〇・三
その他	八	〇・五
合計	一五七二	

第三表　負傷の位置別

負傷部	実数	パーセント
指	五五七	五二・一
手	一二二	一一・四
頭、顔面	一二二	一一・四
足	九九	九・三
前膊	五〇	四・七

軀幹	三五	三・三
足趾	三四	三・二
下腿	二三	二・二
大腿	一二	一・一
上膊	一〇	〇・九
頸	五	〇・五
合計	一〇六九	

それから昼、夜業別負傷率およびその時間を調べてみよう。ただしこれは前記工場における二カ月間の記録である。

第四表

時間	昼業 実数	昼業 パーセント	夜業 実数	夜業 パーセント
六時より	一八	二・七	二〇	三・〇
七時より	三二	四・九	一七	二・六
八時より	四二	六・四	一三	二・〇
九時より	三七	五・六	二四	三・六
十時より	四四	六・七	一三	二・〇

十一時より	四一	六・二	五	〇・八
十二時より	四〇	六・一	五	〇・八
一時より	六六	一〇・〇	七	一・一
二時より	六八	一〇・三	三	〇・五
三時より	五五	八・四	五	〇・八
四時より	五三	八・一	四	〇・六
五時より	三八	五・八	八	一・二

右の表について見ると昼業は午後になって負傷率が激増している。これは疲労と負傷の関係を考察するに適切な材料であろう。ところが夜業の場合はこれと相反し宵《よい》の口負傷者が多くなっている。しかしこれは操業状態の相異にかかわるのであって、すなわち夜は昼よりも人員少なく、医師不在、大仕事は翌日廻し、夜食後男工の就眠等によるのである。

第三表において頭部、顔面、手、指等の負傷が著しく多いことは、婦女子多数制の紡織工場として最も注目に値する現象だ。

それから最後に、統計のないのが遺憾だけれど婦人の負傷は月経時に甚だ多いことを附記しておく。

或る悲惨な心理につき　豊かな生活という程でなくとも、とにかく自分の生活があってそれ相当な自由をもつ者なれば誰がそんな惨《いた》ましいことを想像だにしよう？　しかし自分自身の生活はほとんど零に等しく徹頭徹尾強者の支配を受けねばならぬ少年労働者たちにとっては、「病気がしてみたいなあ……。」とさえ思うことがある。

諸君よ！　君たちはそんな馬鹿らしい事柄をとても実感として想像出来ぬであろう。しかし私にはその感情を理解するだけの体験がある。病気でもしなかった日には銭金で工場を休むなんてことの許されない者にとっては、地獄の責め苦から一日でものがれたさに全く右のごとく考える場合が確実にあるのだ。

おお！　余りに悲惨な実在よ。「指の一本くらい落して五百円も貰えるのだったら、怪我しても悪くはないなあ……。」

こんな話しを耳にする。家が火の車の廻うように苦しくなかったら、誰がこんなことを言おう。

これも一寸《ちょっと》常識から考え難い話しである。しかしながらその実行はともあれ、かく思わざるを得ないほど苦しい家庭をもつ者はかなり多いのである。

病気に罹《かか》っても休養したい。負傷しても金が欲しい。

こんな思いまでさせて生かしておくより、神はむしろ彼らに墳墓を与えた方がどの位ましか判らない。

五十六

女工のストライキがあたかも恋人に駄々をこねるごとく、極めて幼稚なることは賀川豊彦氏もその著『貧民心理の研究』において述べておられるが、まことにそのごとく彼女たちの争議は皆目労働条件に触れず、文化的意義をもたぬのである。試みに大正四年から同十二年までに起った大小の争議を、記憶のまま原因別に挙げてみると左のごとくである。

年度(大正)	工場名	種類	主因
四年	上毛モスリン	男女	退職手当要求
七年	……………（同一工場）	男女	同上
八年	日本毛織	女工	人事課長排斥
六年	東京モスリン	女工	同上　引止
………	内外綿西の宮	女工	同上
七年	同上伝法	女工	工務員引止
九年	相模紡績	女工	………………

九年	富士紡押上	男工	労働条件改善
九年	河内紡績	女工	同上
九年	東洋紡四貫島	男女	同上
十年	東京紡績	男女	同上
十年	東洋紡西成	男女	同上
十年	東京キャリコ	男女	組合公認および委員制要求
十一年	大阪毛織	男女	労働条件改善
十一年	大阪合同	男女	同上
十一年	愛知織物	男女	待遇改善
十一年	岸和田紡	……	…………
十一年	寺田紡績	……	…………
十二年	三国紡績	男女	賃金問題
十二年	東京モスリン	女工	課長引止
十二年	寺田紡績	男女	待遇改善
十二年	岸和田紡	男女	同上
十二年	和泉紡績	男女	同上
十二年	猪名川染織所	女工	主任排斥

右で見ると女工ばかりの争議は、ことごとく人の排斥や引き止めに終始し、一として賃金問題に触れてはおらぬ。また男工合同のそれで見ても退職手当(この場合退職手当は解雇手当ではなく、工場の買収もしくば合併等によって名義が変るとき、前工場から心付け的に出す若干金である)の要求等、きわめて権利なき詰らぬことを言っている。労働争議に感情は貴いものだけれど、その原因が人一人の好憎にあったりなどしては実に争議の乱用であってこんな争議を起している間、いつまでも紡織工は水平線下に踏みつけられていなければならない。

しかしてこの女工ばかりの争議は、主として或る一地方から来ている集団によって行なわれる場合が多く、一工場全体に渉《わた》ったことは稀れだ。これを見ても彼女たちが争議に無理解なことが知れよう。

しかしながら女工王国の紡績にとっては、実にこの一小部分のストライキさえなかなかおそろしいのであって、以上の引例中ほとんど女工の敗けを知らない位だ。これに比して男工のみのストライキは、全然勝利を期することができない。

一般女工は部屋長の嫂《あね》さん株を君主のごとく信仰していて、これの言うことなれば何でもきくのである。また嫂さんたちは否応《いやおう》なしに利かせなきゃ承知しない。で、女工にサボタージをやれと私らがすすめたところでから承《き》くものでないが、もし部屋長さんが

「今日仕事に出てはいけないよ。」と一と声命令しようものなら、彼女の戒厳令が解けるまでは誰一人として出勤しない。だがよくしたもので、下廻り事務員の排斥や助平部長の復職運動にならば賛成しても、時間短縮や賃金値上げの文化的運動に賛成するような部屋長はこれ置いてない。

女工のストライキは、よしそれに男工が加っているにしてもいわば面白半分、附和雷同的なものである。お祭り気分だ。何分米櫃《こめびつ》向う持ちという安全なストライキなのだから——。しかしこんな争議に真剣味のないことは当然の勢である。

紡織工の争議としてはかなり根強かった押上および泉南の三争議も、たかだか三週間と続いていないし、この女工のためには散々手を焼いたという。

五十七

精神病はその病態や発症が緩漫《かんまん》であって他の病気ほど急激に来ず、表面へ表われないところからして、余りこれが研究されておらないが、工場からは一般社会からよりも遥かに高い率で精神病患者を出す。それからまた変則な生活が変態心理者をも多く作り出す。

惨ましき狂者　糊付室の温度が百十度にも昇登する或る夏の盛りであった。内外綿会社第一紡織工場織布仕拵部組長という光栄ある肩書をもったKは、スラッシャー糊付乾燥機のハンドルを把ったまま、くずれるように後ろへ卒倒したのである。担架に乗せて職工社宅なる彼の家へ運んで寝かせたが、二昼夜ほどの間というものは全く意識がなかった。熱の高下は甚だしい。

家へつれ帰って医者が来たりなどしてから六時間を経過すると、Kはぱっちりと両眼を瞠《みは》った。しかし言葉は発しない。

「Kあん！　Kあん！」

看護の私や、彼の妻は幾度となく大声を出して彼の耳許《みみもと》で叫んだ。けれども更らに応えがないのである。

ところが、それから二時間もすると、

「ドーラン、ドーラン……。」と彼はもどかしい口許で呟《つぶ》やくのであった。そうして夢遊病者のように、絶えず仰《あおむ》向けに寝た両手を動かすのだ。それがいかにも不思議な恰好《かっこう》つきであって、傍《かたわ》らの者に何のことやらさっぱり訳が判らない。

「Kあん！　Kあん！」

私らは交々《こもごも》呼ばわったが、彼はそれに応えずして時々思い出したように「ドーラン」を繰り返す。こんな時がおよそ五、六時間も続いた。すると彼はふと、

「辛気《しんき》くさい！」という言葉を吐き出した。で、占めたと思って私らは更らに力強く患者の名を呼んだ。しかし依然としてそれには応えず、唯だ自分勝手に「ドーラン、辛気くさい。」を繰り返しながら、彼は怪しげな手つきを忘れないのだ。

医者はこの症状を脳だと言ったので、私は彼の言葉と手真似について色々考察をめぐらせた。しかし容易に知ることを得なかった。無論ほかの誰にも判らないのである。

その年も最早暮れに迫った十二月、全快とまでは行かないがとにかくKは元のごとく工場へ出ることになった。するとどうだろう、彼は木管《もっかん》の数を読むことが出来ないのである。数の観念を忘却してしまったのだ。その後、私には彼の病中における譫言《うわごと》と手真似について、ようやく知ることができたのである。それはこうだ。

彼の担当機械スラッシャー糊付乾燥機に銅製のローラーがあり、その表面が凸凹に毀《き》損《そん》しているため経糸《たていと》に糊むらが出来、乾燥不充分な部分は織機へ仕掛けた場合製織不能となるのであった。それを工務係はやかましく叱責するので彼はそのローラーの取替を度々せまったけれど、工務は高価なりとてなかなか取替えなかった。それ故、色々苦心してそのローラーの上層なるスケージング・ローラーに羅紗《ラシャ》を種々考案しては巻きつけ巻きつけして運転した。しかしどうしても駄目なのであった。

「K、組長ともあろう者がそれ位なことができないのか？」

工務は責める。彼は焦躁する。そのため家へ帰ってからも妻に当たり散らしておった。「ドーラン」は実に、その原名コッパー・ローラーの片言《かたこと》であり、変な手つきはスケージング・ローラーに羅紗を巻く手振りであったのである。彼の意力は二昼夜の間というもの、依然として作業に集注されておったのであった。正気づいてから聞いても勿論彼は知らぬと言った。

病後、彼は百の数を読むことが出来ず、かつまた驚くほど物を忘れるようになった。で、精神病者に部の責任はもたせておけぬとあって、遂に彼は組長の地位を取り上げられねばならなかった。そしてその翌年の夏、彼は二女と妻を残して永久に帰らぬ冥府へ旅立った。

また東洋紡では山辺工場長の腰巾着《こしぎんちゃく》になっていた一手伝《てつだい》が、やっぱり忠実の余り発狂した。鐘紡でもかくのごとき狂者があった。東京モスリンでは四人もあった。以上のごとく、たった私一人が放浪して僅か腰をおろした工場でさえ五人も六人も出会ったのだから厳重に調べたらかなり多数にのぼるだろう。しかもその悉《ことごと》くが業務上から来ている者ばかりであった。

紡織工場のごとく喧噪な処で、少々体が悪くとも我慢して長時間働かねばならぬことは、実にこの精神病と大なる関係があるように思われる。

中性的心理　花も咲かなきゃ鳥もうたわぬ一切禁慾の生活に身を委《ゆだ》ねていると、性慾を始め諸々な慾望は習性的に段々その絆《きずな》を断たれてしまうものである。

三十路《みそじ》を越えて爛熟の極に達した中年婦人が、未婚のままで寄宿舎にかなりいる。そうして彼女たちは金を儲けて国へ送るとか貯金するとかのほか、ほとんどこれを使わない。もし彼女に性その他の慾望が傍《はた》から想像する程あるのだったら、とても辛棒は難かしい。しかし勘定とったからとて美しい衣裳を一枚つくるでなし、芝居一幕のぞくでなし、と言って男に戯れることは更らになく、唯々《ただただ》営々と働くをこれ能《のう》とする。こんなカーレル・チャペックの「人造人間」のような女工が大抵一工場に一割くらいはどこでもいる。彼女たちは、もう中性的になってしまっているのだ。故に良縁があるからとて縁談を持ちかけてもそんな手合は大概ことわる。

彼女たちはこれからの環境次第で、どんな色にも染まる白紙の少女時代にはるばる伴れて来られ、そのまま牢獄へぶち込まれて直ちに機械につけられる。そうして寄宿舎の制度、教育等、彼女を取りまくすべての周囲は何一つとして中性的に感化づけぬものはない。あらゆる慾望の去勢！　実に我ら労働者は人間本然の慾求である性慾すらも、権門勢家のために略掠されているのだ。

工場とは一個の大きな蜂の巣である。そうして女王資本家と少数の家臣等のために、性慾や生活慾望を感じない処の働き蜂が多数雲集して孜々《しし》と働いている。

ああ！　憎むべき資本主義は遂に人間を昆虫へまで引き下げた。

同性愛　しかしながら自由に、異性と相対的恋愛を構成する権利と機会を喪失した女工たちの間には、同性愛の変態現象がよくある。否、甚だ多いのである。そしてこれが精神的に相愛するだけに止まらず概して極端な肉的行動に及ぶのである。そうして強烈な嫉妬がこれに伴なう。相手方の女が他の女と談話など交しても眼の色かえて怒るのだ。

待遇の比較的良い工場では一人に三枚ずつ蒲団《ふとん》を当てがい、一人々々やすまれるようにしているにもかかわらず、貸与受けたものを押入の隅っこへうっちゃらかしておき、二人ずつ寝るような例はどこの寄宿でも見受けられるのである。堀としをの実見によると二人寝の寄宿舎で夜中ひそかに掛け蒲団をまくってみれば、おとなしく並んで寝ている者はほとんど尠《すく》なく、唯だ単に寝態《ねざま》を崩している者三分、あずったが故に二人の体が触れ合っている者三分、しかして後の四分が故意に抱擁したものだという話しである。

手淫症　生理学大家の説によれば彼《か》の天真爛漫たる小児さえも手淫をやるというのだから、一人前の女になった彼女たちが手淫をやったからとて少しも怪しむには足らん。しかしその割合が一般婦人に比較して高いということを大工場の婦人科医師は言っている。

女工が輪具精紡機の経糸空木管《もっかん》を持ち帰り、これを性器へ差し込むという嘘らしい話しがある。しかしこれはあながち作り話ではなく、上毛モスリン岐阜工場(今は日毛岐阜工場)には頃合《ころあい》な里芋を押込んでそれが出ず、遂に医師を煩《わずら》わした実例がある。

織布部において力織機のサーフェース・ローラーは恰度《ちょうど》普通身長者の性器の部位に当たり、これが運転中絶えずびくびく振動的に緩《ゆる》く廻っている。故に工女は布の織り前を手入れする場合、腰部の前面を圧せられて性的昂奮を覚えるのである。また男子にとっては一層この現象が甚しいことは前に述べた通りである。

第十七　生理ならびに病理的諸現象

五十八

ノルマン・バアネット氏は『労働者の災害』中に労働者の二十八種病というものを挙げ、その内に紡績工の結核を「テキスタイル病」と名づけている。また先年石原医学博士は「国家医学上より見たる女工の現況」と題して日本の女工と結核病の研究を発表されてその戦慄《せんりつ》すべき惨状に世人を驚愕せしめたが、まことにそのごとく坑夫のヨロケやマッチ工の燐毒などと相俟《あいま》って、女工の肺病は全く遺伝によらざる職業故の呪詛《じゅそ》すべき病気である。

衛生ならびに工場設備の最善をつくし、斯界《しかい》に比類なきことを自他ともに認めているグレード鐘紡、そこは前述のごとく職工採用の折り極めて厳重な体格検査を行ない、少しでも呼吸器疾患の徴候ある者は断じて入れず、択《よ》りに択った健康者ばかりを採用するのであるがしかしなお勤続中同病に罹《かか》る者が多分に現われる。故にかねて言ったごとく高砂および茅ケ崎にこの保養院を建設している。もってこれに有力な裏書をなすものと言えよう。しかしてこれについては私の思う処を『大阪毎日新聞』がすっかり代って言ってしまってくれたから、そのままそれを転載するに止めよう。

『内閣統計年報』によれば肺結核死亡率の最も高い職業は彫刻(銅版、石版、木版等)印刷および写真業の一般死亡千に対し四百五人を筆頭とし綿糸、織物および編物等の製造業がこれに次《つい》で三百十人という率を示している。これに反して一番少いのは農業、牧畜、林業、漁業で肺結核死亡数は総死亡の僅《わずか》百分の八ないし九に過ぎない。右の内彫刻、印刷、写真業は比率は高くともその員数は少いが第二位にある綿糸、織物、編物は我国産業の大宗《たいそう》だけに重要なる意義を持つ。ことにその繊維工場に働く職工の半数が妙齢の子女たるにおいて問題の重要さを加える。一体工場在籍女工の死亡率はどんなものかと言うと寄宿女工が千人いれば毎年その内十三人が死ぬるという割合である。しかしこれは寄宿舎で他人の中に冷たく死ぬる女工だけの数で工場の死亡率としては病み出してから解雇または退職して帰郷し後死んだ者をも加算せねばならぬ。石原博士の算定によればこうした発病帰郷後の死亡者が女工千人につき十人あるという。すなわち女工の死亡率は千人につき廿三人という高率を示しているといわねばならぬ。これを一般の妙齢女子(十二歳より三十五歳まで)の人口千に対する死亡七人一分なるに比べると一般の女子よりも女工は約三倍以上多く死ぬという勘定である。更らにこれを実数で示すならば我《わが》邦《くに》の染織工業に従事する女子約七十二万人の千分の廿三すなわち一万六千五百人というものが年々女工として死亡する数である。もしこれらの女工が工場に働かず家にあったとすればその死亡率は三分の一の約五千人で済んだのである。すなわち両者の差引約一万人は工場労働の真の犠牲である。我らが身に纏《まと》う衣服を作るために年々一万人の生命――うら若い女が亡び行くのだ。何という驚くべき事実だろう。しからばこれらの女工の死亡者はいかなる病気で死ぬるかというに前述のごとく結核が最も多いのである。先ず工場在籍女工について見ると総死亡千人中三百八十六人すなわち四割は結核またはその疑いあるものである。また病気解雇帰郷者について見ると帰郷後死亡者千人中七百三人すなわち七割は結核またはその疑いあるものだ。彼らは我慢の出来るだけ我慢して働き、遂にダメだと知るに及んで帰郷するために帰郷後の死亡は七割の高きに上るのである。女工の結核死亡率は後者を採るべきであろう。現に長野県下の製糸女工の結核死亡統計は明かに総死亡の七割強を占めているのである。次にしからば何故に繊維工業女子にかくまで結核死亡者が多いかというに常岡博士の説によればその第一は女工の年齢関係であり第二は工場の温度および湿度関係であり第三は夜業の影響であり第四は衣食住の関係である。一般に結核死亡の多いのは十五歳―二十歳を筆頭とし廿歳―廿五歳、廿五歳―三十歳、十歳―十五歳の順序であるが女工の大部分は右の第一位第二位の年齢の者である。長野県の製糸女工八万八千人中三万四千人(三割八分)は十七歳―廿歳(結核死亡の第一位に該当する)であり一万七千人(二割二分)は廿歳―廿五歳(同上第二位に該当する)五千人(六分三厘)は廿五歳―三十歳(同第三位)で結核死亡率のより高い年齢には女工がより多くいる勘定である。第二の原因については言うまでもない、第三の夜業の害に至っては既に華盛頓《ワシントン》協約にこれが禁止を規定したことでも判るはずである。先年農商務省が連続徹夜業と体重の関係を調査した処によれば夜業七日後の体重減量は百七十匁《もんめ》で、その後七日昼業に帰ってその間に恢復する量は僅《わずか》六十九匁、差引百一匁は遂に恢復しない。もしこの調子で一年間一週置きに夜業をすれば一年後の減量は二十六貫目となり十二貫に足らぬ女工の身体は消失してなおマイナスを見る訳である。かくのごとき過労より生ずる減量に乗じて結核その他の病魔はその繊弱《かよわ》い女の体軀《からだ》を抱くのである。彼女が賢くてキューピットの毒矢から免れても、ダムダム弾以上の毒を持った病魔の放つ矢からは遂に免れることが出来難い。かくして十万の女工は結核菌の毒矢に面接して働きつつあるのである。

五十九

次ぎに、工場に多いのは消化器病と脚気《かっけ》および感冒である。この三病は流行性または特に猛烈なるもののほか生命にかかわる程のことはないが、「紡織工の三種病」とでも言おうか甚《はなは》だその数が多いのである。某工場医の経験によると消化器病は寄宿女工よりも通勤者に多くその両者を合したものが総受診患者の二割強を占めるという。そうしてこの患者は四季に渉《わた》って絶え間がない。

次ぎに脚気は、通勤、寄宿の別なく夏分甚だ多く、長きに至っては翌年の正月が来てもまだ癒《なお》らない。しかしてこれは夏季患者の一割五分くらいあると言う。

第三の感冒は冬季これまた非常に多く、総患者の約半数がこれだということである。

消化器病の原因については様々注意すべき事項がある。今その主なるものを挙げれば、

一、労働過劇にして空腹速かなるため皆な大食する。

二、食事時間が短かく、完全に咀嚼《そしゃく》しない。

三、食後の休憩不充分。（女工などは箸《はし》を手離すが早いか、直ぐ駈け足ではいって仕事につく）

四、調理法の不完全。

等であって、胃拡張をしている者がなかなか多い。子供ならざる一人前の大人が、胃拡張を来《きた》す程制限もなくものを喰うとは実に馬鹿げた聞えであるが、全く食わなければやりきれないのである。私もこの一人に数えることが出来るが、十七歳の頃三十貫以上の

重いものを運搬させられ、腹がへってたまらぬので十二はい位食べた。余り大きな茶碗ではなかったけれど、とにかく十二杯はがらに過ぎた大食と言わねばなるまい。

脚気の多いことについては既に第九章で述べたごとく強度な人工湿気が大部分の原因をなす。しかしまた工場とは主に異郷人の集まりなるが故、「郷土病」なる脚気は必然その率を高めている。それからまた別項に見ゆるごとく、摂取食物の栄養素すなわち昨今の学説にて言う処のヴィタミンBの含有量乏しく毎日々々同じいものであることもよくないだろうし、消化器病との関係も手伝う。

次ぎに感冒についてはこれまた第九章で言ったごとく、場外との温度余りに甚だしき差あるためによる。工場内はいかなる寒中といえども素的《すてき》に暑い。で、よっぽどおめかし屋か何かでなければ袷《あわ》せなど着てはおらず、(もっとも工場服を制定した処では着たくとも着られないが)年中単衣《ひとえ》主義なのであるから、この調和がどうしても保てない。便所も食堂も寒いのである。そこへ、彼女たちは真夏の服装と余りかわらぬ着のみ着のままの単衣なりで行くのだから、直ぐにやられてしまう。しかしてこの紡織工の感冒は、気管カタル、気管支カタル、肺炎等の諸呼吸器疾患に変移し易い性質をもっている。

六十

それからまた工場医局でどこでも眼科の繁昌することは驚く程である。男女工四千人を有する関東某工場における大正十二年五月中の延《のべ》患者は、昼夜を通じて一日につき最少十二人、最大三十九人、平均二十五人半という多数を示している。しかしてこの最も主なる原因は原料繊維が飛散する塵挨《じんあい》によるものであるが、睡眠不足、過労、照明の不適当などにも関わるところ多い。なかんずく夜業の際文字より細かき仕事をすることは痛くこたえるのである。

工場では片眼くらい悪くとも決して休養させない。しかしこれは甚だしい暴虐であるし、かつまたこのために全治日数を自から永引かせているものだ。それからまた、次節で述べる婦人病とも大いなる関係がある。

六十一

既に上章で述べたごとく敷石やコンクリートの工場床面で年中ぶっ通しの立ち仕事をし、月経時といえども減量することなき過労、暖気不充分な寄宿舎の生活、加うるに手淫等は彼女たちを多く婦人病へ導くのである。しかしてこれが手当不足、および自身知らざるための放任はやがて嵩《こう》じて不妊症となる。工場医の談によれば女工のうち全然この徴候なき者は尠《すくな》く、全員の五、六割くらいは軽微ながら婦人病に罹《かか》っているという。

で、これから推定を下せば千人につき約百人の不妊症があるそうだ。今これを母性の受胎率で示すと左の通りである。

内務省衛生局が山口県平川村において保健衛生調査をなした結果によれば同村民のなかで四十五歳以上の婦人三百六十名中一回以上妊娠したことのある者が三百五人あって、八割五分が母たるの経験をもっているのである。これに比べて工場法適用工場に働く有夫女工概数二十八万人のうち、その腹から年に五万三千の嬰児《えいじ》しか生れぬのであって、女工六人の中たった年に一人しか子を生まないことになる。すなわち一割七分強にしかならぬ。

一般女性の婦人病は結婚前より結婚後においてその率が多いのであるが、女工は結婚前既に少女時代からこの現象を呈している。これは注意すべき事柄である。

工場寄宿舎では親に孝行せよとか、気張って働くのは国家のためだとかいういわゆる精神修養にはなかなかこれ重きを置くのであるが、また衛生もかなりやかましく説かれるが、しかしその衛生たるや食前手の消毒を強制する位が関の山であって、婦女子特有の生理、衛生などは毫《ごう》も注意されない。そこで幼少の頃より母の膝下《しっか》を離れ来てそんな面倒を看《み》てくれる者のない彼女たちは、月経時の手当を知らなかったりなどして自ら発症の原因をつくる。

中流以下の工場にはほとんど医局に婦人科がない。しかし外《そと》の医師にかかることの出来ない彼女たちは余程な重症でも無手当で放任しておくより致し方がない。また婦人科をもった一流会社でも、彼女たちは徒《いたず》らに羞恥してなかなか診療を受けないのである。この点は因襲的な日本婦人の代表である。

六十二

一般母性に比べて女工の出産率は上記のごとく低い。しかしその折角生んだ嬰児は果して完全に発育するであろうか？　これに一瞥《いちべつ》を与えて本章を終ろう。

文明国で日本ほど乳児死亡率の高い国はないそうだ。内務省の統計によると千人うまれる嬰児のうち百五十八人死んでいる。そして欧米では年々その死亡率が減少して行くのに反し我が日本は年々増加を示している。

最近五カ年間の統計によって、六大都市の乳児死亡率が発表された。それによって見ると、左のごとき状態になっている。

大阪	二二二人
京都	一八八人
横浜	一八八人

神　戸　　一八〇人
東　京　　一七〇人
名古屋　　一五六人

これによると我が国の平均率百五十八人よりも大阪だけは六十四人出ている。これは紡織およびその他工業婦人の多い大阪府において注意すべき現象である。

女工の子供は実によく死ぬる。すなわち千人中三百二十人はその年中に死亡してしまうのであって、一般死亡率の二倍という高率になっているのだ。独逸《ドイツ》における富裕階級の乳児死亡率が出産百に対し僅々八であったなどに比較して、貧児のあわれを痛切に感じる。かくのごとく資本主義の無情は罪なき幼な児にまでふりかからねばならなかった。

左図は大正九年十月二十六日『大阪毎日新聞』に掲載された大阪市の乳児死亡率図解であるが、これで見ても場末の紡績町はいずれも最高率を示している。

見よ！　死亡者百に対する三十ないし三十五、三十五ないし四十を示す縦横線および黒地の中には必ず大紡績があるではないか――。先ず伝法をふり出しに数え挙げてみると内外綿第一工場、東洋紡績西成工場、帝国製麻大阪工場、西九条へ来ては東洋紡績四貫島工場、三軒家へ入っては同社三軒家工場、泉尾綿毛、摂津紡績、津守へ廻っては大日本紡津守工場、今宮へ出ては今宮毛糸、城東へ飛んで鐘紡大阪支店、となりの鯰江に

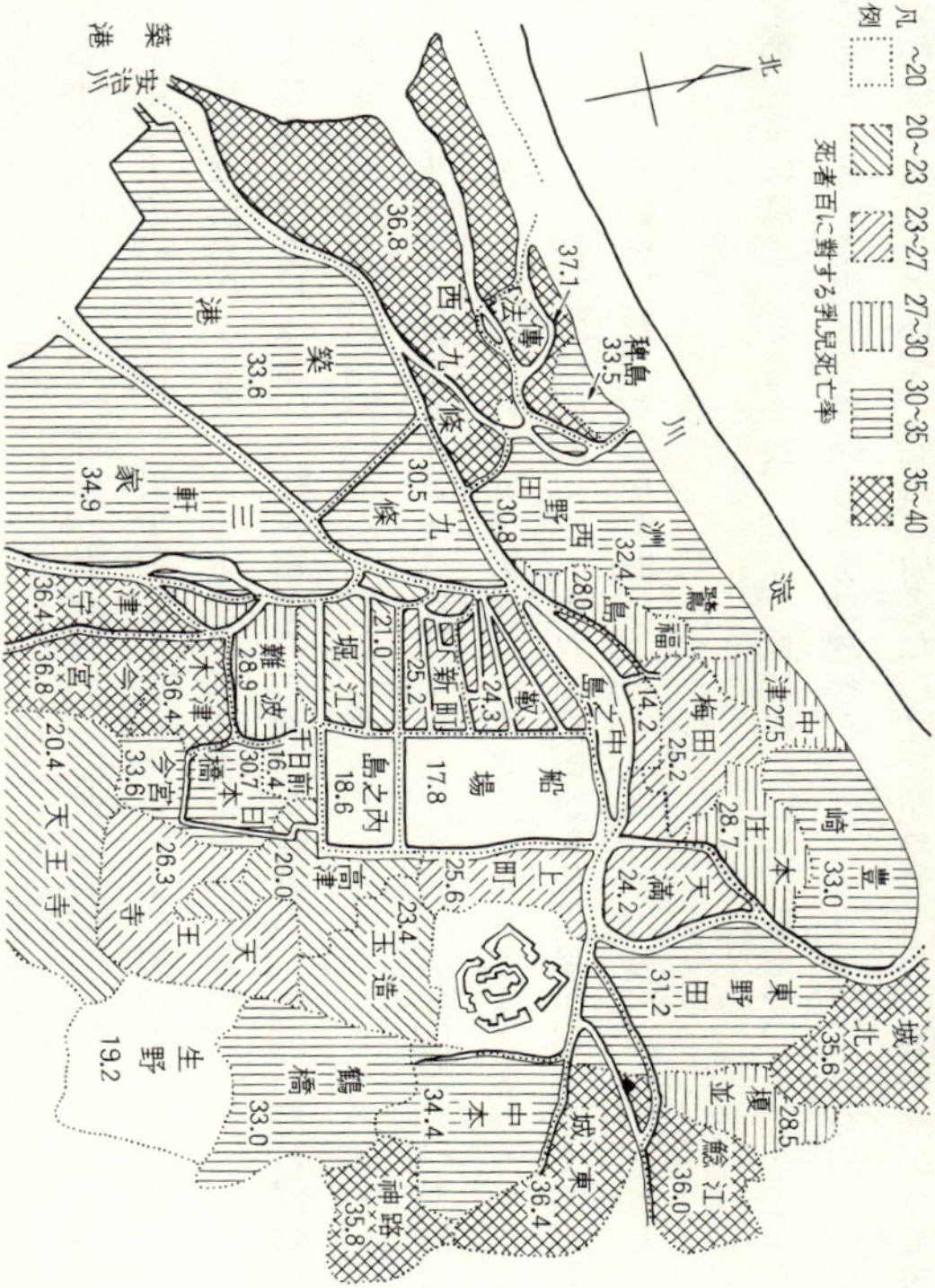
凡例
~20
20~23
23~27
27~30
30~35
35~40
死者百に對する乳兒死亡率
北
淀川
築港
安治川
天王寺
生野
19.2
鶴橋
33.0
玉造
23.4
船場
17.8
島之内
18.6
天満
24.2
東野田
31.2
城北
35.6
城東
36.4
中本
34.4
九條
30.5
三軒家
34.9
築港
33.6

は松岡紡織という風に、それぞれ女工の密集地がはいっている。もってその関係を知ることが出来よう。

それからまた女工には流産や死産が甚だ多い。これは説明するまでもなく母性保護の行き届かざるによるのであって、最少限度を示した工場法の規定も、労働組合が活動して職工自身厳重な監督機関とならざる限りは到底実行を期し難い。

流産および死産は農村において総妊娠中の二割、女教員が三割以上だと言われている。これより推定すれば女工は四割以上にも当たるだろう。

女工総数三百人中有夫通勤女工八十人を出でぬ小工場で、五年間私がいた間に大おりというのが六人あった。ことに織布部の某女工のごときは体が全く動けなくなるまで工場へ出勤したため、作業中に機間へぶっ倒れて機械から仕掛品から床面まで、あたり一面血の海と化してしまった。こんな塩梅《あんばい》だから人に知れぬ程度の流産がどれだけ多いことか。

紡績工の児童にはまた発育不良、醜児、低能児、白痴、畸形児、盲唖などがかなり多い。私の歩いた大小工場でその保育場を見廻わるに、いずれへ行っても強く賢こそうな美しい児供《こども》は一人としていず、胎毒で瘡蓋《かさぶた》だらけな頭のでっかい醜児ばかりであった。そうして社宅から出る学齢児童中には屹度《きっと》低能児が数人まじっており、そのほか通学さえも出来ぬ白痴や盲唖がいるのだった。現にいま本稿を書くため生活を支えている小工場中にでも、跛《びっこ》で白痴なる少年一人、唖《おし》の少女一人、生後一カ年にて体は生後二カ月にも足らぬ大きさしかなく、頭は大人より大きいところの福助《ふくすけ》一人、低能児が数人いるのである。

普通統計によれば畸形児や白痴は千人に対して二人くらいしかいない。しかし紡績工の児童は尠《すくな》くともその三倍以上だと推断することができる。

第十八　紡織工の思想

紡織工の思想が極めて幼稚なことは既に教育の章で述べたが、またこれをその争議によっても見ることができるよう実にお話しにならないのである。

上説し来《きた》りしごとく我が紡織工は歴史的および地位的、または性質的すべての点から観《み》て社会、労働、人道問題の中枢を成すものでありながら未だ自からは共同戦線を余所《よそ》に見て水平線下に堕眠《だみん》を貪り、同胞また彼らを孤島へ取り残して、社会はこれが存在を認めない。かくして黎明《れいめい》はまだ遠いのである。

六十三

こんな具合であるから団結心などはまことに弱く労働組合は容易に構成されない。紡織労働組合が押上争議に多数の婦人会員を失って以来、男子会員僅かに二百名がようやく孤城をまもっているに過ぎず、その他にこれという横断的組合の存在がない。ウェッブ氏夫妻の『英国労働組合運動史』によれば彼《か》の国において「綿糸紡織工組合」は相当初期に発達を遂げているし、ブレンターノ氏の『工業労働者問題』に見ても独逸《ドイツ》の織布業ではそのギルド時代から他工業に劣らずかなり組合的な運動をやっている。しかるに我が日本は洋食屋の「女給組合」が出来て厚化粧にレースのエプロン掛けた女が労働祭のデモンストレーションに参加しても、黒い女工服の女は唯の一人も影を見せない。

大正十年東京モスリン亀戸工場に「労正会」という縦断的組合が出来、一時男女会員四千名を数えることができたが、真剣になって働いたオルガナイザーの「一年後においては横へ転向する」という抱負が実現せぬうちに解散の厄《やく》にあった。しかしながらこの、無智にして工場主を信頼しきっている女工たちにその資本家の強制を利用してとにかく「会」でも何でもいいから団結をやらせ、これを漸進的訓練によって真の労働組合に仕立てて行くという方法は、現時わが日本の紡織界においては最も時機を得、適応した遣《や》り方《かた》であると信ずるからその会則全部をお目にかけよう。

労正会々則（綱領、政綱、宣言その他の内規省略）

第一章　総　則

第一条　本会は東京モスリン紡織株式会社亀戸工場職工組合労正会と称す

第二条　本会は東京モスリン紡織株式会社亀戸工場従業男女工員及《および》準工員を以て組織す

第三条　本会は最も穏健なる方法に依《よ》り工場協議会の目的事項の研究を為《な》し会員相互の親睦と徳性の涵養、技術の進歩、識見の開発、地

位の向上、生活の安定を計るを以て目的とす

第四条　本会は本部を東京モスリン紡織会社亀戸工場内に置く

第二章　事　業

第五条　本会は左の事業を行ふ

一、工場協議会の目的研究に関する事項

二、工員相互の扶助

三、工員相互間に於ける紛議の調停

四、会報の発行

五、研究会

六、其《そ》の他総会に於て議決せし事項

第六条　前条の事業に関する細則は別に之《これ》を定む

第三章　会　員

第七条　本会員は左の如し

一、正会員

二、準会員

三、賛助会員

第八条　正会員は左の資格を有す

一、満十六歳以上六十歳以下

二、本規約第二条に該当するもの

三、品行方正なること

四、本会規定の会費を完納すること

第九条　準会員は前条二、三、四を具備し満十五歳以下六十歳以上とす

第十条　賛助会員は当工場に勤務せるものにして本会趣旨に賛し後援及一口金拾円以上の寄附を為すもの。但し賛助会員は総会理事会、代議員会に出席して意見を述ぶる事を得れども決議に加はることなし。亦《また》選挙並に被選挙権を有せず

第四章　機　関

第十一条　本会に左の機関を置く

一、総　会

二、代議員会
三、理事会
四、会　計
五、会計監査役
第十二条　総会、代議員会、理事会は各々其の総会員数の二分の一以上出席するに非《あら》ざれば議会を開き議事をなすことを得ず
第十三条　総会、代議員会、理事会の議事は出席議員の過半数を以て決し代理人に依る決議権を認めず。可否同数なるときは議長の決する所に依る
第十四条　総会及代議員会を召集するには三日前各議員に対して其の通知を発することを要す。前項の通知には会議の目的たる事項を記載するを要す。出席議員の三分の一以上の同意あるときは予《あらかじ》め通知せざる事項を議題となすを防げず
第十五条　正会員は凡《すべ》て総会の議員とす
第十六条　定時総会は毎年春、秋二回理事会之を召集することを要す。本規約の改正は総会に於て之を附議すべし
第十七条　臨時総会は必要ある毎《ごと》に理事会之を召集す。理事会の全員一致同意あるときは第十四条第一項及二項の規定に拘《かかわ》らずして召集することを得
第十八条　二分の一以上の代議員は会議の目的たる事項を記載したる書面を理事会に提出して総会の召集を請求するを得。理事会が前項の請求を受けたるときは一週間以内に総会を召集するを要す
第十九条　代議員は左の各部に於て正会員中より職業及工場別に選出す。会員拾名以上百名に対して各一名、百名を越ゆること五拾名に達するときは一名を増す。代議員の任期は六

ヶ月とす。但し再選を妨げず

第廿条　定時代議員会は毎月理事会之を召集す

第廿一条　臨時代議員会は必要ある毎に理事会之を召集す。此《こ》の場合第十七条第二項を準用す

第廿二条　三分の一以上の代議員は会議の目的たる事項を記載したる書面を理事会に提出し代議員会の召集を請求することを得。理事会は前項の請求を受けたるときは五日以内に代議員会を召集することを要す

第廿三条　代議員会の決議が本会規約亦は総会の決議と矛盾するときは無効とす

第廿四条　理事会は会長、副会長、理事、会計より成る

第廿五条　会長、副会長は各一名とし総会に於て正会員中より選出す。会長、副会長の任期は一ヶ年とす。但し再選を妨げず

第廿六条　会長、副会長は総会、代議員会、理事会に夫々《それぞれ》議長及副議長となる。但し身上に関する議事に就《つい》ては理事若《も》しくば代議員中より議長及副議長を選出す

第廿七条　理事は拾壱名とし左の選挙区により代議員之を互選す。理事の任期は六ヶ月とす。但し再選を妨げず

一、紡績部　四　名

二、織機部　三　名

三、原動、電気　一　名

四、製作部　一　名

五、工務部　一　名

六、準職工　一　名

第廿八条　会計は壱名とし総会に於て正会員中より選出す。任期は六ヶ月とす。但し再選を妨げず

第廿九条　理事会は必要ある毎に会長之を召集

す

第卅条　理事会は凡ての会務を執行す。但し本規約、総会、代議員会の議決に違反するを得ず

第卅一条　理事会は総会、代議員会の附議すべき問題を決す。会務執行の大要を報告す可《べ》し

第卅二条　理事会は会務執行を補佐せしむる為め有給書記壱名以上を任命することを得

第卅三条　会計は本会の会計事務一切を処理す

第卅四条　会計は定時総会に於て決算報告を為し其の承認を経るべし。決算報告は総会後会報紙上に公告す可し

第卅五条　会計監査役は五名とし総会に於て正会員中より選出す。任期は六ヶ月。但し再選を妨げず

第卅六条　会計監査役は随時会計帳簿を検査し且つ其の説明を会計に請求するを得

第卅七条　第卅四条第一項の決算報告に当りて会計監査役は意見を述ぶべし

第卅八条　会計監査役の過半数が必要と認めたる時は会計事務審議の為め代議員会を召集して意見を述ぶることを得。此の場合第十四条第一項、二項を適用せず

第五章　加入及退会

第卅九条　本規約第二条に該当し本会に入会せんとする者は規定申込用紙に夫々記入し代議員を経て会長に差出すべし

第四十条　本会員にして本規約第二条該当中脱退せんとする時は其の理由を記入し代議員を経て会長に差出す可し

第六章　賞　罰

第四十一条　本会員にして他の模範となるべき行為ありたる者には表彰す。表彰は理事会の決議によりて為す。特別の出捐《しゅつえん》を要する場合

は代議員会の決議を経るべし
第四十二条　本会員にして不都合の行為ありたる者は事情に依り左の懲罰に附す
一、懲　戒
二、除　名
懲戒は会長之を行ひ除名は代議員会の決議に依る。総会代議員会、理事会は懲罰の決議前本人の弁明を聴く可し

第七章　会　費

第四十三条　本会費は正会員一ヶ月金拾銭と定め準会員は其の半額とす

第八章　附　則

第四十四条　本会より会員に告知す可き事項は書面、掲示又は口頭を以て之を行ふ
第四十五条　本規約は大正十年十一月十五日より之を執行す
第四十六条　本会の規約に無きときは総会又は代議員会に依つて決す

補　則

第四十七条　本会に特別代議員会を置く。特別代議員は寄宿女子議員とし各室より一名会長之を指命す
第四十八条　特別代議員は選出代議員と同等の権利並に責任あるものとす　（本則終り）

このオルガナイザーは色んな迫害や忍び難い侮辱を甘受してとにもかくにも四千人を糾合《きゅうごう》したのであったが、その会員の無理解さ加減には全く失望のほかはなかった。古参なるが故に会長、理事、代議員等に挙げられた連中は我らを縛る不合理な工場組織、不都合な工場規則の改廃に向って運動することを忘れて寄宿舎の世話婦たちが「労働組合の幹部」に対して敬意を払わぬというような事柄に徒らに慷慨悲憤を洩し「何だい、白

粉ばかりつけて高慢ちきな面《つら》は。」てなことを言っては寄宿舎へ呶鳴《どな》り込むのであった。

そして人事係の一事務員であって組合運動には理解をもち、女工の教化はどうしても人事係の事務員でなければ平職工では都合が悪いところからして、私と連絡を取って私《ひそ》かに働いてもらっていた味方が、それでは労働組合運動の精神に悖《もと》ることを忠告したらかえっていわゆる幹部連の反感を買い、彼らは多勢を頼みに一人の青年事務員に暴力を加えたうえ詫証文《わびじょうもん》を書かせた。それから、これまたかなり労働問題に理解をもって決して我らの敵ではあり得ないところの得難い人事課長から、ほとんど前の場合と同じようなことで暴力的に詫証文を取り、時を得顔に喜んでいるのだった。こう言う筆者もその仲間から内輪揉《うちわも》めの仲裁にはいって失言した廉《かど》でやはり一本差し入れることを余儀なくされた口である。

六十四

日本現時の工場委員制度はいずれも有名無実で碌なものはない。しかし紡績界において先ずこれらしきものを挙げるなれば東京モスリン吾嬬工場および亀戸工場の「工場協議会」を挙げねばならぬ。今その亀戸工場の分について本則および協議員選挙細則を掲げる。

工場協議会規則

第一条　東京モスリン紡織株式会社亀戸工場に工場協議会を設《もう》く
第二条　本会は当会社及び工員相互間の理解及信頼に基き生産能率の増進及び共通の利益を図るを以て目的とす
第三条　本会は前条の趣旨に依り工場長の諮問《しもん》に答申し又は左の事項に付《つき》協議員の提案に依り調査審議し其《そ》の決議を工場長に提出するものとす
一、生産能率の増進に関する事項
二、賃銀及作業時間に関する事項
三、危害の防止及保健衛生に関する事項
四、互助及救済に関する事項
五、業務上の傷害及疾病《しっぺい》の補償に関する事項
六、教養、慰安及風紀に関する事項
七、其の他福利増進に関する事項
第四条　本会は指名、選出各々同数の協議員を以て組織す。協議員の数は二十二名以内とし指名協議員は職員(工場次長を除く)及傭員中より工場長之《これ》を指名し選出協議員は工員中より選出するものとす。但し選出男女協議員の数及選挙区は別に之を定む
第五条　指名協議員に欠員を生じたるときは工場長の指名に依り之を補充し選出協議員に欠員を生じたるときは次点者を以て補充し次点者なきときは一ヶ月以内に補欠選挙を行ふ補充協議員の任期は前任者の残任期間とす
第六条　毎年一月一日に於て本工場に引続き一年以上勤続する満十八歳以上の工員は選出協議の選挙資格を有す

第七条　本工場工員にして左の条件を具備するものは選出協議員の被選挙資格を有す
一、引続き二年以上勤続する者なること
二、満二十五歳以上の者なること
三、第卅六条の規定に違反したることなきこと
第八条　協議員の指名並に選挙は毎年二月之を行ふ
第九条　選出協議員の選挙は単記無記名とし有効投票の最多数を得たる者より順次当選者を定む。但し得票数相同じきときは入社の順に依り入社年月日亦相同じきときは年長者を取り同年月日なるときは抽籤《ちゅうせん》してその順位を定むるものとす
第十条　工場長は毎年一月一日現在を以て二月十五日迄に選挙人名簿並に被選挙権者名簿を調製し同月廿日之を確定し爾後《じご》一年以内に行ふ選挙に之を適用す
第十一条　工場長は選挙毎に選挙事務を処理せしむるため選挙長一名、選挙管理人若干名を指名し選挙の日時及場所と共に選挙期日七日前に一般に告知するものとす
第十二条　投票効力の有無其の他選挙に付疑義あるときは選挙管理人合議の上選挙長之を決定す
第十三条　選挙長は選挙の結果を遅滞なく工場長に報告すべし。工場長前項の報告を受けたるときは当選者に当選証書を交付し直に之を発表するものとす
第十四条　第七条乃至《ないし》第十三条に規定したるもの丶外《ほか》選挙に関する細則は別に之を定む
第十五条　本会に議長、副議長各々一名を置く。議長は指名協議員中より副議長は選出協議員中より各々之を互選す

第十六条　議長、副議長及協議員の任期は之を一年とし選挙若《もし》くば指名の日より起算す。但し再選を妨げず

第十七条　選出協議員は左の各号の一に該当するときは其の資格を失ふ

一、正当の事由に依り協議員を辞し本会の承認を得たるとき

二、退職したるとき

三、職員又は傭員となりたるとき

四、他の選挙区に転じたるとき

五、正当の事由なくして一会期中引続き欠席したるとき

六、引続き三ヶ月以上休業したるとき

七、本規則に依り被選挙資格を失ふに至りたるとき

八、刑罰を受け又は当会社の規則に依り制裁を受け若くば本則第卅五条第一項の規定に違反したるものにして本会に於て之を不適任と認めたるとき

第十八条　指名協議員は左の各号の一に該当するときは其の資格を失ふ

一、解任せられたるとき

二、前条第一号、第二号又は第八号に該当したるとき

第十九条　本会の定時会議は毎年三月、九月とす議長之を召集す

第廿条　本会の臨時会議は左の場合に議長之を召集す

一、工場長の要求ありたるとき

二、協議員半数以上署名の上請求ありし時。

前項第二号の場合は工場長の許可を得ることを要す

第廿一条　議長は会議の召集日時を開会十日前に議事々項を五日前に協議員に通知すべし。

但し議長に於て緊急と認め工場長の許可を得たる場合は此の限にあらず

第廿二条　本会の一会期を三日以内と定む。但し必要ある時は工場長の許可を受け二日以内の延長を為すことを得

第廿三条　協議員提案を為さむとするときは其の理由を附し協議員二名以上の賛成を得て開会八日以前之を議長に提出するを要す

第廿四条　会議は指名協議員及選出協議員の各半数以上出席するに非《あ》らざれば之を開くことを得ず

第廿五条　協議員は自己の一身上に関する事件に付《つい》ては其の議事に参与することを得ず。但し本会の同意を得たるときは会議に出席し発言することを得

第廿六条　本会の議事は出席協議員の過半数を以て之を決し可否同数なるときは議長、副議長合議の上之を決するものとす。採決は投票に依るものとす。但し他の方法に依るも妨げず

第廿七条　議長は議事を整理し議場の秩序を保持す

第廿八条　議長事故あるときは副議長之を代理す

第廿九条　議長、副議長は任期満限に達するも後任者の選出せらるゝ迄は其の職務を継続すべし

第卅条　本会に書記を置き工場長之を指名す

第卅一条　書記は議長の指揮を受け議事録の作成其の他庶務を処理す

第卅二条　本会は社長及常務取締役の外傍聴することを得ず

第卅三条　工場長、工場次長は何時《いつ》にても会議に出席し意見を述ぶることを得。議長に於て

必要ありと認むる場合には工場長の許可を受け職員、傭員、工員の出席を求むることを得

第卅四条　本会の決議事項にして実施せらるゝ場合には協議員は之を尊重し其の実行に力むる義務あるものとす

第卅五条　協議員は議場の秩序を紊《みだ》し無礼の言を用ひ又は猥《みだ》りに他人の身上に渉《わた》り言論することを得ず。前項の規定に違反したる者に対しては議長は其の発言を停止し又は退場を命ずることを得

第卅六条　協議員は会議に於て知り得たる機密事項を漏洩《ろうえい》することを得ず。其の協議員たらざるに至りたる後と雖《いえど》も亦《また》同じ

第卅七条　協議員は会議に於て発表したる意見に関し其の意に反して解雇又は其の他の制裁を加へらるゝことなし

第卅八条　本会の決議事項を工場長に提出したるときは工場長は三十日以内に其の採否を議長に通知するものとす。但し相当の理由あるときは前項の期限を延長することを得

第卅九条　本会は指名協議員及選出協議員各々四分の三以上出席し出席協議員四分の三以上の同意を得て本規則改正増補の建議をなすことを得

補　則

第四十条　会議に出席したる協議員は其の時間中勤務したるものと看做《みな》す

第四十一条　議長、副議長の互選せらるゝ迄は年長の協議員議長の職務を執行す

第四十二条　本規則の実施期日は別に之を定む

（本則終）

協議会選挙細則

第一条　選出協議員の選挙は選挙区毎に之を行ふ

第二条　選挙区及各選挙区に於ける選出協議員数左の如し

第一区　紡績科第一工場男工員　男一人
第二区　同　第二工場男工員　同
第三区　同　保全男工員　同
第四区　同　女工員　女一人
第五区　織機科第一工場男工員（受入保全を除く）　男一人
第六区　同第二工場並に受入保全　同
第七区　同　女工員　女一人
第八区　動力科工員　男一人
第九区　製作科工員　同
第十区　工務係工員　同
第十一区　庶務、倉庫、人事、医務係、常用夫　男一人

第三条　選挙長は職員中より選挙管理人は各選挙区毎に二名とし内一名は職員又は傭員中より他の一名は工員の中より指名す

第四条　選挙当選までに選挙若くは被選挙資格を失ひたる者は協議員を選挙し又は協議員に選挙せらるゝことを得ず

第五条　選挙人名簿並に被選挙権者名簿は選挙区毎に別冊として選挙人並に被選挙権者の氏名、所属、生年月日、入社年月日を各々記載するものとす

第六条　選挙人名簿又は被選挙権者名簿に脱漏又は誤記あることを発見したるときは関係人は名簿確定前に其の旨《むね》を選挙管理人に申出づ

べし

第八条　投票所は一ヶ所とし各選挙区毎に投票《とうひょう》函《ばこ》を置く（ママ）

第九条　選挙人は選挙の当日投票時間内に自ら投票所に至り投票用紙の交附を受け被選挙者一名の氏名を記載して投函すべし。投票は仮《か》名《めい》を用ふることを得

第十条　左の投票は之を無効とす

一、正規の投票用紙を用ひざるもの

二、一投票中に二人以上の被選挙人の名を記載したるもの

三、被選挙人の何人《なんびと》たるを確認しがたきもの

四、他選挙区の被選挙人氏名を記載せし者

第十一条　投票を了《おわ》りたるときは選挙管理人は其の旨を選挙長に報告し其の指揮を受け遅滞なく開票すべし

第十二条　開票を了りたるときは選挙管理人は其の区に於ける開票の結果を遅滞なく選挙長に報告すべし

第十三条　選挙長前条の報告を受けたるときは当選者を決定するに必要なる調査をなし其の結果を遅滞なく工場長に報告すべし

第十四条　選挙無効と確定し又は当選者を得難き場合には其の選挙区に限り更に選挙を行ふ

第十五条　投票は有効、無効を区別し其の協議員の任期中工場長に於て之を保存するものとす

第十六条　投票の効力其の他選挙の結果に関する異議は当選発表の日より十日以内に工場長に申出るべし。前項の申出ありたるときは工場長は遅滞なく之を裁決するものとす

（終り）

鐘紡には「意志疏通会」というものがある。しかしこれは前例に比較すればその権威なきこと雲泥の相違ゆえここに引用せぬ。要するに茶話会に過ぎないのであるから——。素《もと》より吾人《ごじん》はこんな微温的なもので満足する者ではない。がしかし、これも利用のし方によってはないより増しである。けれども、一般紡績界の通例として何《なん》でも彼《か》でも規則々々とやたらに規則だけは作るが、頓《とん》とその実行が伴っていないのである。で、実の処はこの工場協議会も有名無実に終っている。

我が労働運動界では未だ一度も話しを聞かぬことだが、工場において職工長等の役付を一般職工からの選挙によって出し、横暴な工場主から任命させないような工場立憲運動をすることも意義ある戦術だと吾人は思惟する。

第十九　結　び

六十五

これでもって貧弱な私の女工研究は終りをつげるのであるが、実に女工問題こそは社会、労働、人道上あらゆる解放問題の最も先頭に、中心に置いて考えられねばならぬすべての条件を具備している。数において、不利なる労働条件において、性質において――。実に女工問題は重大なる人道問題たることを失わないのである。

先ず女工問題を速かに解決しなかったら国家はどうなるか？　人類はどうなる？　社会運動が彼女の解放を余所《よそ》に見ているのだったら、それはお祭り騒ぎとえらぶところがない。女工の児供《こども》を黙って傍観するのだったら優生学は空想だ。彼女の生活を生活だと思う者があったら、それは言いようのない冷血児だ。彼女に運命をさとす宗教家があったら、それは団扇太鼓《うちわだいこ》叩いて大道を歩く千箇寺詣《せんがじまい》りと同じじゃないか。彼女たちを取り残して我れ独り先へ進もうとする同胞があったら、それは己《おの》れよがりの憎むべき個人主義者であってブルジョアジーと何ら選を異にするところがない。彼女を無視し、彼女に喜びを与えないような芸術は万歳《まんざい》に等しい。学問も宗教も政治も、彼女たちにとっては悉《ことごと》く空想だ。

かくして日本の「母体」は、日々時々傷《いた》められて行く……。

女工はその痩せこけたか弱い背中に、二重の大問題を背負わされている。実に彼女は労働問題を解決した上、更らに婦人問題の難局に衝《あ》たらねばならんのである。

人類に衣を着せるちょう《〔という〕》いと貴き「母性のいとなみ」、彼女はそれを苟《かりそ》めにも忘れたことがない。しかしわれわれは、二百万の母性が咯血《かっけつ》に喘《あえ》ぎながら織りなしてくれた「愛の衣」を纏っていることを忘れている。

六十六

さりながら人類が生きて行く上においては、復古主義者の言うごとくすべてを昔へ戻して裸体でおらぬ限り衣服は絶対に必要欠くべからざるものである。そうすれば「糸ひき、紡ぎ、織る、編む」の労働はこれをどうしても否定することが出来ない。実に人生は生きるがために死なねばならず、死ぬるがために生きねばならぬ一大ジレンマである。けれども生きるものは万人であって、死ぬるものは実に彼女ばかりだ。万人が生きるがためには、彼女を犠牲にせねばならぬという法は断じてあり得ない。生きるがためにはみんなで死のう——。

　工場とはいかに衛生設備をよくしたとて、時間を短くしたとて、結局非衛生で生命の消耗所であることを免れない。従ってそこで働くことは決して面白かろうはずがない。労働とは永遠に苦痛と嫌厭の連鎖である。某外人の言ったごとく実に工場は「緩慢なる殺人剤」でなくしてむしろ屠殺場なのである。

　しからばこの労働を一体どうしたらいいか？　それには唯だ一つの道として「義務労働」があるのみだ。すなわち健康な一人前の人間にして「働かざるものは食うべからず、着るべからず」ちょう《〔という〕》モットオの許《もと》に、各人が義務服役をなすのである。ここにおいて現在の工場組織は根本的な改造を施されて、当然「工場国有」が実現するであろう。そうして時の政府はこの衣服を作るための義務労働を一般結婚前の婦人に強制するのだ。いま我が日本において二千五百万の婦人が皆な働くことになれば決して子もちや病弱者に酷役を課する必要もなく、十時間の十二時間のという怖ろしく長い労働を五年も十年も続けなくて済む。ほんの血気ざかりな婦人が一日に四時間か五時間ずつ、それも気分の勝《すぐ》れた日ばかり一カ年や二カ年も働けば、それで必要な生産は出来る訳だ。あるいは厳密に計算すればもっと尠《すくな》くなるかも知れぬ。

　そうしてその他の男子の労働も皆こんな風になって来たら、芸術を職業にする者もなくなるだろうし、学問の研究などは銘々の趣味でこれをやるようになり、学校の先生や記者や寄稿家は労働の傍《かたわ》ら無報酬でこれをやろうと申し出るだろう。またそうなれば事務のような軽い労働は働ける程度の老人や、妻君たちが尻撲《くすば》ゆくなってやるなといってもやり出すだろう。かくして理想社会が築かれるのである。万人が皆な生きるために労働し、遊んでいて喰う穀潰《ごくつぶ》しの住まわぬ真に美しい労働の共和国が出来る。万人倶《とも》に苦しみ、また万人倶に楽しむ。これぞ地上に築きあげし空想ならぬ天国であり極楽浄土である。ああ！　その時の太陽はいかばかり輝かしい光を放ち、人生は楽しく、万物は麗《うる》わしくあることか？　いま太陽の光りは濁っている。

女工哀史　終

附録　女工小唄

筆者蒐集

（紡績、織布、機業地、製糸代表的なもののみを挙げた）

♩ = 132
カゴノトリヨリ ーカンゴクーヨリモ ー キ
シクズマイ ハーナオーツラ イ

籠《かご》の鳥より監獄よりも
　寄宿ずまいはなお辛《つら》い。
工場は地獄よ主任が鬼で
　廻る運転火の車。
糸は切れ役わしゃつなぎ役
　そばの部長さん睨《にら》み役。
定則出来なきゃ組長さんの
　いやなお顔も見にゃならぬ。
わしはいにますあの家さして
　いやな煙突あとに見て。
偉そうにするなお前もわしも
　同じ会社の金もらぅ。

偉そうにするな主任じゃとても
　もとは桝目《ますめ》のくそ男工。

世話婦々々々と威張《いば》っておれど
　もとを糺《ただ》せば柿のたね。

ここを脱け出す翼《つばさ》がほしや
　せめてむこうの陸《おか》までも。

主任部長と威張っておれど
　工務の前にゃ頭ない。

男工串《くし》にさして五つが五厘《りん》
　女工一人が二十五銭。

男もつならインジ(エンジン)か丸場
　桝目男工は金がない。

会社男工の寝言《ねごと》をきけば
　早く勘定来い金がない。

主《ぬし》とわたしはリング(輪具の精紡機)の糸よ
　つなぎやすいが切れやすい。

主とわたしは二十手(二十番手)の糸よ
　つなぎやすいが切れやすい。

余所《よそ》の会社は仏か神か
　ここの会社は鬼か蛇《じゃ》か。

ここの会社は女郎屋《じょろや》と同じ
　顔で飯食う女郎ばかり。

親のない子は泣き泣き育つ
　親は草葉のかげで泣く。

うちさ行きたいあの山越えて
　行けば妹《いも》もある親もある。

会社づとめは監獄づとめ
　金《かね》の鎖がないばかり。

男工なにする機械のかげで
　破れたシャツの虱《しらみ》とる。

女工々々と軽蔑するな
　女工は会社の千両箱。

紡績職工が人間なれば
　電信柱に花が咲く。

女工々々と見さげてくれな
　国へ帰れば箱娘。

嬉し涙を茶碗にうけて
　親に酒だと飲ませたい。

娘いまかと言われた時にゃ
　わが身こころは血の涙。

国を発《た》つときゃ涙で出たが
　今じゃ故郷の風もいや。

いつも工場長の話を聴けば
　貯金々々と時計のよだ。

工場しまって戻れば寄宿
　蛙なく夜の里おもい。

早くねんあけ二親様に
　つらい工場の物語り。

会社男工に目をくれたなら
　末は篠巻《しのまき》まるはだか。

こんな会社へ来るのじゃないが
　知らぬ募集人にだまされて。

ここの会社の規則を見れば
　千に一つの徒《むだ》がない。

うちが貧乏で十二の時に
　売られ来ましたこの会社。

生《いけ》る屍《しかばね》の譜

わたしゃ女工よ春降る小雨《こさめ》
独りしょぼしょぼ音もなく
いつになったら晴れるやら
つきぬ涙で濡らす枕。

わたしゃ女工よ儚《はか》ない小鳥
羽根があっても飛べもせず
空が見えても籠のなか
羽交《つばさ》折られた小さな小鳥。

わたしゃ女工よ儚ない花よ
霜にいじけた小さな蕾《つぼみ》
春が来たとて咲けもせず
小さい小さい片つぼみ。

わたしゃ女工よ哀れな星よ
親兄妹《きょうだい》に遠くはなれ
暗い夜空にぽっちりと
涙ぐんでる小さな小星。

桜ちりても来年の
四月来たならまたも咲く
悲しいわたしはいつ咲くの
心に花さくひまもない。

うちが貧乏でそのために
幼い十二のその時に
株式会社へ身を売られ
やすい勤めをしておれど、
心の中まで濁らない
泥の中にも蓮の花
わたしの心もそのごとく

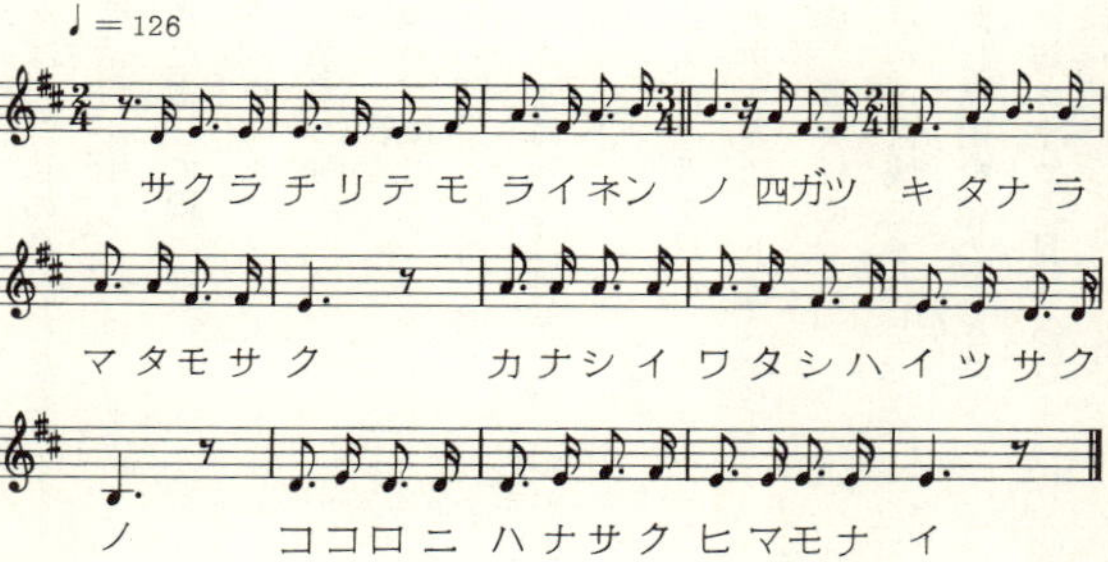
♩＝126
サクラチリテモ ライネン ノ 四ガツ キタナラ
マタモサク カナシイ ワタシハイツサク
ノ ココロニ ハナサク ヒマモナ イ

いつか高根に花さかす。
甘い口にと乗せられて
金は取られて捨てられて
末の難儀を知らずして
身は浮草や西ひがし。

親に甲斐性《かいしょ》がない故に
親に甲斐性はあるけれど
わたしに甲斐性がない故に
尾のない狐に騙《だま》されて、
朝は四時半に起されて
一番なったら化粧して
二番ふいたら食堂へ
三番なったら工場にて、
主任工務に睨《にら》まれて
部屋に帰れば世話役に

色々小言をならべられ
思えばわたしの身がたたぬ、
今度給料が出たならば
門番だまして駅に行《い》て
一番列車に乗り込んで
恋しき国の両親に、
このこと話してともに泣く
　何の因果で絏掛《かせか》け習《なろ》た
　たまに残るは骨と皮。（しまいの二行が小唄の節に変る。）

昨夜大きな夢を見た
キャリコ会社を下駄にはき
缶場《かんば》の煙突杖につき
東京から宮城までひと走り、
わたし秋田を発《た》つときにゃ
ふた親さまにと見送られ
八時の急行に乗せられて

皆さんさよなら眼に涙、
着いたか着いたか上野まで
上野停車場へ降ろされて
俥《くるま》や電車に乗せられて
田舎者だと嗤《わら》われて
着いたか着いたか門衛まで
門番さまにと首を下げ
すぐと寄宿に伴《つ》れられて
部屋長さまにと首を下げ、
すぐに病院へ伴れられて
診察するのも生命《いのち》がけ
すぐと食堂に伴れられて
ご飯は何よと申すれば、
米は南京米の砂まじり
おかずは何よと申すれば
お香々《こうこ》ふたきれ食べられぬ
すぐと工場へ伴れられて、

紺《こん》の袴《はかま》に紺の服
麻裏草履《あさうらぞうり》に紺の足袋《たび》
仕事はどこよと申すれば
わたしワインダの糸つなぎ。

親友われらは情なや
故郷隔てて旅の空
辛い寄宿に入れられて
朝は四時半に起されて、
五時が鳴ったら食事して
二番合図に身拵《みごしら》え
三番なったら工場にて
主任部長さんに睨《にら》まれて、
見廻りさんに使われて
ああ情なやこのわれら
共に悔《くや》むよ来年の
花咲く春の三月に、
三年々期も秋の月(飽きの尽)
早く故郷へ立ち帰り
二度と紡績へ紺の足袋。(来んの旅)

会社女工をしておれど
心は牡丹《ぼたん》か八重桜
男工くらいに目がくれて
返事するよなわしじゃない。

こんな会社にいるよりも
度胸定めて大垣の
一番列車に乗り込んで
行こか満洲のはてまでも。

聞いて下さい××さん
親に孝行がしたい故
海山越えてはるばると

知らぬ他国で苦労する。

よいとこよいとこ思えども
来て見りゃ紡績火の出山
朝は四時半夜は六時
寄宿に帰ればはや七時、
電気が消えて寝る時は
浅黄《あさぎ》の蒲団《ふとん》に木の枕
胸に手をあて思案する
国を出るとき舟で出て、
汽車や電車に乗せられて
神戸ステンへ降ろされて
織物会社へ身を売られ
織物会社というとこは、
ぐるり煉瓦で屋根瓦
中の女工さん籠の鳥
三度の食事は鳥の餌《え》さ

もしも機械が損じたら、
技師長さんや部長さんに睨まれて
これじゃわたしの身が立たぬ
夜の夜中の一時頃
くろがね門を忍び出で、
脱け行くところは湊川
袂《たもと》に小石を拾い込み
死ぬる覚悟をしたなれど
死ねば会社の恥となる、
帰れば親衆の恥となる
思えば涙が先に立つ。（しまいの二行カラクリ歌に変る。）

今はこうして女工すれど
来年見やんせやや抱いて
意気な小意気な主《ぬし》さんと
新こん旅行をしてみせる。

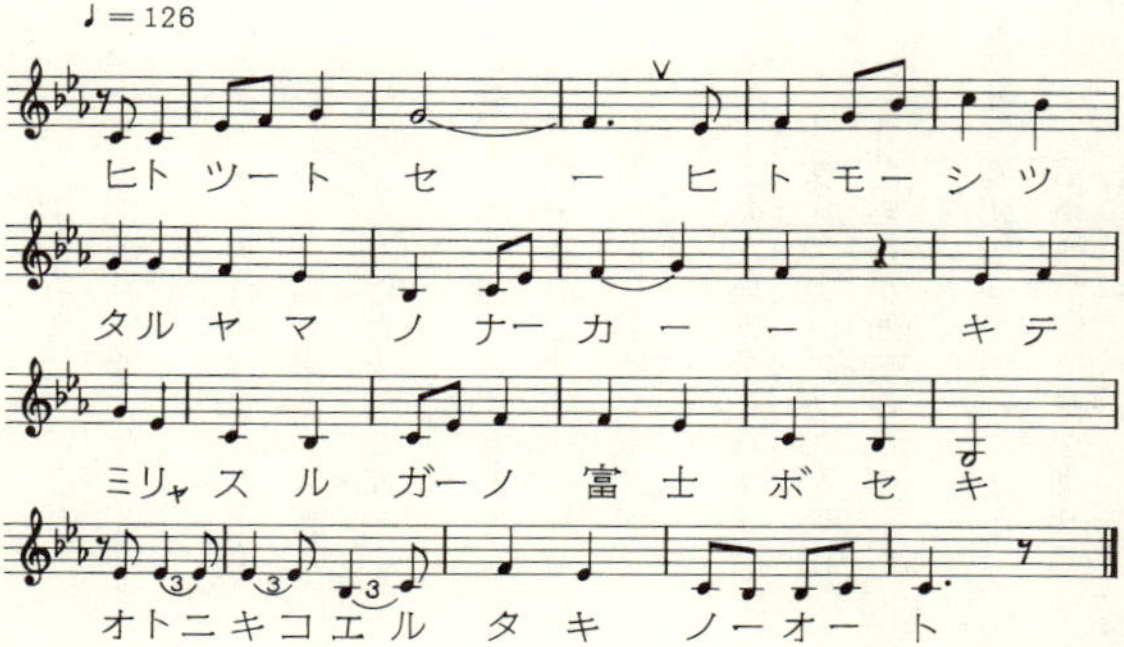
♩＝126
ヒト ツート セ ー ヒ ト モー シ ツ
タル ヤ マ ノ ナー カ ー ー キ テ
ミリャ ス ル ガーノ 富 士 ボ セ キ
オトニキコエル タ キ ノーオー ト

一つとせ、人も知ったる山の中
来て見りゃ駿河《するが》の富士紡績
音に聞える滝の音、

二つとせ、二親そむいて来たばちに
今は駿河で苦労する
これから二親背《そむ》くまい、

三つとせ、皆さん駿河へ来る時は
お金を残そと思うたが
来て見りゃお金は残らない、

四つとせ、夜も寝ないで夜業する
長い寿命も短こなる
皆さんあわれと思わんせ、

五つとせ、いつかお国の二親に
辛い工場の物語り
共に泣いたり泣かせたり、

六つとせ、無理な規則と思えども
　規則で立てたこの会社
　規則破れば罪となる、
七つとせ、なかの仕事はよけれども
　時どき揺り来る大地震
　生命《いのち》がけだと思わんせ、
八つとせ、やめて帰ろと思えども
　汽車賃なしでは帰られぬ
　汽車道ながめて眼に涙、
九つとせ、こんな処と夢しらず、
　来て見りゃ四方は高い山
　どちらが西やら東やら、
十　と　せ、到頭年期があいたなら
　汽車や汽船に身を乗せて
　帰るわたしの嬉しさよ、

十一とせ、月星ながめて眼に涙
　あの星あたりは親の側《そば》
　飛んで行きたいあそこまで、
十二とせ、十二時間がその間
　煉瓦造りのその中で
　辛いつとめをせにゃならん、
十三とせ、三千世界を尋ねても
　わしほど因果な者はない
　月星ながめて眼に涙、
十四とせ、忍び忍んで門衛まで
　行けば門番にとがめられ
　泣く泣く寄宿へ逃げ帰る、
十五とせ、十五夜お月さま雲の影
　わたしの二親山の影
　わたしゃ工場の綿の影。

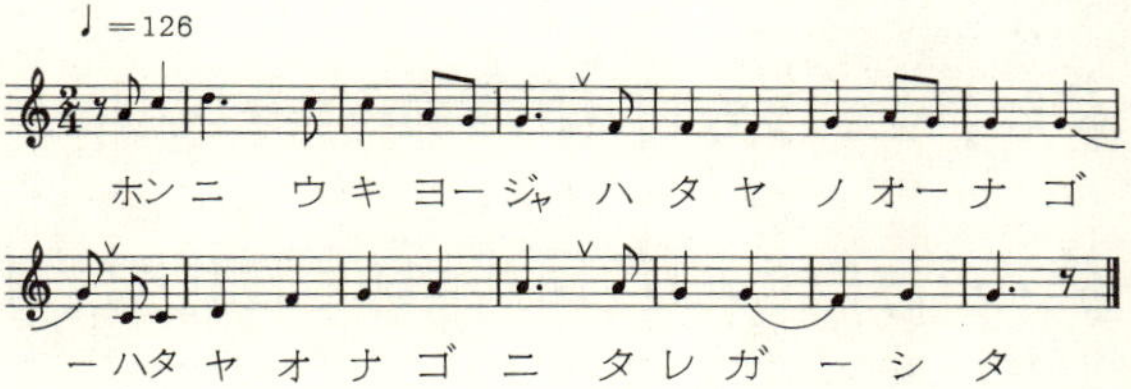
♩＝126
ホンニ　ウキヨージャ　ハ　タ　ヤ　ノオーナ　ゴ
ーハタ　ヤ　オ　ナ　ゴ　ニ　タレ　ガ　ーシ　タ

ほんに憂世《うきよ》じゃ機家《はたや》の女子《おなご》
　機家女子に誰がした。
うちの殿御は可愛い殿御
　織ってやりたや兵児帯《へこおび》を。
織り手キンカン機先《はたさき》ミカン
　車廻しはユズの皮。
これのお背戸《せど》に榎木《えのき》がござる
　榎実成らず金が成る。
南無妙法蓮華経法華経の鳥は
　いつも出て啼《な》く青山に。
啼けよカッコ鳥××の藪《やぶ》で
　糸がさがると言うて啼け。
丹後但馬《たじま》は女子の夜這《よば》い
　男極楽寝てござる。

♩＝116
カ ヤ ノ ータニ トーハータレ ガイッタ ヨ ユ タ ジ
ゴ ク ダーニ カ ヤ ヒーモーサ ー サ ー ー ヌ

加悦《かや》の谷とは誰が言たよ言《ゆ》た
地獄谷かや日も射さぬ。

今年うれしい帖場のめかけ
糸目されても苦にならぬ。

ほんに憂世じゃ糸ひき女子
こんな子を産んだ親見たい。

板になりたい帖場の板に
なって手紙のなか見たい。

三度々々に菜《な》っ葉《ぱ》を食べて
何で糸目が出るものか。

申しやさしい見番《けんばん》さまよ
どうぞひと夜のお情に。

ほんにわたしは節糸ひいて
申し訳なや旦那さま。

池田川には上にゃ皮さらし
　下にゃお江戸ゆきの酒つくる。

福知山さん葵《あおい》の御紋
　いかな大名もかなやせぬ。

丹波綾部の郡是《ぐんぜ》製糸
　娘やるなよ繭《まゆ》を売れ。

谷の狭霧《さぎり》か糸ひく湯気か
　岳に日がさしゃ昼の鐘。

附録終

解　説

本書『女工哀史』は、著者が大正十二年七月に起稿し、大正十四年七月初版が上梓《じょうし》されるとともに、たちまち版を重ね、今日に至るまで、女子労働者の生活記録として、動かぬ古典的地位を占めている。女子労働者を中心とする労働条件や生活状態を記録したものは、決して少ないとは言えないが、『女工哀史』はそれらのなかで、最も親しまれ、愛されてきた読みものである。本書を読まないものでも、「女工哀史」という名前に対しては言いしれない親近感をもっているというのは、この書物を貫ぬいている著者の人間愛と誠実さのためだろう。だが著者細井和喜蔵《ほそいわきぞう》は、本書が出版されてから僅か一カ月の後に急病でこの世を去っているから、自分の著作がどんな影響を後世に与えたかを知らずに、貧しく、ひたむきな著作生活を終ったことになる。『女工哀史』の完成を助けた細井の妻高井としをが七十歳を超える年齢まで生きのびて、『女工哀史』の声価を見とどけているのは、せめてもの慰めである。

明治三十二年、横山源之助が『日本の下層社会』を世に問うたとき、そこでも生糸《きいと》女工や紡績女工が取扱われていた。恐らく日本の労働者状態の最も古い記録の一つだと言えるだろう。『日本の下層社会』の中で女工がとりあげられていたのは当然のことであったが、そこでは、賃銀や生計費の視点から女工の生活がルポルタージュ式にとりまとめられ、「下層社会」の一構成員としての女子労働者の、暗くみじめな労働生活が描き出されていた。この女工・「工女」たちは、鉄工場の熟練職工や手工業的職人層や、寄席《よせ》芸人・大道《だいどう》芸人や細民街の窮迫者や浮浪者などとともに、興隆期の「大日本帝国」の下積み層だったのである。横山源之助は、明らかに、日清戦争後における労使間の階級闘争の到来を告げ、外資導入・「内地雑居」にもふれながら、労働組合の必要を述べ、まだ自覚の低い労働者たちの「勇み肌」を説いてやまなかったが、憐れな女工たちがそれで直ぐ救われるとは考えていなかった。

明治時代における女子労働者の記録として最も詳細をきわめたものは、おそらく明治三十六年農商務省工務局のとりまとめた『職工事情』(五冊)であろう。その主要部分は「綿糸紡績職工事情」「生糸職工事情」「織物職工事情」によって占められており、労働賃銀、労働時間、職工募集、寄宿舎その他「工女」の労働と生活の全面にわたった大胆率直な実態調査記録であったが、その余りに苛烈な内容のために、戦前の日本では、官庁報告書でありながら、久しく広く配布されないままに止まっていた。『職工事情』は稀にみる官僚臭のない報告書であった。それは報告書をあげて日本の中枢産業であった繊維三部門、即ち綿糸紡績、生糸、織物における野蛮低劣な労働条件と非人間的な労働環境と「工女」たちの肉体的磨滅と、それらの結果としての「結核工女」の一般化と、「粗製濫造」への警告と、その原因としての低賃銀と長時間労働と「深夜業」と人身売買的契約と、総じてかの「原生的労働関係」の支配の指摘であり、「中立的」で進歩的な官僚の立場で、日本産業の高度化と近代化のためには何をなすべきかを説いたものであった。この『職工事情』は、後に明治四十四年の第二十七議会を通過して成立したわが国最初の労働立法たる工場法の必要を、非情の数字と調査記録とをもって基礎づけた最初の歴史的文書であった。だがそれにもかかわらず、それは依然として、官の調査物であり、女子労働者についての上からの報告書であった。客観的であり冷徹ではあったが、それ以上訴えるものをもってはいなかった。『職工事情』が専門研究者の間だけで珍重され、大衆の共有物にならずに終ってしまったのはこのためである。

　大正二年には、国家医学会から石原《いしはら》修《おさむ》博士の『衛生学上より見たる女工の現況』が発行されているが、紡績女工と肺結核との関係を産業医学的立場から解剖したこの名著は、女工の「深夜業」や劣悪な労働環境が、「結核工女」「農村結核」を通して、結局日本国民の体位低下の根源である事実を指摘した点において不朽の功績をもっており、その上、出稼《でかせぎ》型賃労働が支配的である日本において、このような「原生的労働関係」が結局何をもたらすかについて極めてショッキングな問題提起をしている、――「外国の例でございますが、独逸《ドイツ》のライン地方は昔からの工場地方でありますが百年前すなわち千八百二十年頃にはこの地方から充分の壮丁《そうてい》を得ることが出来なかったということが書いてあります。工業の盛んになったためにそれ以前の人と比して体質を痛め以《もっ》て壮丁の体格を悪《わ》るくしたものと思います。それが遂に社会問題になって独逸が工場の色々の取締をしたことと思いますが、〔一八三九年、プロイセンの工場法を指す〕かような時は既に予防施設としては時が遅れております。やはり殷鑑《いんかん》遠からず独逸のライン地方と同一の事が漸次にわが日本にも起って来ることと思います。彼を思い是《これ》を思えば実に寒心《かんしん》に堪《た》えませぬ。工業場附近の人間を執《と》って職工にしますればその害たるや一地方に止《とど》まりますけれども、日本みたいに全国から職工〔工女〕を取っておりまするとその害全国に亘《わた》ると言わなければなりませぬ。これはあるいは噂《うわさ》であるかも知れませぬが、わが陸軍でも結核との関係が兵力の上に生じて来たということを聞きましたが、これは誤伝であろうと思います。また偏《ひとえ》に誤伝たらんことを望みますが、もし不幸にしてわが国にもライン附近のごときことが襲来しましたならば実に憂うべきことであろうと思います。」〔仮名遣いなど表記を一部改めた〕

このような石原博士の的確な問題指摘ではあるが、それでもなおこの報告書は、まだ

「工女」の身になって問題を採りあげたとは言えなかった。「衛生学上より見たる」という報告書の題名がこれを物語っている。これに反して『女工哀史』は、単なる官庁調査や医学者の研究報告やジャーナリストのルポルタージュ的記事とは本質的に異なった実体をもっていた。著者は男性ではあったが女工の労働生活やものの考え方を、女工の立場で、その身になって、書いている。それは一人の女工の生活記録を綴《つづ》ったものでもなく、また単なる文学作品でもない。著者の労働者としての生活経験にもとづいて書かれた工場労働に対する劇《はげ》しいプロテストであり、また労働生活の間をぬって綴られた工場生活に関する尨大《ぼうだい》な、生《な》まの生活記録である。本書を貫ぬいて脈うっている工場労働の邪悪に対する著者のヒューメーンな抗議こそ、『女工哀史』を働く人々の愛読書たらしめたものである。著者は本書の冒頭で、「その圧制な工場制度に対して少しの疑問をも懐《いだ》かずに、眼をつぶって通って来た狭隘《きょうあい》な見聞と、浅薄な体験によって綴ったものがすなわちこの記録である。」(「自序」八頁)と言っているが、著者の鋭いかんは見事に工場労働の真相を摑《つか》みとっているようである。

著者は繊維工場の職工として働いたその体験にものを言わせて、先ず女子労働者の募集についての害悪を極く現実的・具体的に叙述している。著者によると、女工募集の第一期は明治十年頃から日清戦争頃までを含み、女工に対する誘拐的《ゆうかいてき》な募集もなく、また退社は自由で強制送金なども存在しなかった。「ああ！　初期の女工はいかばかり幸福に働き得たことか――。」(六八頁)だが、産業革命の進展と日本の工場工業の基礎の確立と大陸市場の開拓とは、たちまち女工の募集難をもたらした。そしてそれとともに、女工生活の「在りし佳《よ》き日」は過ぎ去ってしまった。「肺結核を持って村娘は戻った。娘はどうしたのか知らんと案じているところへ、さながら幽霊のように蒼白《あおじろ》くかつ痩《や》せ衰《おとろ》えてヒョッコリ立ち帰って来る。彼女が出発する時には顔色も赧《あか》らかな健康そうな娘だったが、僅か三年の間に見る影もなく変り果てた。」(七〇頁)年期契約や女工の争奪や強制送金制度などがはじまるのであるが、やがては個々の企業の立場に立ってさえ、無制限な誘拐や争奪を緩和しなければならないような事態が生じて来る。このような経過を著者は豊富な実例と資料によって書き綴っている。こうして著者の言う女工募集の「第三期」たる「募集地保全時代」がはじまるのだが、そこでは、一面でいよいよあくどい陰性な募集人の活躍がはじまると同時に、他面では、巨大紡績工場における福利施設が展開されはじめる。著者は小説風のスタイルで募集人による募集の実況を描いてみせている、彼女たちの全生涯が決定される雇傭関係のその第一歩の始まろうとする場面の登場人物の性格や、娘や親たちの気もちの微妙な動きを会話体の文章で生ま生ましく描いてみせている。著者として最も得意の箇所であろう。明治三十六年の『職工事情』が稀にみる卓抜な報告書であるにもかかわらず、なお一抹《いちまつ》の「官」の報告書たる雰囲気が残っているのをまぬがれないのと異なって、『女工哀史』の方は、あくまで女子労働者の立場に立ち、意識の低い彼女たちの気もちになって、事実を記録し描き出している。また本書は、賃銀の高さ、その支払方法、作業時間の長さ、深夜業、休憩などの労働条件を紡績部門と織布部門との両面にわたって記述しているから、明治中期を対象とした『職工事情』と大正後期を舞台とする本書を比較することは、日本における「原生的労働関係」がいかに固定化してしまっているかを知る上にも興味がある。その他「賞旗制度」(『職工事情』)によって代表される能率増進策は、本書『女工哀史』にもそのままみられる(一六七頁)。またその反面である各種の懲罰、拘禁的な寄宿舎などについての記述は、すべて『職工事情』と相似的であるが、『職工事情』にみられたような陰惨卑猥な「体罰」は後退しており、一般の福利施設の暗さや翳《かげ》がみえなくなっているのは、日本における産業革命の進展中の時期と、第一次大戦後における日本資本主義の独占資本主義としての基礎確立の時期との差異であろうし、また『職工事情』が中小工場をも記述の対象としているのに対し、『女工哀史』は著者の体験を中心にして書かれたために、対象が主として大工場に限定されていたためであろう。

ところで本書に関するかぎり、著者細井和喜蔵は、決して社会主義的著作家として登場しているわけではない。著者は紡績女工を「人類の母」だと言っている。人間はいかなる時代でも、いかなる階級のものでも、常に着なければならないのであるから、人間のための「衣」を日夜準備する女工は「人類の母」であるに違いないが、その人間至高の仕事を担当する女子労働者が屈辱的な労働条件と非人間的な労働環境のなかでその肉体を喰いつぶしていくことは、著者の人道心にとっては耐えられないことなのであった。著者は本書の終りで以下のように述べている、「さりながら人類が生きて行く上においては、復古主義者の言うごとくすべてを昔へ戻して裸体でおらぬ限り衣服は絶対に必要欠くべからざるものである。そうすれば「糸ひき、紡ぎ、織る、編む」の労働はこれをどうしても否定することが出来ない。実に人生は生きるがために死なねばならず、死ぬるがために生きねばならぬ一大ジレンマである。けれども生きるものは万人であって、死ぬるものは実に彼女ばかりだ。万人が生きるがためには、彼女を犠牲にせねばならぬという法は断じてあり得ない。」(四二二頁)これが本書を貫ぬく精神である。人間の生活にとっていちばん欠くことの出来ないものを創る人々がいちばんみじめだ、「という法は断じてあり得ない」と著者は叫んでいるのである。それならば、この工場制度の害悪に対して何がなさるべきであるのか。著者は工場監督制度を論じた一節で、「あなたが一年に一回や半年に一遍《いっぺん》工場へやって来て、ぐるぐるっと参観しただけで、あの機関があぶないとかあの装置がいけないとかどうしてわかりましょう。それを識《し》っているものは唯だ、そこで明け暮れ働く職工自身をおいて断じてあり得ません。」(二七四頁)と、問題の核心を衝《つ》き、また女子労働者のための福利施設や教育問題を論じて「職工教育は一言にしていうなれば従順な小羊を養成するにあることと社会欺瞞への看板にほかならない。今日の全無産婦人にとって茶の湯や活《い》け花《ばな》がどう生活と関係があるのだ!」(二九八頁)と叫んでいるが、それなら問題をどちらの方向へ解決することが必要であるのだろうか。「しからばこの労働を一体どうしたらいいか?」という問題に対して著者は以下のように答えている、――「それには唯だ一つの道として「義務労働」があるのみだ。すなわち健康な一人前の人間にして「働かざるものは食うべからず、着るべからず」ちょう《(という)》モットオの許《もと》に、各人が義務服役をなすのである。ここにおいて現在の工場組織は根本的な改造を施されて、当然「工場国有」が実現するであろう。」(四二二頁)、と。

ここで、われわれは、近世初頭のユトーピアンたちや、産業革命期の何人かの「空想的社会主義者」たちが、原始蓄積の害悪や工場制度の悲惨を眼の前にして、たちまち将来の階級的利害や対立のない理想社会や「義務労働」や生活の共同化や生産設備の共有を内容とする「平等社会」を主張したのを想起しないだろうか。労働運動に対するはげしい警察的弾圧や思想的取締りの下においては、資本主義経済の史的展開に沿って労働者の雇用条件の改善や社会的地位の上昇への期待は、望んでも到底獲《え》られるものではなかったのであるから、労働状態改善への唯一の途《みち》は、現状に対してヒューマニストとしての公憤を吐露することと、労働秩序の在るべき理想を掲げることだけに限られるようになる。本書『女工哀史』もまたそうした性格を底流にひそめている。「大日本帝国」の支配した当時にあっては、日本の女子労働者＝「工女」たちは、みずからの自主的組織や闘争を通して、自分たちの「哀史」的存在を踏みこえることが出来なかったのである。そうしたエスタブリッシュメントへの抗議として、本書は並々ならぬ価値をもっている。

大河内一男 誌す

一九八〇年五月

〔編集付記〕

一、本書の底本には岩波文庫版『女工哀史』(一九八〇年刊改版)を使用し、あわせて単行本の初版(改造社、一九二五年刊)、戦後復刻版(同、一九四八年刊)を参照した。なお数量データの換算などに不整合な場合もあるが、岩波文庫版をそのまま踏襲した。

二、本文を現代仮名づかいによる表記に改め、漢字語の一部を平仮名に変えた。ただし文語体の引用文・引用資料は旧仮名づかいのままとした。

三、底本にある振り仮名を再現するとともに、読みにくい語や読み誤りやすい語には適宜新たに振り仮名を付した。

四、本書中には差別的な表現とされる語が用いられている箇所があるが、著者が故人であることや歴史性に鑑みて、底本のままとした。

(岩波文庫編集部)

女《じょ》工《こう》哀《あい》史《し》

1954年7月25日　第1刷発行
1980年7月16日　第33刷改版発行
2009年4月8日　第60刷改版発行
2023年6月5日　第68刷発行

著　者　細井《ほそい》和喜蔵《わきぞう》

発行者　坂本政謙

発行所　株式会社　岩波書店
〒101-8002　東京都千代田区一ツ橋2-5-5

案内 03-5210-4000　営業部 03-5210-4111
文庫編集部 03-5210-4051
https://www.iwanami.co.jp/

印刷　製本・法令印刷　カバー・精興社

ISBN978-4-00-331351-0　Printed in Japan

読書子に寄す

——岩波文庫発刊に際して——

岩波茂雄

真理は万人によって求められることを自ら欲し、芸術は万人によって愛されることを自ら望む。かつては民を愚昧ならしめるために学芸が最も狭き堂宇に閉鎖されたことがあった。今や知識と美とを特権階級の独占より奪い返すことはつねに進取的なる民衆の切実なる要求である。岩波文庫はこの要求に応じそれに励まされて生まれた。それは生命ある不朽の書を少数者の書斎と研究室とより解放して街頭にくまなく立たしめ民衆に伍せしめるであろう。近時大量生産予約出版の流行を見る。その広告宣伝の狂態はしばらくおくも、後代にのこすと誇称する全集がその編集に万全の用意をなしたるか。千古の典籍の翻訳企図に敬虔の態度を欠かざりしか。さらに分売を許さず読者を繫縛して数十冊を強うるがごとき、はたしてその揚言する学芸解放のゆえんなりや。吾人は天下の名士の声に和してこれを推挙するに躊躇するものである。このときにあたって、岩波書店は自己の責務のいよいよ重大なるを思い、従来の方針の徹底を期するため、すでに十数年以前より志して来た計画を慎重審議この際断然実行することにした。吾人は範をかのレクラム文庫にとり、古今東西にわたって文芸・哲学・社会科学・自然科学等種類のいかんを問わず、いやしくも万人の必読すべき真に古典的価値ある書をきわめて簡易なる形式において逐次刊行し、あらゆる人間に須要なる生活向上の資料、生活批判の原理を提供せんと欲する。この文庫は予約出版の方法を排したるがゆえに、読者は自己の欲する時に自己の欲する書物を各個に自由に選択することができる。携帯に便にして価格の低きを最主とするがゆえに、外観を顧みざるも内容に至っては厳選最も力を尽くし、従来の岩波出版物の特色をますます発揮せしめようとする。この計画たるや世間の一時の投機的なるものと異なり、永遠の事業として吾人は微力を傾倒し、あらゆる犠牲を忍んで今後永久に継続発展せしめ、もって文庫の使命を遺憾なく果たさしめることを期する。芸術を愛し知識を求むる士の自ら進んでこの挙に参加し、希望と忠言とを寄せられることは吾人の熱望するところである。その性質上経済的には最も困難多きこの事業にあえて当たらんとする吾人の志を諒として、その達成のため世の読書子とのうるわしき共同を期待する。

昭和二年七月

《日本文学（古典）》〔黄〕

古事記　倉野憲司校注
日本書紀　全五冊　坂本太郎・家永三郎・井上光貞・大野晋校注
万葉集　全五冊　佐竹昭広・山田英雄・工藤力男・大谷雅夫・山崎福之校注
原文万葉集　全二冊　佐竹昭広・山田英雄・工藤力男・大谷雅夫・山崎福之校注
竹取物語　阪倉篤義校訂
伊勢物語　大津有一校注
玉造小町子壮衰書　―小野小町物語　杤尾武校注
古今和歌集　佐伯梅友校注
土左日記　紀貫之　鈴木知太郎校注
源氏物語　全九冊　柳井滋・室伏信助・大朝雄二・鈴木日出男・藤井貞和・今西祐一郎校注
枕草子　池田亀鑑校訂
更級日記　西下経一校注
今昔物語集　全四冊　池上洵一編
西行全歌集　久保田淳・吉野朋美校注
建礼門院右京大夫集　付 平家公達草紙　久松潜一・久保田淳校注
梅沢本古本説話集　川口久雄校訂

後拾遺和歌集　久保田淳・平田喜信校注
詞花和歌集　工藤重矩校注
古語拾遺　斎部広成撰　西宮一民校注
王朝漢詩選　小島憲之編
新訂方丈記　市古貞次校注
新訂新古今和歌集　佐佐木信綱校訂
新訂徒然草　西尾実・安良岡康作校注
平家物語　全四冊　梶原正昭・山下宏明校注
神皇正統記　北畠親房　岩佐正校注
御伽草子　全二冊　市古貞次校注
王朝秀歌選　樋口芳麻呂校注
定家八代抄　―続王朝秀歌選　全二冊　樋口芳麻呂・後藤重郎校注
中世なぞなぞ集　鈴木棠三編
謡曲選集　読む能の本　野上豊一郎編
東関紀行・海道記　玉井幸助校訂
おもろさうし　外間守善校注
太平記　全六冊　兵藤裕己校注

好色五人女　井原西鶴　東明雅校註
武道伝来記　井原西鶴　横山重・前田金五郎校注
西鶴文反古　井原西鶴　片岡良一校訂
芭蕉紀行文集　付 嵯峨日記　中村俊定校注
芭蕉おくのほそ道　付 曾良旅日記・奥細道菅菰抄　萩原恭男校注
芭蕉俳句集　中村俊定校注
芭蕉連句集　中村俊定・萩原恭男校注
芭蕉書簡集　萩原恭男校注
芭蕉文集　潁原退蔵編註
芭蕉俳文集　全二冊　堀切実編注
芭蕉自筆奥の細道　上野洋三・櫻井武次郎校注
蕪村俳句集　付 春風馬堤曲 他二篇　尾形仂校注
蕪村七部集　伊藤松宇校訂
蕪村文集　藤田真一編注
国性爺合戦・鑓の権三重帷子　近松門左衛門　和田万吉校訂
折たく柴の記　新井白石　松村明校注
近世畸人伝　伴蒿蹊　森銑三校註

排蘆小船・石上私淑言 ―宣長「物のあはれ」歌論　本居宣長　子安宣邦校注
雨月物語　上田秋成　長島弘明校注
宇下人言　修行録　松平定信　松平定光校訂
新訂 一茶俳句集　丸山一彦校注
一茶 父の終焉日記・おらが春 他一篇　矢羽勝幸校注
増補 俳諧歳時記栞草 全二冊　曲亭馬琴編　藍亭青藍補　堀切実校注
北越雪譜　鈴木牧之編撰　京山人百樹刪定　岡田武松校訂
東海道中膝栗毛 全二冊　十返舎一九　麻生磯次校注
浮世床　式亭三馬　和田万吉校訂
梅暦 全二冊　為永春水　古川久校訂
日本民謡集　町田嘉章　浅野建二編
芭蕉臨終記 花屋日記 付 芭蕉翁終焉記・前後日記・行状記　小宮豊隆校訂
醒睡笑 全二冊　安楽庵策伝　鈴木棠三校注
与話情浮名横櫛 切られ与三　瀬川如皐　河竹繁俊校訂
歌舞伎十八番の内 勧進帳　郡司正勝校注
江戸怪談集 全三冊　高田衛編・校注
柳多留名句選　山澤英雄選　粕谷宏紀校注

鬼貫句選・独ごと　復本一郎校注
井月句集　復本一郎編
花見車・元禄百人一句　雲英末雄　佐藤勝明校注
江戸漢詩選 全二冊　揖斐高編訳

《日本思想》〔青〕

風姿花伝（花伝書）　世阿弥　野上豊一郎・西尾実校訂
五輪書　宮本武蔵　渡辺一郎校注
葉隠　全三冊　山本常朝　和辻哲郎・古川哲史校訂
養生訓・和俗童子訓　貝原益軒　石川謙校訂
貝原益軒 大和俗訓　石川謙校訂
町人嚢・百姓嚢・長崎夜話草　西川如見　飯島忠夫・西川忠幸校訂
日本水土考・水土解弁・増補華夷通商考　西川如見　飯島忠夫・西川忠幸校訂
蘭学事始　杉田玄白　緒方富雄校註
吉田松陰書簡集　広瀬豊編
島津斉彬言行録　牧野伸顕序
塵劫記　吉田光由　大矢真一校注
兵法家伝書 付 新陰流兵法目録事　柳生宗矩　渡辺一郎校注
南方録　西山松之助校注
長崎版 どちりな きりしたん　海老沢有道校註
仙境異聞・勝五郎再生記聞　平田篤胤　子安宣邦校注
茶湯一会集・閑夜茶話　井伊直弼　戸田勝久校注

新訂 海舟座談　巌本善治編　勝部真長校注
西郷南洲遺訓 附 手抄言志録及遺文　山田済斎編
文明論之概略　福沢諭吉　松沢弘陽校注
新訂 福翁自伝　富田正文校訂
学問のすゝめ　福沢諭吉
福沢諭吉教育論集　山住正己編
福沢諭吉家族論集　中村敏子編
福沢諭吉の手紙　慶應義塾編
日本道徳論　西村茂樹　吉田熊次校
新島襄の手紙　同志社編
新島襄 教育宗教論集　同志社編
新島襄自伝 ―手記・紀行文・日記　同志社編
近時政論考　陸羯南
日本の下層社会　横山源之助
中江兆民 三酔人経綸問答　桑原武夫・島田虔次訳・校注
中江兆民評論集　松永昌三編
憲法義解　伊藤博文　宮沢俊義校註

日本開化小史　田口卯吉　嘉治隆一校訂
新訂 蹇蹇録 ―日清戦争外交秘録　陸奥宗光　中塚明校注
茶の本　岡倉覚三　村岡博訳
新撰讃美歌　植村正久・奥野昌綱・松山高吉編
武士道　新渡戸稲造　矢内原忠雄訳
キリスト信徒のなぐさめ　内村鑑三
余はいかにしてキリスト信徒となりしか　内村鑑三　鈴木範久訳
代表的日本人　内村鑑三　鈴木範久訳
後世への最大遺物・デンマルク国の話　内村鑑三
宗教座談　内村鑑三
ヨブ記講演　内村鑑三
足利尊氏　山路愛山
徳川家康　全二冊　山路愛山
豊臣秀吉　全二冊　山路愛山
妾の半生涯　福田英子
三十三年の夢　宮崎滔天　島田虔次・近藤秀樹校注
善の研究　西田幾多郎

思索と体験　西田幾多郎
続思索と体験・『続思索と体験』以後　西田幾多郎
西田幾多郎哲学論集 I —場所・私と汝 他六篇　上田閑照編
西田幾多郎哲学論集 II —論理と生命 他四篇　上田閑照編
西田幾多郎哲学論集 III —自覚について 他四篇　上田閑照編
西田幾多郎歌集　上田薫編
西田幾多郎講演集　田中裕編
西田幾多郎書簡集　藤田正勝編
帝国主義　幸徳秋水　山泉進校注
麺麭の略取　クロポトキン　幸徳秋水訳
基督抹殺論　幸徳秋水
日本の労働運動　片山潜
吉野作造評論集　岡義武編
貧乏物語　河上肇　大内兵衛解題
河上肇評論集　杉原四郎編
西欧紀行 祖国を顧みて　河上肇
中国文明論集　宮崎市定　礪波護編

中国史 全二冊　宮崎市定
大杉栄評論集　飛鳥井雅道編
女工哀史　細井和喜蔵
奴隷 —小説・女工哀史1　細井和喜蔵
工場 —小説・女工哀史2　細井和喜蔵
初版 日本資本主義発達史 全二冊　野呂栄太郎
谷中村滅亡史　荒畑寒村
遠野物語・山の人生　柳田国男
木綿以前の事　柳田国男
こども風土記・母の手毬歌　柳田国男
海上の道　柳田国男
蝸牛考　柳田国男
野草雑記・野鳥雑記　柳田国男
孤猿随筆　柳田国男
婚姻の話　柳田国男
都市と農村　柳田国男
十二支考 全二冊　南方熊楠

津田左右吉歴史論集　今井修編
特命全権大使 米欧回覧実記 全五冊　久米邦武編　田中彰校注
日本イデオロギー論　戸坂潤
明治維新史研究　羽仁五郎
古寺巡礼　和辻哲郎
風土 —人間学的考察　和辻哲郎
和辻哲郎随筆集　坂部恵編
倫理学 全四冊　和辻哲郎
人間の学としての倫理学　和辻哲郎
日本倫理思想史 全四冊　和辻哲郎
宗教哲学序論・宗教哲学　波多野精一
「いき」の構造 他二篇　九鬼周造
九鬼周造随筆集　菅野昭正編
偶然性の問題　九鬼周造
時間論 他二篇　九鬼周造　小浜善信編
復讐と法律　穂積陳重
パスカルにおける人間の研究　三木清

古代国語の音韻に就いて 他二篇　橋本進吉
漱石詩注　吉川幸次郎
吉田松陰　徳富蘇峰
林達夫評論集　中川久定編
新版 きけ わだつみのこえ —日本戦没学生の手記　日本戦没学生記念会編
新版 第二集 きけ わだつみのこえ —日本戦没学生の手記　日本戦没学生記念会編
君たちはどう生きるか　吉野源三郎
懐旧九十年　石黒忠悳
武家の女性　山川菊栄
覚書 幕末の水戸藩　山川菊栄
忘れられた日本人　宮本常一
家郷の訓　宮本常一
大阪と堺　三浦周行 朝尾直弘編
新編 歴史と人物　三浦周行 林屋辰三郎 朝尾直弘編
国家と宗教 —ヨーロッパ精神史の研究　南原繁
石橋湛山評論集　松尾尊兊編
湛山回想　石橋湛山

手仕事の日本　柳宗悦
工藝文化　柳宗悦
南無阿弥陀仏 付 心偈　柳宗悦
柳宗悦 民藝紀行　水尾比呂志編
雨夜譚 —渋沢栄一自伝　長幸男校注
中世の文学伝統　風巻景次郎
平塚らいてう評論集　小林登美枝 米田佐代子編
日本の民家　今和次郎
倫敦《ロンドン》！ 倫敦《ロンドン》？　長谷川如是閑
原爆の子 —広島の少年少女のうったえ 全二冊　長田新編
臨済・荘子　前田利鎌
『青鞜』女性解放論集　堀場清子編
大津事件 —ロシア皇太子大津遭難　尾佐竹猛 三谷太一郎校注
幕末遣外使節物語 —夷狄の国へ　尾佐竹猛 吉良芳恵校注
極光のかげに —シベリア俘虜記　高杉一郎
古典学入門　池田亀鑑
イスラーム文化 —その根柢にあるもの　井筒俊彦

意識と本質 —精神的東洋を索めて　井筒俊彦
神秘哲学 —ギリシアの部　井筒俊彦
意味の深みへ —東洋哲学の水位　井筒俊彦
コスモスとアンチコスモス —東洋哲学のために　井筒俊彦
幕末政治家　福地桜痴 佐々木潤之介校注
フランス・ルネサンスの人々　渡辺一夫
維新旧幕比較論　木下真弘 宮地正人校注
被差別部落一千年史　高橋貞樹 沖浦和光校注
花田清輝評論集　粉川哲夫編
新版 河童駒引考 —比較民族学的研究　石田英一郎
英国の文学　吉田健一
英国の近代文学　吉田健一
明治東京下層生活誌　中川清編
中井正一評論集　長田弘編
山びこ学校　無着成恭編
考史遊記　桑原隲蔵
福沢諭吉の哲学 他六篇　丸山眞男 松沢弘陽編

政治の世界 他十篇	松本礼二編注 丸山眞男
超国家主義の論理と心理 他八篇	古矢旬編 丸山眞男
田中正造文集 全二冊	由井正臣 小松裕 編
国語学史	時枝誠記
定本 育児の百科 全三冊	松田道雄
大西祝選集 全三冊	小坂国継編
哲学の三つの伝統 他十二篇	野田又夫
中国近世史	内藤湖南
大隈重信演説談話集	早稲田大学編
大隈重信自叙伝	早稲田大学編
人生の帰趣	山崎弁栄
通論考古学	濱田耕作
転回期の政治	宮沢俊義
何が私をこうさせたか —獄中手記	金子文子
明治維新	遠山茂樹
禅海一瀾講話	釈宗演
明治政治史	岡義武

転換期の大正	岡義武
山県有朋 —明治日本の象徴	岡義武
近代日本の政治家	岡義武
ニーチェの顔 他十三篇	氷上英廣 三島憲一編
伊藤野枝集	森まゆみ編
前方後円墳の時代	近藤義郎
日本の中世国家	佐藤進一

《東洋思想》〔青〕

易経 全二冊　高田真治・後藤基巳 訳
論語　金谷治 訳注
孔子家語　藤原正 校訳
孟子 全二冊　小林勝人 訳注
老子　蜂屋邦夫 訳注
荘子 全四冊　金谷治 訳注
新訂 孫子　金谷治 訳注
荀子 全二冊　金谷治 訳注
韓非子 全四冊　金谷治 訳注
史記列伝 全五冊　司馬遷／小川環樹・今鷹真・福島吉彦 訳
春秋左氏伝 全三冊　小倉芳彦 訳
塩鉄論　曾我部静雄 訳註
千字文　小川環樹・木田章義 注解
大学・中庸　金谷治 訳注
仁学 —清末の社会変革論　譚嗣同／西順蔵・坂元ひろ子 訳注
章炳麟集 —清末の民族革命思想　西順蔵・近藤邦康 編訳
梁啓超文集　岡本隆司・石川禎浩・高嶋航 編訳
マヌの法典　田辺繁子 訳
ガンディー獄中からの手紙　森本達雄 訳
ウパデーシャ・サーハスリー —真実の自己の探求　シャンカラ／前田専学 訳

《仏教》〔青〕

ブッダのことば —スッタニパータ　中村元 訳
ブッダの真理のことば 感興のことば　中村元 訳
般若心経・金剛般若経　中村元・紀野一義 訳註
法華経 全三冊　坂本幸男・岩本裕 訳注
日蓮文集　兜木正亨 校注
浄土三部経 全二冊　中村元・早島鏡正・紀野一義 訳註
大乗起信論　宇井伯寿・高崎直道 訳注
臨済録　入矢義高 訳注
碧巌録 全三冊　入矢義高・溝口雄三・末木文美士・伊藤文生 訳注
無門関　西村恵信 訳注
法華義疏 全二冊　聖徳太子／花山信勝 校訳
往生要集 全二冊　源信／石田瑞麿 訳注
教行信証　親鸞／金子大栄 校訂
歎異抄　金子大栄 校注
正法眼蔵 全四冊　道元／水野弥穂子 校注
正法眼蔵随聞記　懐奘 編／和辻哲郎 校訂
道元禅師清規　大久保道舟 訳注
一遍上人語録 —付 播州法語集　大橋俊雄 校注
一遍聖絵　聖戒 編／大橋俊雄 校注
南無阿弥陀仏 —付 心偈　柳宗悦
蓮如文集　蓮如／笠原一男 校注
蓮如上人御一代聞書　稲葉昌丸 校訂
日本的霊性　鈴木大拙／篠田英雄 校訂
新編 東洋的な見方　鈴木大拙／上田閑照 編
禅堂生活　鈴木大拙／横川顕正 訳
大乗仏教概論　鈴木大拙／佐々木閑 訳
浄土系思想論　鈴木大拙
神秘主義 キリスト教と仏教　鈴木大拙／坂東性純・清水守拙 訳
禅の思想　鈴木大拙

ブッダ最後の旅 —大パリニッバーナ経　中村元訳
仏弟子の告白 —テーラガーター—　中村元訳
尼僧の告白 —テーリーガーター—　中村元訳
ブッダ神々との対話 —サンユッタ・ニカーヤI　中村元訳
ブッダ悪魔との対話 —サンユッタ・ニカーヤII　中村元訳
禅林句集　足立大進校注
ブッダが説いたこと　ワールポラ・ラーフラ　今枝由郎訳
ブータンの瘋狂聖ドゥクパ・クンレー伝　ゲンドゥン・リンチェン編　今枝由郎訳
梵文和訳 華厳経入法界品　梶山雄一　丹治昭義　津田真一　田村智淳　桂紹隆　訳注

《音楽・美術》〔青〕

ベートーヴェンの生涯　ロマン・ロラン　片山敏彦訳
音楽と音楽家　シューマン　吉田秀和訳
モーツァルトの手紙 —その生涯のロマン 全二冊　柴田治三郎編訳
レオナルド・ダ・ヴィンチの手記 全二冊　杉浦明平訳
ゴッホの手紙 全三冊　硲伊之助訳
ロダンの言葉抄　高村光太郎訳　高田博厚　菊池一雄編
ビゴー日本素描集　清水勲編
ワーグマン日本素描集　清水勲編
河鍋暁斎戯画集　山口静一　及川茂編
葛飾北斎伝　飯島虚心　鈴木重三校注
ヨーロッパのキリスト教美術 —十二世紀から十八世紀まで 全二冊　エミール・マール　柳宗玄　荒木成子訳
近代日本漫画百選　清水勲編
ドーミエ諷刺画の世界　喜安朗編
デューラー自伝と書簡　前川誠郎訳
蛇儀礼　ヴァールブルク　三島憲一訳
セザンヌ　ガスケ　與謝野文子訳
迷宮としての世界 —マニエリスム美術 全二冊　グスタフ・ルネ・ホッケ　種村季弘　矢川澄子訳
日本洋画の曙光　平福百穂
映画とは何か 全二冊　アンドレ・バザン　野崎歓　大原宣久　谷本道昭訳
漫画 坊っちゃん　近藤浩一路
漫画 吾輩は猫である　近藤浩一路
ロバート・キャパ写真集　ICPロバート・キャパ・アーカイブ編
北斎 富嶽三十六景　日野原健司編
日本漫画史 —鳥獣戯画から岡本一平まで　細木原青起
世紀末ウィーン文化評論集　ヘルマン・バール　西村雅樹編訳
ゴヤの手紙 全二冊　大高保二郎　松原典子編訳
丹下健三建築論集　豊川斎赫編
丹下健三都市論集　豊川斎赫編

岩波文庫の最新刊

三木 清著
構想力の論理 第一

パトスとロゴスの統一を試みるも未完に終わった、三木清の主著。〈第一〉には、「神話」「制度」「技術」を収録。注解＝藤田正勝。（全二冊）
〔青一四九-二〕 定価一〇七八円

ジュリアン・グリーン作／石井洋二郎訳
モ イ ラ

極度に潔癖で信仰深い赤毛の美少年ジョゼフが、運命の少女モイラに魅入られ……。一九二〇年のヴァージニアを舞台に、端正な文章で綴られたグリーンの代表作。
〔赤N五二〇-一〕 定価一二七六円

バジョット著／遠山隆淑訳
イギリス国制論 (下)

イギリスの議会政治の動きを分析した古典的名著。下巻では、政権交代や議院内閣制の成立条件について考察を進めていく。第二版の序文を収録。（全二冊）
〔白一二二-三〕 定価一一五五円

大泉黒石著
俺の自叙伝

ロシア人を父に持ち、虚言の作家と貶められた大正期のコスモポリタン作家、大泉黒石。その生誕からデビューまでの数奇な半生を綴った代表作。解説＝四方田犬彦。
〔緑二二九-一〕 定価一一五五円

……今月の重版再開……

川合康三選訳
李商隠詩選

〔赤四二-一〕 定価一一〇〇円

鈴木範久編
新渡戸稲造論集

〔青一一八-二〕 定価一一五五円

定価は消費税 10％ 込です　　2023. 5